"信毅教材大系"编委会

主　　任　王　乔

副 主 任　邓　辉　王秋石　刘子馨

秘 书 长　陈　曦

副秘书长　王联合

编　　委　许基南　匡小平　胡宇辰　李春根　章卫东
　　　　　　袁红林　陆长平　汪　洋　罗良清　毛小兵
　　　　　　邹勇文　蒋悟真　关爱浩　叶卫华　尹忠海
　　　　　　包礼祥　郑志强　陈始发　陆晓兵

联络秘书　宋朝阳　张步云

信毅教材大系

会计信息系统应用

基于用友ERP-U8 V10.1版

● 杨书怀　主编

Application of Accounting
Information System

复旦大学出版社

内容提要

本教材主要讲解如何基于用友ERP-U8 V10.1为企业会计信息化处理提供解决方案,主要内容包括总账管理、固定资产管理、薪资核算管理、采购与应付款管理、销售与应收款管理、库存与成本核算管理以及UFO报表的具体应用。教材模拟工业企业从期初建账到期末会计报表编制的整个会计核算过程,实现财务会计工作的信息化,以提高财务会计核算与管理的效率。

总 序

世界高等教育的起源可以追溯到1088年意大利建立的博洛尼亚大学,它运用社会化组织成批量培养社会所需要的人才,改变了知识、技能主要在师徒间、个体间传授的教育方式,满足了人们获取知识的需要,史称"博洛尼亚传统"。

19世纪初期,德国的教育家洪堡提出"教学与研究相统一"和"学术自由"的原则,并指出大学的主要职能是追求真理,学术研究在大学应当具有第一位的重要性,即"洪堡理念",强调大学对学术研究人才的培养。

在洪堡理念广为传播和接受之际,德国都柏林天主教大学校长纽曼为宣传这所新办的大学做了演说,结集为《大学的理想》一书,旗帜鲜明地指出"从本质上讲,大学是教育的场所","我们不能借口履行大学的使命职责,而把它引向不属于它本身的目标",强调培养人才是大学的唯一职能。纽曼关于"大学的理想"的演说让人们重新审视和思考大学为何而设、为谁而设的问题。

19世纪后期到20世纪初,美国威斯康星大学查尔斯·范海斯校长提出"大学必须为社会发展服务"的办学理念,更加关注大学与社会需求的结合,从而使大学走出了象牙塔。

2011年4月24日,胡锦涛总书记在清华大学百年校庆庆典上指出,高等教育是优秀文化传承的重要载体和思想文化创新的重要源泉,要充分发挥大学文化育人和文化传承创新的职能。

总而言之,随着社会的进步与变革,高等教育不断发展,大学的功能不断扩展,但始终围绕着人才培养这一大学的根本使命,致力于不断提高人才培养的质量和水平。

对大学而言,优秀人才的培养离不开一些必要的物质条件保障,但更重要的是高效的执行体系。高效的执行体系应该体现在三个方面:一是科学合理的学科专业结构,二是能洞悉学科前沿的优秀的师资队伍,三是作为知识载体和传播媒介的优秀教材。教材是体现教学内容与教学方法的知识载体,是进行教学的基本工具,也是深化教育教学改革、提高人才培养质量的重要保证。

　　一本好的教材，要能反映该学科领域的学术水平和科研成就，能引导学生沿着正确的学术方向步入所向往的科学殿堂。因此，加强高校教材建设，对于提高教育质量、稳定教学秩序、实现高等教育人才培养目标起着重要的作用。正是基于这样的考虑，江西财经大学与复旦大学出版社达成共识，准备通过编写出版一套高质量的系列教材，进一步锻炼学校教师队伍，提高教师素质和教学水平，最终将学校的学科、师资等优势转化为人才培养优势，提升人才培养质量。为凸显我校特色，我们取校训"信敏廉毅"中一前一尾两个字，将这个系列的教材命名为"信毅教材大系"。

　　"信毅教材大系"将分期分批出版，江西财经大学教师将积极参与这一具有重大意义的学术事业，精益求精地不断提高写作质量，力争将"信毅教材大系"打造成业内有影响力的高端品牌。"信毅教材大系"的出版，得到了复旦大学出版社的大力支持，没有他们的卓越视野和精心组织，就不可能有这套系列教材的问世。作为"信毅教材大系"的合作方和复旦大学出版社多年的合作者，我对他们的敬业精神和远见卓识感到由衷钦佩。

王　乔

2012 年 9 月 19 日

前 言

"会计信息系统应用"是会计大类专业(会计学、财务管理、注册会计师专门化、ACCA等)的必修课程之一,主要讲解如何应用会计信息系统软件完成企业经济业务的会计核算。本书以企业会计信息系统设计为出发点,全面涵盖了会计信息化处理的基本问题及其解决方案,内容主要包括总账管理、固定资产管理、薪资核算管理、采购与应付款管理、销售与应收款管理、库存与成本核算管理以及 UFO 报表的具体应用。通过"会计信息系统应用"课程的学习,学生可以在了解企业资源计划(ERP)基本原理和方法的基础上,熟练掌握 ERP 的业务流程与具体应用,并与已修的财务会计知识有机地联系起来,通过模拟实践培养学生综合运用知识解决会计实务问题的能力。

本书是江西财经大学会计学院"会计信息系统应用"课程主讲教师多年实践教学的经验总结,力求在以下4个方面彰显特色:

1. 版本更新、内容更全。本书以实务中运行比较稳定的用友 ERP-U8 V10.1 为版本,不仅详细地介绍了基于 ERP 概念的固定资产管理、薪资核算管理、采购与应付款管理、销售与应收款管理、库存与成本核算管理以及 UFO 报表等模块,还启用了管理会计系统下设的成本管理模块,实行实际成本核算自动计算和分配产品成本,这也是用友 ERP-U8 发挥会计信息系统优势之所在。

2. 强调流程、注重关联。会计信息系统不应是对手工会计的仿真,而应强调业务流程以及各个业务子系统之间的协作与关联,为管理会计提供决策信息。本书对经济业务的讲解不只是突出具体操作的细枝末节,而更强调各子系统的联系。例如,在销售管理系统核算领用自产产品作为固定资产使用、通过采购管理系统新增固定资产、从成本核算系统取价自动计算和分配产品成本等。

3. 理论引导、融会贯通。本书强调对会计信息系统与 ERP 理论的认知和理解，而不是单纯地讲授会计电算化的实务操作，让学生知其然，更知其所以然，在实务工作中能够融会贯通，实现举一反三。本书注重对业务操作流程的阐释，构建会计信息系统的概念框架，避免学生在学习过程中只见树木，不见森林，让学生能够运用已有专业知识进行分析，并提出基本解决方案。

4. 案例丰富、实用至上。本书模拟工业企业从期初建账到期末会计报表编制的整个会计核算过程，以大量贴近实际工作需要的经典实例为主要内容，不仅涉及日常财务会计业务的各个方面，而且在阐述具体操作方法时还介绍了财务会计处理方面的一些实用技巧，讲解了实务中非常重要的现金流量表及其附表的编制。

本书既可以作为会计学大类专业（会计、财务管理、注册会计师专门化、ACCA 等）的教材，也可以作为财务会计工作人员的学习参考资料。

本书由江西财经大学会计学院杨书怀编著，编者所在的会计电算化中心同事吴志斌、江泓、胡玲、胡玉可、汪元华、何宜强、柴晨阳、刘海、桂国明和龚玉芬提供了大量帮助，在此一并表示感谢！

由于作者水平有限，书中难免存在不妥之处，恳请读者批评指正。

编　者

2017 年 9 月

目 录

总序 …………………………………………………… 001
前言 …………………………………………………… 001

第一章　会计信息系统概述 ………………………… 001
第一节　会计信息系统的基本概念 …………………… 001
第二节　会计信息系统的功能结构 …………………… 004
第三节　会计信息系统与 ERP ………………………… 008

第二章　数据库与系统安装 ………………………… 012
第一节　数据库 SQL SEVER 的安装 ………………… 012
第二节　用友 ERP-U8 V10.1 的安装 ………………… 022

第三章　账套的创建与管理 ………………………… 028
第一节　创建企业账套 ………………………………… 028
第二节　企业账套管理 ………………………………… 038

第四章　企业基础档案设置 ………………………… 042
第一节　启用系统 ……………………………………… 042
第二节　基础档案设置 ………………………………… 044

第五章　期初数据与总账业务 ……………………… 079
第一节　期初数据录入 ………………………………… 079
第二节　总账日常业务 ………………………………… 091

第六章　固定资产业务 ……………………………… 107
第一节　固定资产系统概述 …………………………… 107
第二节　系统初始化设置 ……………………………… 108
第三节　固定资产业务处理 …………………………… 113
第四节　固定资产系统结账 …………………………… 120

第七章　薪资核算业务 …… 122
第一节　薪资管理系统概述 …… 122
第二节　薪资管理系统初始设置 …… 123
第三节　薪资管理系统业务处理 …… 133
第四节　薪资管理系统结账 …… 160

第八章　采购与付款业务 …… 162
第一节　采购与付款系统概述 …… 162
第二节　采购与付款系统初始设置 …… 163
第三节　采购与付款系统业务处理 …… 165

第九章　存货与成本管理业务 …… 194
第一节　存货与成本管理系统概述 …… 194
第二节　库存管理与存货核算系统设置及业务处理 …… 196
第三节　成本管理系统设置及业务处理 …… 207

第十章　销售与收款业务 …… 230
第一节　销售与收款系统概述 …… 230
第二节　销售与收款系统初始设置 …… 231
第三节　销售与收款业务处理 …… 234

第十一章　期末会计处理 …… 292
第一节　总账期末业务处理 …… 292
第二节　其他系统期末处理 …… 334

第十二章　会计报表编制 …… 341
第一节　UFO 报表管理系统概述 …… 341
第二节　资产负债表编制 …… 343
第三节　利润表及利润分配表编制 …… 347
第四节　现金流量表及其附表编制 …… 351

附录：常见操作问题及其解决 …… 361

参考文献 …… 367

第一章 会计信息系统概述

[**教学目的和要求**]

通过本章的学习,学生应理解会计信息系统的基本概念,了解会计信息系统的发展历程和主要特征,熟悉会计信息系统的功能结构体系,了解ERP的含义、特征和功能模块,理解会计信息系统与ERP之间的关系。

第一节 会计信息系统的基本概念

一、会计信息

数据(Data)是对客观事物的性质、状态以及相互关系等进行描述时,采用适当的方式所记录的符号及其组合,其表现形式可以是数字、文字、图形、表格和专用符号等。信息(Information)是人们从数据中所得到的对客观事物的认识。显然,信息必然是数据,但数据不一定是信息。数据强调的是事实的客观记录,而信息更强调与人们决策活动的密切联系。

会计信息是指按照一定的要求或需要,通过一系列专门的会计核算方法加工或处理后提供给企业内外部信息使用者进行决策的各项会计数据,包括资产、负债、所有者权益、收入、费用、利润等以及其他能以货币形式表现的信息。

会计信息反映的是与资产、负债和所有者权益等增减变动有关的经济业务的数据或信息,是管理信息的重要组成部分。会计信息不仅对企业外部利益关系人的决策有用,而且对企业各级管理人员的管理与决策有用。许多管理工作中的分析、预测、决策、规划、控制、考核、评价等所需的数据和信息,均以会计数据和会计信息为基础。会计信息按其用途和层次可以分为三类:财务信息,指反映已经发生的经济活动的信息;管理信息,指管理所需要的特定信息;决策信息,指为预测决策活动直接服务的信息。

会计信息具有五个特点。

1. 会计信息具有较强的综合性

会计信息与其他信息不同,是基于货币计量假设,综合反映企业经营活动各个方面价值的信息,反映内容涉及企业供产销的每个环节、企业每个部门和每个职员,而其他管理信息则只反映企业生产经营活动的某一侧面,如生产管理信息侧重反映生产进度与生产组织情况,人力资源管理信息侧重反映职员流动及职工素质等方面的情况。会计信息由于主要使用价值计量单位,因而可以将劳动量信息、实物量信息转化为货币量信息并加以综合。

2. 会计信息具有复杂的关联性

会计信息主要包括资产、负债、所有者权益、收入、成本和利润六大要素信息。由会计复式记账的原理所决定,会计信息既相互联系,又相互区别,既有各自独立的经济意义,又有相互依存、互相制约的紧密关系,如资产、负债与所有者权益之间的平衡关系,成本、收入与利润的消长关系,总括信息与分类信息的核对与统驭关系,等等。正因为会计信息之间有一套特有的钩稽关系,使得会计信息结构比企业其他任何信息都具有系统性和整体性。

3. 会计信息具有加工处理的周期性

基于会计分期假设,每个会计期间的处理方法和程序基本类似。例如,每月的工资计算、计提固定资产折旧、银行存款的对账、每月的结账、编制会计报表,都是重复循环进行的。因此,会计信息的处理十分适合用计算机来完成。

4. 会计信息具有较强的规范性

会计信息要满足管理部门、所有者、债权人以及有关部门的需要,就必须使会计信息的确认、计量、编报和披露等数据处理环节严格遵循会计准则和会计制度,以保证会计数据和信息的合法、完整、准确、客观、真实与可靠。

5. 会计信息具有明显的层次性

会计信息的层次性是由会计信息使用者的层次决定的。会计信息的使用者有企业外部的,也有企业内部的;有企业高层管理人员,也有一般管理人员。由于不同的信息使用者使用会计信息的目的和要求不同,决定了会计信息系统的输出信息具有一定的层次性。

二、信息系统

系统(System)是由一些相互联系、相互作用的若干要素为实现某一目标而组成的具有一定功能的有机整体。系统具有整体性、目的性、关联性和层次性等特点。

信息系统是由一组完成信息收集、处理、储存和传播的相互关联的部件组成,用来在组织中支持事务处理、分析、控制与决策的系统。信息系统的目标是向信息系统的使用者提供对决策有用的信息。

信息系统的主要功能是进行信息处理,具体包括信息采集、信息加工、信息存储、信息传输、信息检索等功能。信息采集解决信息的识别和信息的收集以及如何将收集到的信息表达为信息系统可以处理的方式等问题;信息加工完成原始数据到可利用信息的转化,具体包括分类、计算、统计、分析等基本处理活动;信息存储是将信息保存起来以备后续使用,强调存储目的、存储方式、存储介质等问题;信息传输是为了让信息使用者能够方便地使用信息,而迅速准确地将信息传送到各个使用部门;信息检索是指按照用户的需求查寻信息,由于用户需求是多种多样的,有时还需要对信息进行进一步加工处理,即利用一些模型和方法,如预测模型、决策模型、模拟模型、知识推理模型等,得到针对性较强的、满足用户需求的决策信息。

信息系统随着计算机技术和网络技术等信息技术的发展而不断发展,出现了许多不同类型的信息系统,如企业资源计划系统、供应链管理系统、客户关系管理系统、电子商务系统等。

企业会计处理过程就是一个重要的信息系统。输入为企业经营活动中各项交易或事项所产生的经济资料,经过对这些资料的确认、计量、记录、分类和整理等步骤,产生各种财务报表或者其他财务信息,满足企业内部管理者和外部使用者的决策需要。

三、会计信息系统

会计信息系统(Accounting Information System,AIS)是利用信息技术对会计数据进行采集、存储处理和传递,旨在向企业或主体的内部管理人员和企业或主体的外部信息使用者提供有助于进行决策的管理信息系统。

任何企业在发生经济业务时,首先是填制和审核凭证,然后采用复式记账的方法登记账簿,定期或不定期进行财产清查;会计期末编制会计报表,平时还按要求对经济活动进行分析考核,并运用会计信息进行决策和管理。由此可见,会计工作过程构成一个有秩序的信息输入、处理、存储和信息输出的过程,这一过程可分为若干部分,每一部分都有各自的任务,所有部分互相联系、互相配合、服从于一个统一的目标,形成一项会计活动的有机整体。这个有机整体就称为会计信息系统。

会计信息系统具有以下四个特征。

1. 集成性

会计信息系统的集成性主要表现在以下方面:集成业务信息和财务信息;在会计信息系统中嵌入业务处理规则;实现信息的实时采集、处理、存储和传输;集成存储业务活动的原始数据,支持多种信息的输出要求。在会计信息系统中,大部分交易事项数据都以原始的、未经处理的方式存储,主要数据处理是记录业务事件的个体特征和属性,分类、汇总和余额计算处理等都由报告查询功能完成,然后按照信息使用者的需求参数准确地输出信息。也就是说,会计信息系统是基于集成的理念采取业务事件驱动的信息系统。

2. 自动性

由于会计信息系统的数据处理是基于事件驱动原理,系统的主要任务是采集原始交易事项数据,数据处理完全由计算机自动完成。一方面,会计信息系统自动完成从会计凭证到会计报表全过程的信息处理,人工干预大大减少,客观上消除了手工方式下信息处理过程的诸多环节,如平行登记、过账、结账、对账、试算平衡等;另一方面,计算机自动完成会计业务核算,如薪酬费用的汇总分配、折旧费用的计提分配、在产品与产成品成本的分配、完工产品成本的计算等,并自动生成记账凭证进入总账数据库。

3. 实时性

会计信息的实时性是指会计信息处理与业务处理保持同步,具体表现在数据采集的实时性、数据维护的实时性和信息披露的实时性三个方面。数据采集的实时性是指在业务活动发生时就按照业务处理规则和信息处理规则记录和处理有关的数据；数据维护的实时性是指在企业经营环境和业务活动变化之后能够迅速灵活地改变有关系统参照数据；信息披露的实时性是指在数据采集和处理的支持下，能够为信息使用者随时提供最新的企业经营状况和管理信息。

4. 开放性

基于互联网的会计信息系统，其大量的数据是通过网络从企业内外有关系统直接采集，如证券监管机构、银行等金融机构、企业生产部门、企业人事部门等。特别是企业外部的各个机构或部门，如会计师事务所、财政部门、税务机关、银行、证券监管部门等，可根据授权在线访问，通过互联网进入企业内部，直接调阅会计信息。实时沟通使会计信息系统由封闭走向开放，由数据的微观处理逐步转变为宏观数据运作。

会计信息系统根据其管理层次的高低，可以分为会计核算信息系统、会计管理信息系统和会计决策支持系统；根据其功能的不同，可以分为财务会计信息系统、管理会计信息系统；根据信息技术的影响程度可划分为手工会计信息系统、传统自动化会计信息系统和现代会计信息系统。

现代会计信息系统是基于计算机技术，广泛运用以网络技术和数据库技术为核心的现代信息技术，对传统会计模式进行重构，并通过深化开发和广泛利用会计信息资源，建立信息技术与会计高度融合的、开放的会计信息系统。现代会计信息系统从管理的角度进行设计，具有业务核算、会计信息管理和决策分析等功能，实现财务与业务的一体化。

在 IT 环境下，业务过程和会计过程不断重组和整合，业务分工将越来越细化，各部门之间的联系将越来越紧密。常规的、结构化的会计核算和财务分析工作将由信息系统完成，而会计工作将侧重于分析非结构化、非常规的会计业务以适用于信息系统，更多地体现为统一环境下的综合管理与评价。现代会计信息系统有效链接了生产、采购、库存、销售、人力资源、财务等各个信息"孤岛"，并与企业外部的信息系统实现高效对接，有力地支持了生产、投资与筹资等管理决策，实现了会计信息高度透明和会计信息资源高度共享。

第二节 会计信息系统的功能结构

一、应用体系结构

会计信息系统的应用体系结构是指硬件系统、软件系统、信息资源、人力资源等集成后的应用结构。随着以计算机网络为代表的信息技术的发展，会计信息系统应用体系结构经历了从主机系统模式（MS）到文件/服务器模式（F/S），再从客户机/服务器模式（C/S）到浏览器/服务器模式（B/S）的转变。目前，客户机/服务器（C/S）结构在企业应用较多,但是,由于浏览器/服务器(B/S)结构具有更多的优点,已经成为主流趋势。

1. 主机系统模式(Master System,MS)

主机系统是将所有的硬件资源,包括系统软件、工具软件、应用程序、共享数据、共享设备及与用户终端的通信软件的全部管理和运行都集中在一台主机上,数据处理工作全部交给计算机集中完成,用户通过本地终端或远程终端运行通信软件访问计算机。主机系统是一种采用分时方式集中式处理和管理的系统。

2. 文件/服务器系统模式(File/Server,F/S)

文件/服务器系统以一个局域网或一般网络为硬件环境,选择一台或多台处理能力较强的计算机作为服务器用来存放共享数据,应用系统全部放在工作站上,系统由工作站发出请求命令,从文件服务器上提取全部文件后传送到工作站的应用系统中运行。

3. 客户/服务器系统模式(Client/Server,C/S)

客户/服务器系统是一种分布式网络模式。其基本原则是将计算机应用任务分解成多个子任务,由多台计算机分工完成,即采用"功能分布"原则。客户端完成数据处理、数据显示以及用户接口功能,服务器端完成数据库管理系统的核心功能。在服务器上不仅存放了共享信息资源及其数据库管理系统,而且将会计信息系统中有关共享数据的基本操作和管理,包括数据库的增加、删除、修改、查询、统计、多用户并发管理、数据一致性控制等应用操作全部在服务器端完成,然后再将处理结果传送到工作站,进行显示、打印或对结果数据进行进一步处理。在客户终端只存放应用系统中除共享数据操作以外的其他操作,包括应用系统的输入、输出界面等。

C/S结构的优点是对共享数据进行集中管理,提高了系统的安全性、可靠性和稳定性,同时在网络通信上仅传递请求服务和结果数据的信息,大大减轻了通信线路的负荷,提高了系统的运行效率。其缺点是在实施二层C/S结构时,不便于客户终端和服务器之间合理分工以提高整体性能,灵活性、扩展性差,应用局限性大。

4. 浏览器/服务器系统模式(Browser/Server,B/S)

浏览器/服务器系统是一种以Web技术为基础的新型的信息系统应用模式。B/S将传统C/S模式中的服务器部分分解为一个数据服务器与一个或多个应用程序服务器、Web服务器,从而构成一个三层C/S结构的系统,即客户端、Web服务器/应用程序服务器、数据库服务器三个层次。第一层,客户端是用户与整个会计信息系统交互的接口。客户的会计信息系统精简为一个通用的浏览器软件,浏览器将HTML代码转化成图文并茂的网页。网页还具备一定的交互功能,允许用户在网页提供的申请表上输入信息提交给Web服务器,并提出处理请求。第二层,Web服务器和应用服务器负责对客户端应用的集中管理,会计信息系统服务器将启动相应的进程来响应客户端请求,并动态生成一串HTML代码,主要负责会计信息系统的逻辑结构和数据关系。第三层,数据库服务器主要负责数据的存储和组织、分布式管理、备份和同步等。

B/S结构与C/S相比,其优势表现在四个方面。首先,B/S简化了客户端。无须像C/S结构那样,在不同的客户端安装不同的会计信息系统,而只需安装通用的浏览器软件。这样,不但可以节省客户端的存贮空间,而且使安装过程更加简便灵活。其次,B/S简化了会计信息系统的开发和维护。系统的开发者无须再为不同级别的用户开发不同的会计信息系统,只需将所有的功能都实现在 Web 服务器上,并就不同的功能为各个组别的用户设置权限就可以了。各个用户通过互联网,请求在权限范围内调用 Web 服务器上不同的处理程序,从而完成对数据的查询或修改。再次,B/S 使用户的操作变得更简单。在 C/S 结构中,客户应用程序有自己特定的规格,使用者需要接受专门培训。而采用 B/S 结构时,客户端只是一个简单易用的浏览器软件。最后,B/S 特别适用于网上信息发布,使系统的功能有所扩展。

二、功能体系结构

会计信息系统的功能体系结构是从会计信息系统的总体功能出发,根据业务处理的特点和要求,对各子系统的功能及其在系统中所处的位置进行划分和界定的一种静态的功能结构。会计信息系统的功能体系结构如图 1-1 所示。

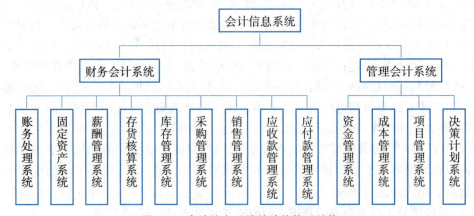

图 1-1　会计信息系统的功能体系结构

财务会计系统侧重于通用目的会计资料的处理,它必须遵循规会计准则或法规,其输出的财务会计信息主要是针对企业的外部使用者。财务会计系统从确认、计量和记录经营交易或事项的相关原始数据开始,编制记账凭证并过账,然后生成特定格式的会计报表,周而复始地循环运转。管理会计系统主要是为企业内部的经营管理服务,着重为各级管理者的经营决策提供相关的信息。管理会计系统在交易数据的收集、初始处理与记录储存等方面可能与财务会计系统有着一定的重叠,它既可以提供货币性信息输出,也可以提供非货币性的数据,如销售变动趋势、生产率增长比率等。

会计信息系统的功能体系结构以账务处理子系统为中心,其他子系统的划分围绕该子系统展开。账务处理是会计工作最基础、最重要的业务工作,因而会计信息系统的开发首先必须满足账务处理工作的需要,其他子系统的开发围绕账务处理系统而展开。会计信息系统中各职能子系统在功能上具有相对的独立性,但总体目标是一致的。在会计信息系统中,各职能子系统是针对会计工作岗位的特点进行划分的,其功能的实现体现了各个不同工作岗位的业务特点,具有相对的独立性,但整个系统是协调工作的,系统的总体目标是一致的。

1. 账务处理系统与工资核算系统之间的数据联系

账务处理系统的初始化设置数据,如会计科目、部门、职员等,工资核算系统可以共享,这些初始数据在账务处理系统中设置之后,在工资核算系统中就不必重复设置。同样,在工资核算系统中所增加或修改的这部分数据,在账务处理系统中也可以共享。

在工资核算系统中进行工资业务处理完毕后,各项工资费用的分配可以通过生成相应的记账凭证传递到账务处理系统中,不必手工填制相关业务的记账凭证。

2. 账务处理系统与固定资产管理系统之间的数据联系

与其他系统如工资核算系统一样,固定资产管理系统和账务处理系统可以共享会计科目、部门、固定资产期初余额等初始设置数据。

在固定资产管理系统的日常业务处理中所产生的业务数据,如固定资产增加、减少或其他变动方式所产生的固定资产变动数据,可以通过生成相应的记账凭证传递到账务处理系统中;每月固定资产折旧费用的计提与分配数据,也可以生成相应的记账凭证直接传递到账务系统中。

3. 账务处理系统与采购、库存管理系统之间的数据联系

采购、库存管理系统的职能主要是负责企业材料的采购、生产领用和库存的核算和管理,除了部分基础数据可以共享账务处理系统的初始化设置数据之外,这两个职能系统中的大部分初始数据是需要单独设置和输入的,因此,它们的独立性较强。

采购、库存管理系统中所使用的会计信息,如往来单位、部门、材料或产品项目等基础数据取自于账务处理系统的初始设置;材料的采购数据在该系统中处理完成之后,以记账凭证传输到账务处理系统中;企业生产所领用的材料,其业务数据经过该系统处理后,通过成本核算系统进行成本核算,最终汇集到账务处理系统。

4. 账务处理系统与成本核算系统之间的数据联系

相对而言,成本核算系统与账务处理系统之间的数据联系要比其他系统与账务处理系统之间的数据联系更为密切和复杂。成本核算系统的数据主要来源于账务处理系统和存货核算系统,其处理的结果也主要为账务处理系统所用。因此,在账务处理系统中进行业务处理时,与成本核算有关的各项业务信息必须要完整、细致,否则成本核算就成为无米之炊。以工业企业会计信息系统为例,对于企业所生产的每一种产品,在人工、材料、设备使用、管理费用等方面的数据都必须十分明确,否则产品的生产成本就难以核算或者核算出来的结果不准确。

成本核算系统中所使用的会计科目、部门、产品项目等直接来源于账务处理系统的初始设置数据,各产品的主要成本核算数据如工资、材料、动力耗用、管理费用、制造费用等来源于账务处理系统或工资核算系统、库存系统、固定资产管理系统等职能系统的业务数据;成本核算的处理结果以记账凭证的方式传输到账务处理系统中。

5. 账务处理系统与销售核算系统之间的数据联系

一般说来,工业企业所销售的产品主要是本企业所生产的产品,因此销售核算系统的核算对象也主要是账务处理系统中所指的产成品,销售核算系统的数据与账务处理系统密切相关。销售核算系统的基础数据如会计科目、部门、往来单位、产品项目等与账务处理系统共享。销售核算系统中的一些业务处理数据,如销售产品的数据来源于

库存系统中的产成品数据,其处理产生的销售数据、应收账款数据以转账凭证的方式输出到账务处理系统中。

6. 报表编制系统与各核算子系统的数据联系

会计报表的本质是将一定期间会计主体的财务状况和经营成果以书面文件的方式进行反映。报表编制系统的职能,就是将会计信息系统中各相关子系统的会计数据进行收集和整理,并以报表文件的形式向报表的使用者反映会计主体的财务状况和经营成果。为实现报表编制系统的职能,系统的使用者需要定义报表的取数函数与取数公式,以及这些函数、公式与各子系统数据的关联。

第三节 会计信息系统与 ERP

一、ERP 的基本概念

ERP(Enterprise Resource Planning)意为"企业资源计划",是一种集销售、采购、制造、成本、财务、服务和质量管理为一体,以市场需求为导向,以实现企业内外资源优化配置、消除生产经营活动中一切无效的劳动和资源,实现信息流、物流、资金流的集成与提高企业竞争力为目标,以计划和控制为主线,以网络和信息技术为平台,面向供应链管理的现代企业管理思想、方法和工具。ERP 系统集信息技术与先进的管理思想于一体,成为现代企业的运行模式,反映时代对企业合理调配资源,最大化地创造社会财富的要求,成为企业在信息时代生存、发展的基石。

ERP 具有三种含义。

1. ERP 是一种管理思想

ERP 是一整套企业管理系统体系标准,其实质是在"制造资源计划"(Manufacturing Resources Planning, MRP Ⅱ)基础上进一步发展而成的面向供应链的管理思想。

2. ERP 是一个软件产品

ERP 是综合应用了客户机/服务器体系、关系数据库结构、面向对象技术、图形用户界面、第四代语言、网络通信等信息技术成果,以 ERP 管理思想为灵魂的软件产品。

3. ERP 是一套管理系统

ERP 是整合了企业管理理念、业务流程、基础数据、人力物力、计算机硬件和软件于一体的企业资源管理系统。

企业资源计划(ERP)是由物料需求计划(MRP)、制造资源计划(MRP Ⅱ)发展而来的,其发展历程如图 1-2 所示。三者均以计划为主线,但 MRP 和 MRP Ⅱ 的管理核心是物料,而 ERP 的管理核心是财务管理。ERP 系统是当今世界企业经营与管理技术进步的代表。对企业来说,应用 ERP 的价值在于通过系统的计划和控制等功能,结合企业的流程优化,有效地配置各项资源,以加快对市场的响应,降低成本,提高效率和效益,从而提升企业的竞争力。在西方,ERP 从 20 世纪 90 年代中期开始普及。我国从 20 世纪 80 年代开始导入 ERP 的前身 MRP 及 MRP Ⅱ,经过导入期和发展期,目前开始进入 ERP 普及应用期。在 EPR 普及时代,ERP 将不只是少数大型企业的贵族式消费,而是包括中小企业在内的更多企业的大众化应用。

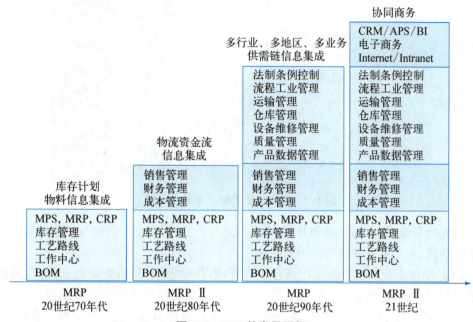

图 1-2　ERP 的发展历程

目前比较成熟的 ERP 产品,国外主要有 SAP 软件和甲骨文(Oracle)等。SAP (System Applications and Products)是 SAP 公司的产品——企业管理解决方案的软件名称。SAP 公司是成立于 1972 年、总部位于德国沃尔多夫市的全球最大的企业管理和协同化电子商务解决方案供应商、全球第三大独立软件供应商。作为全球领先的企业管理软件解决方案提供商,SAP 帮助各行业不同规模的企业实现卓越运营,提供从企业后台到公司决策层、从工厂仓库到商铺店面、从电脑桌面到移动终端的系列产品。甲骨文是位于美国加利福尼亚州的全球最大的信息管理软件及服务供应商之一。2013 年,甲骨文超越 IBM 公司,成为继微软之后全球第二大软件公司。甲骨文公司为全球 145 个国家或地区的 42 万客户提供全面和完全集成的技术体系,甲骨文应用产品主要包括财务、供应链、制造、项目管理、人力资源和市场与销售等 150 多个模块。

国内 ERP 产品主要有用友软件和金蝶软件等。以用友为例,用友 ERP 类产品主要包括 U8、U9、NC 系列和畅捷通 T 系列等。国内主要 ERP 产品及特性如图 1-3 所示。

二、ERP 的基本原理与功能模块

ERP 的基本原理是将企业的业务流程看作是一个紧密连接的供应链,其中包括供应商、制造工厂、分销网络和客户等,并按照这个要求将企业内部划分成多个相互协同

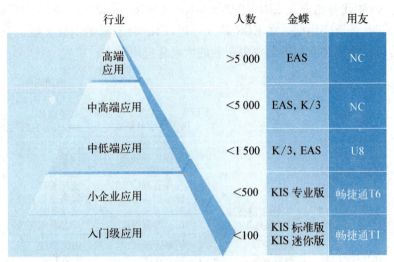

图 1-3　国内主要 ERP 产品特性比较

作业的支持系统,如市场预测和营销、市场信息与产品开发、生产管理与质量控制、库存和采购管理、客户关系管理与电子商务等。

ERP 是将企业所有资源进行整合集成管理,简单地说,是将企业的三大流(物流、资金流和信息流)进行全面一体化的管理。其主要功能模块包括生产控制模块(计划、制造)、物流管理模块(分销、采购、库存管理)和财务管理模块(会计核算、财务管理)。

三、会计信息系统与 ERP 的关系

会计信息系统是 ERP 的一个子系统,也是 ERP 的核心内容。在 ERP 系统中,会计信息系统将物流、资金流转变为信息流,处于整个系统的核心。ERP 中会计信息系统是企业边界范围内的非独立信息系统,基于互联网与其他子系统之间信息高度集成和共享。ERP 中的会计信息系统可以及时、准确、综合地对企业的业务进行反映,并对全部财务资源进行整合,从而全面提高企业的竞争能力和经济效益。

ERP 的运用对会计信息系统的革新着重体现在四个方面。

1. 促使会计系统的职能重点从"核算型"转向"管理型"

ERP 思想的贯彻使会计职能出现转化和扩展,由过去的对外报送报表为重,转向利用经济数据加强企业内部管理与对外报送报表并重,会计信息系统也从以经济业务发生后的事后记账、核算、编报为主要内容的"核算型"系统,向事前有预测和决策、事中有计划和控制、事后有分析与评价的"管理型"系统发展。

2. 促使会计信息系统的起点从凭证转向经济业务

过去的会计信息系统运行的起点是凭证的输入,系统的其他各项功能,如核算、编制报表等都是以凭证输入为前提。应用 ERP 之后,一方面促使会计信息具有更大的可追溯性,即从账务处理系统的凭证可以追溯到对应的经济业务,方便查询;另一方面,由于会计系统的职能发生了转变,系统在很大程度上要控制和支持经济业务的发生,会计

系统的设计将抛开从财务会计立场出发的模式，其设计的起点将改为经济业务，凭证输入只能作为第二起点来考虑。

3. 强调会计系统与其他系统的联系

ERP 的管理系统包括财务系统、市场营销系统、生产制造系统、质量控制系统、服务维护系统、工程技术系统等对内管理系统和企业筹资管理系统、投资决策系统、市场研究开发系统等对外管理系统，这些系统是不可分割的。ERP 将各个管理子系统整合为一个相互制约的有机整体，为会计信息系统与其他系统的连接提供了必要支持。

4. 会计信息系统增强对企业资源的利用

ERP 的观念就是全方位地利用企业内外部信息，最大化地提高经济效益，而会计信息系统从本质上可划分为两大基本子系统，一是向企业外部信息使用者报送反映企业财务状况和经营成果、现金流动情况的财务信息系统，二是向企业内部管理者提供预决策需要的管理信息系统。前者受到严格的规章制度的约束，其数据和资料来源都具有较为稳定的形式；后者为了更好地实现其功能，必须充分利用企业的各种内外部资源。ERP 的管理思想和管理模式促使会计信息系统充分利用这些资源，也为会计系统利用这些资源创造了宝贵的条件。

复习思考题

1. 什么是会计信息系统？它具有哪些特征？
2. 试简述会计信息系统的功能体系结构。
3. 会计信息系统与 ERP 之间是什么关系？

第二章　数据库与系统安装

[教学目的和要求]

通过本章的学习,学生应了解 SQL SEVER 2008 与用友 ERP-U8 V10.1 之间的关系,了解和熟悉用友 ERP-U8 V10.1 的工作环境,并掌握 SQL SEVER 2008 和用友 ERP-U8 V10.1 的安装,能够解决安装过程中出现的常见问题。

第一节　数据库 SQL SEVER 的安装

一、SQL SEVER 2008 简介

SQL(Structured Query Language)Server 是微软公司推出的关系型数据库管理系统。Microsoft SQL Server 是一个全面的数据库平台,使用集成的商业智能(BI)工具提供企业级的数据管理。Microsoft SQL Server 数据库引擎为关系型数据和结构化数据提供了更安全可靠的存储功能,可以构建和管理用于业务的高可用和高性能的数据应用程序。

Microsoft SQL Server 2008 是其中一个重要的产品版本,它推出了许多新的特性和关键的改进。该平台具有以下特点:可信任性,使得公司能够以很高的安全性、可靠性和可扩展性运行最关键任务的应用程序;高效性,使得公司可以降低开发和管理其数据基础设施的时间和成本;智能性,提供了一个全面的平台,可以在用户需要的时候发送数据和信息。

数据库是各类 ERP 软件产品的工作基础。用友 U8 系列产品以 Microsoft SQL Server 为后台数据库。用友 U8 系列产品的数据库按功能主要可分为三类:系统数据库 UFSystem、账套数据库 UFData_×××_××××(如 UFData_999_2015,其中 999 表示账套号,2015 表示会计年度)和模板数据库 UFModel。其中,UFSystem 库用于存储一些公共系统信息,如操作员信息、账套系统信息等;UFData_×××_×××× 库用于存储账套数据;UFModel 库在新建账套时作为模板数据库使用。每个 SQL Server 数据库是由两类文件组成:一类是数据文件,包括主数据文件(扩展名为 mdf)和次要数据文件(扩展名为 ndf,该类文件不是必需的,U8 数据库通常没有该文

件);另一类是日志文件(扩展名为 ldf)。

二、SQL SEVER 2008 安装

用友 ERP-U8 的运行需要数据库管理系统的支持,用友 ERP-U8 V10.1 支持以下 SQL Server 版本的标准版、企业版和数据中心版,包括:

- Microsoft SQL Server Desktop Engine 2000 (MSDE 2000) + SP4
- Microsoft SQL Server 2000 + SP4
- Microsoft SQL Server 2005 + SP2(或以上版本补丁)(包括 EXPRESS)
- Microsoft SQL Server 2008(SP1 或以上版本补丁)
- Microsoft SQL Server 2008 R2

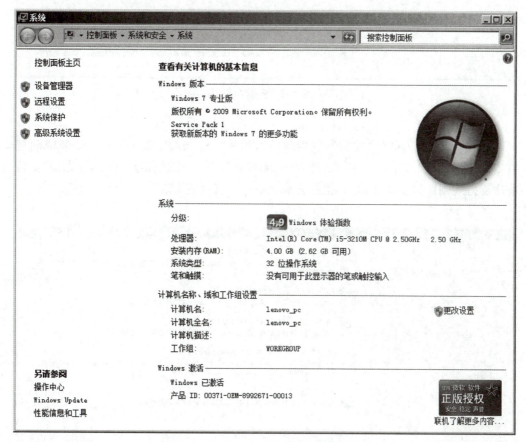

图 2-1 Windows 7 专业版 32 位操作系统

下面以 Windows7 专业版 32 位操作系统(如图 2-1 所示)安装 SQL Server 2008 个人版为例介绍其安装过程,操作步骤如下:

(1) 双击运行 SQL Server 2008 的安装文件 Setup.exe,进入"SQL Server 安装中心",如图 2-2 所示。

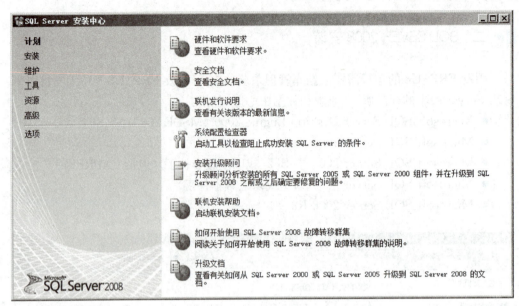

图 2-2 安装中心

(2) 点击界面左侧的"安装",然后单击右侧的"全新 SQL Server 独立安装或向现有安装添加功能",如图 2-3 所示,进入"SQL Server 2008 安装程序"界面,首先是"安装程序支持规则",如图 2-4 所示,操作完成之后,点击【确定】按钮。

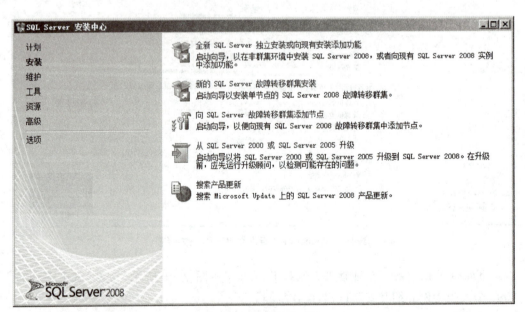

图 2-3 选择安装项目

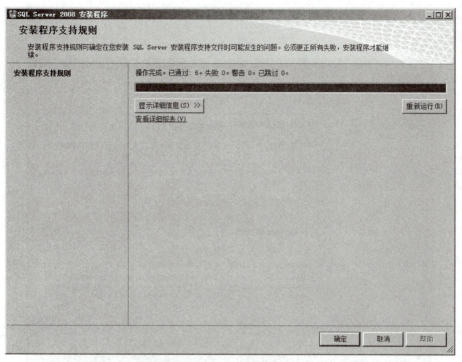

图 2-4　支持规则检测

（3）进入"产品密钥"界面，输入产品密钥，如图 2-5 所示，点击【下一步】按钮。

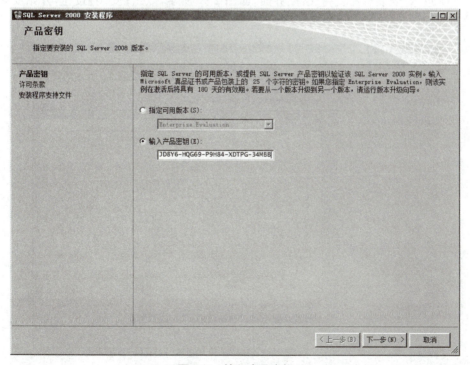

图 2-5　输入产品密钥

(4)进入"许可条款"界面,勾选"我接受许可条款",如图 2-6 所示,点击【下一步】按钮。

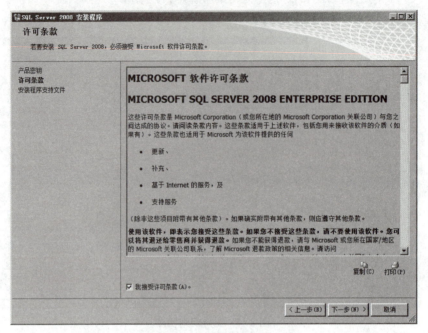

图 2-6　接受许可条款

(5)进入"安装程序支持文件"界面,如图 2-7 所示,点击【安装】按钮,开始安装支持文件。

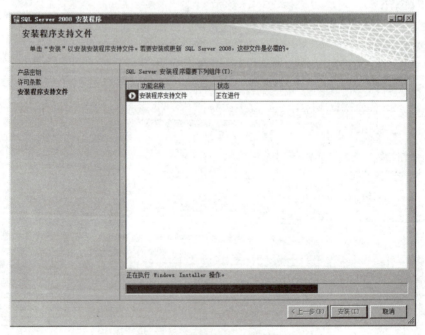

图 2-7　安装程序支持文件

(6) 安装完成之后,进入"安装程序支持规则"界面,如图 2-8 所示,所有规则均检测通过后,点击【下一步】按钮。

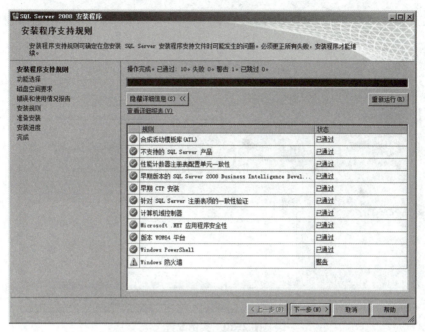

图 2-8　支持规则检测

(7) 进入"功能选择"界面,选择具体需要的功能,并设置安装位置,如图 2-9 所示,点击【下一步】按钮。

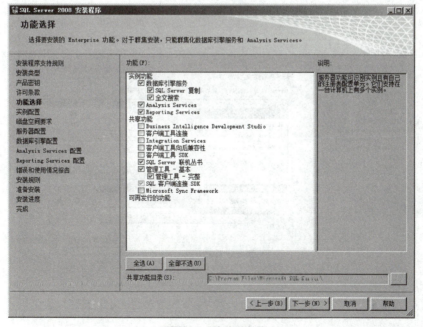

图 2-9　功能选择

（8）进入"实例配置"界面，选择"默认实例"，如图 2-10 所示，其他按照系统默认设置，点击【下一步】按钮。

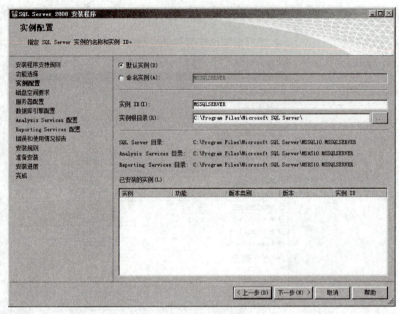

图 2-10　实例配置

（9）在"服务器配置"界面，先单击"对所有 SQL Server 服务使用相同的账户"，然后在弹出的窗口中选择"NT AUTHORITY\SYSTEM"，如图 2-11 所示，点击【确定】按钮，返回后点击【下一步】按钮。

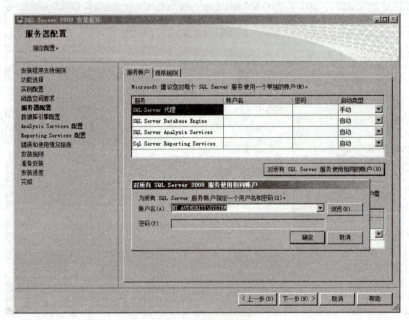

图 2-11　服务器配置

(10)进入"数据库引擎配置"界面,首先选择"混合模式(SQL Server 身份验证和 Windows 身份验证)",然后点击"添加当前用户",指定 SQL Server 管理员,如图 2-12 所示,单击【下一步】按钮。

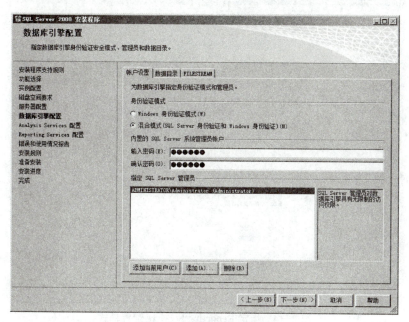

图 2-12　数据库引擎配置

(11)进入"Analysis Services 配置"界面,点击"添加当前用户",指定 SQL Server 管理员,如图 2-13 所示,单击【下一步】按钮。

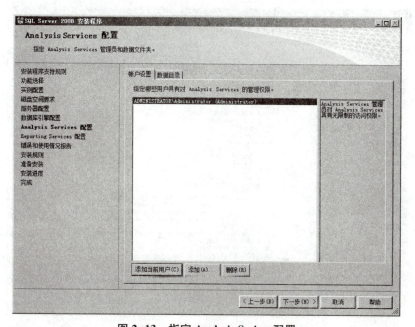

图 2-13　指定 Analysis Sevices 配置

（12）进入"Reporting Services 配置"界面，按照默认选择第一项，如图 2-14 所示，点击【下一步】按钮。

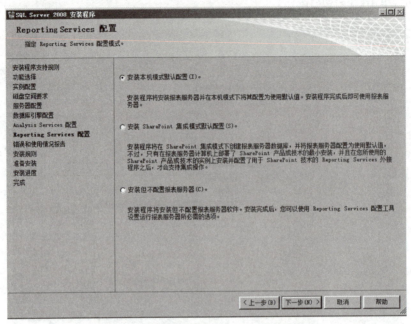

图 2-14　指定 Reporting Services 配置模式

（13）进入"准备安装"界面，点击【安装】按钮，如图 2-15 所示，点击【下一步】按钮，等待安装后，再单击【下一步】按钮，最后，点击【完成】按钮，如图 2-16 所示。

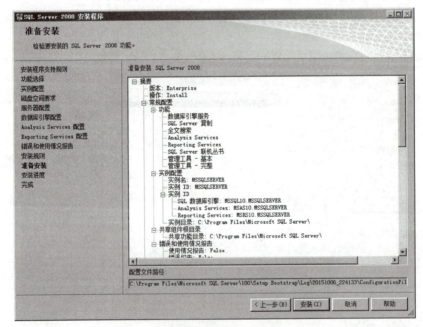

图 2-15　配置文件路径

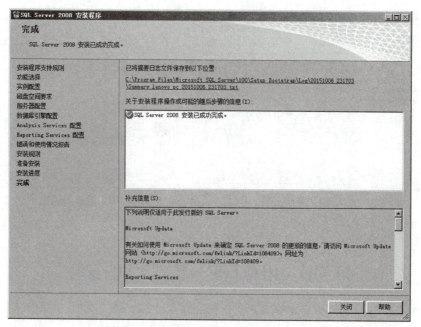

图 2-16　完成安装

（14）打开用友 ERP-U8 V10.1 安装程序文件夹中的补丁文件夹 3rdProgram，找到 SQL Server2005_BC.msi（如果系统是 64 位请选择 SQL Server2005_BC_x64.msi）向后兼容包，并双击安装。安装过程如图 2-17 至图 2-20 所示。

图 2-17　安装向导

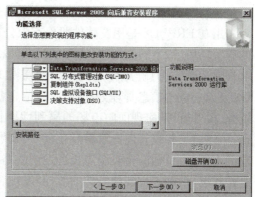

图 2-18　功能选择

（15）操作系统重启后，出现"正在完成最后的配置"提示信息。在其中输入数据库名称（即为本地计算机名称，可通过"系统属性"中的"计算机名"查看）、SA 口令（安装 SQL Server 时所设置的口令），单击【测试连接】按钮，测试数据库连接。若一切正常，则会出现连接成功的提示信息。

当 SQL Server 成功安装后，会在屏幕右下角任务栏中显示 SQL Server 数据服务管理器图标 和 U8 应用服务管理器图标 。

图 2-19 完成安装

图 2-20 重新启动提示

第二节 用友 ERP-U8 V10.1 的安装

一、用友 ERP-U8 V10.1 简介

用友软件股份有限公司是亚太地区领先的软件、云服务、金融服务提供商,是中国最大的 ERP、人力资源管理、商业分析、内部审计、小微企业管理软件以及财政、汽车、烟草等行业应用解决方案的供应商。用友 ERP-U8 管理软件是面向中型企业普及应用的一款产品,功能全面、运行稳定,在教育市场拥有广大的合作伙伴。

用友 ERP-U8 是用友软件股份有限公司开发的一套企业级的解决方案,满足不同的竞争环境下,不同的制造、商务模式下,以及不同的运营模式下的企业经营,实现从企业日常运营、人力资源管理到办公事务处理等全方位的产品解决方案。用友 ERP-U8 是以集成的信息管理为基础,以规范企业运营、改善经营成果为目标,帮助企业优化资源、提升管理、实现面向市场的赢利性增长。用友 ERP-U8 是一个企业经营管理平台,用以满足各级管理者对信息化的不同要求:为高层经营管理者提供大量收益与风险的决策信息,辅助企业制定长远发展战略;为中层管理人员提供企业各个运作层面的运作状况,帮助进行各种事件的监控、发现、分析、解决、反馈等处理流程,帮助做到投入产出最优配比;为基层管理人员提供便利的作业环境、易用的操作方式,实现工作岗位、工作职能的有效履行。用友 ERP-U8 V10.1 产品传承"精细管理、敏捷经营"的设计理念,符合"效用、风险、成本"的客户价值标准,代表了"标准、行业、个性"的成功应用模式。

用友 ERP-U8 V10.1 实现了以下方面的应用突破:支持跨年度应用;取消年结;支持账套库增量备份,有效减小备份文件体积;支持角色门户设计;新版 B/S 门户支持多角色管理中心,面向企业中不同的角色提供最适合的工作中心;支持管理者在异地使用手机等移动终端处理企业的各项业务;财务管理部分在决策支持、精细化管理、操作易用性等多方面进行了更深入的改进;网上银行新增了支付状态确认功能,可与银行在线实时查询单据的实际支付结果;工作流数据空间优化;产供销管理模式优化;内控与风险管理持续加强;精细成本管理持续改进;提供以项目为主体的全面预算等。

用友 ERP-U8 V10.1 主要包括以下组件:企业门户、财务会计、管理会计、供应链管理、生产制造、分销管理、零售管理、决策支持、人力资源管理、办公自动化、集团应用、企业应用集成。用友 ERP-U8 V10.1 常用模块之间的数据关系如图 2-21 所示。

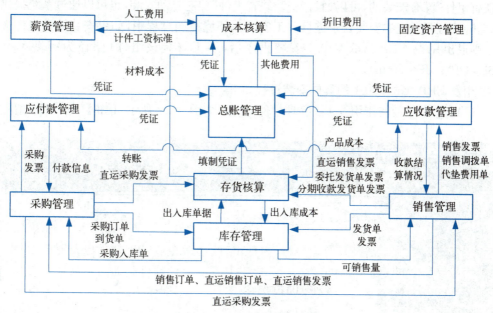

图 2-21 模块间的数据关系

二、用友 ERP-U8 V10.1 的安装

用友 ERP-U8 V10.1 要求 Windows XP 或 Windows 2003 以上操作系统,我们建议用 Windows 7 操作系统。用友 ERP-U8 V10.1 全面支持 64 位环境,推荐安装和使用服务器端产品(包括应用服务器和数据库服务器)。安装之前,需要先手工安装用友 ERP-U8 V10.1 所需要的基础环境补丁和缺省组件;如果在 Vista、Windows2008、Windows7、Windows2008R2 等操作系统上安装运行用友 ERP-U8 V10.1 产品,建议至少配置 2G 以上内存。

安装用友 ERP-U8 V10.1 时,应注意五个事项。

(1) 如果是单机安装,即将数据服务器、应用服务器、客户端安装在一台机器上,需要满足一定的配置要求,具体内容可参见安装软件中自带的《用友 ERP-U8 V10.1 产品安装手册》。

(2) 用友 ERP-U8 V10.1 必须使用系统管理员或具有同等权限的操作员身份(用

户 ID 属于操作系统 Administrators 组)登录操作系统进行安装。

(3) 安装时建议停止防火墙软件,或者在安装过程中防火墙弹出的有关风险提示中选择允许或继续。

(4) 如果应用服务器和数据库服务器装在同一台服务器上,当应用服务器指向数据源时,请使用数据库服务器的机器名或 IP 地址,而不要使用"."(点)或者"localhost"。

(5) 安装过程中会进行环境检测,分为"基础环境""缺省组件"和"可选组件"三部分。"基础环境"不符合要求,需要退出当前安装环境后手工安装所需的软件和补丁;"缺省组件"没有安装的,可以通过"安装缺省组件"功能自动安装,也可以通过系统提供的超链接打开对应的安装目录进行手工安装。环境检测过程中,如果安装缺省组件失败,则退出用友 ERP-U8 V10.1 安装程序后,手工安装该组件(路径为\U8 V10.1SETUP\3rdProgram)。

用友 ERP-U8 V10.1 的具体安装过程如下:

(1) 进入"欢迎使用用友 U8 管理软件"界面,如图 2-22 所示,单击【下一步】按钮。

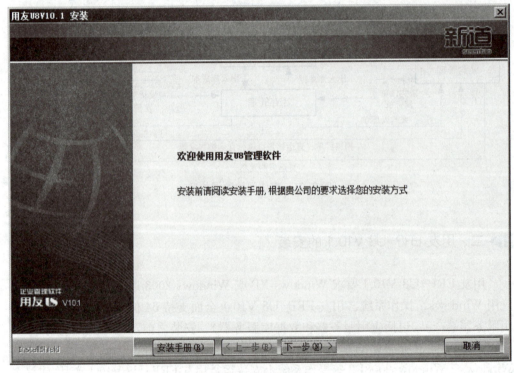

图 2-22 欢迎界面

(2) 进入"许可证协议"界面,如图 2-23 所示,选择"我接受许可证协议中的条款"后,单击【下一步】按钮。

(3) 进入"选择目的地位置"界面,选择适当的安装目录,如图 2-24 所示,单击【下一步】按钮。

(4) 进入"安装类型"界面,按照图 2-25 进行选择后,单击【下一步】按钮。

第二章 数据库与系统安装

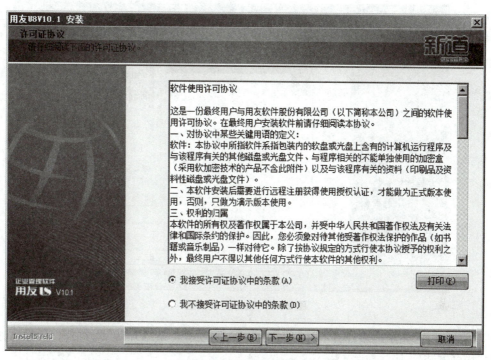

图 2-23 接受许可证协议

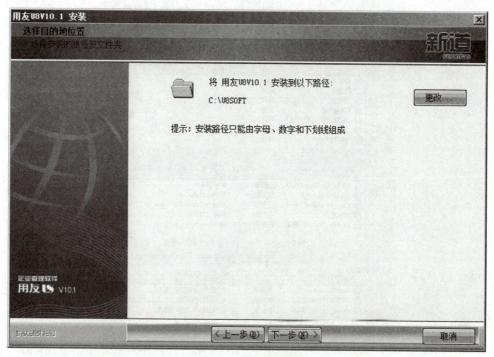

图 2-24 选择安装路径

会计信息系统应用

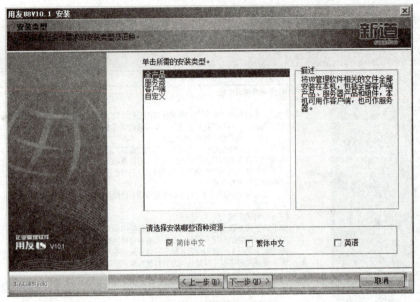

图 2-25　选择安装类型

（5）进入"系统环境检查"界面，如图 2-26 所示，当"基础环境"均符合，且"缺省组件"均已安装后，点击【确定】按钮。

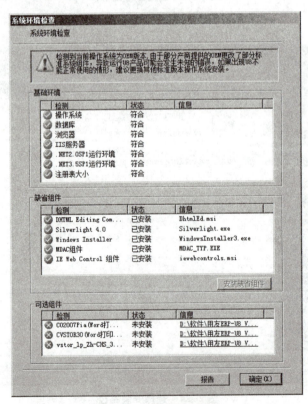

图 2-26　系统环境检查

（6）当安装工作结束后，系统提示重新启动计算，如图 2-27 所示，点击【完成】按钮。

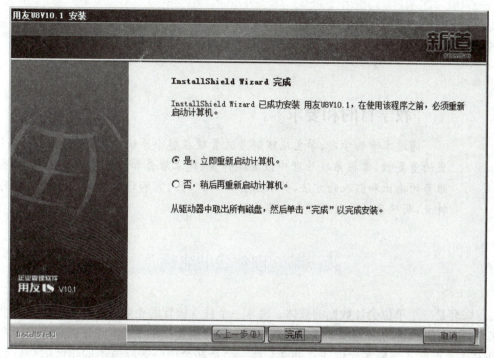

图 2-27　完成安装

复习思考题

1. 用友 ERP-U8 V10.1 与 SQL Server 2008 之间是什么关系？
2. 安装用友 ERP-U8 V10.1 应注意哪些事项？
3. 安装用友 ERP-U8 V10.1 应具备哪些基础环境？需要哪些缺省控件？

第三章　账套的创建与管理

[教学目的和要求]

通过本章的学习，学生应理解系统管理在整个系统中的作用以及基础设置的重要性，掌握系统管理中设置操作员、建立账套和设置操作员权限，熟悉账套的输出和引入的方法，并联系会计工作的内容和计算机处理会计业务的特点，明确系统管理对日常工作的影响。

第一节　创建企业账套

账套是一个单位会计数据的载体。通常一个独立核算的企业应在系统中建立一个账套，在系统中，也可以为多个企业（或企业内多个独立核算的部门）分别建账。用友ERP-U8管理系统最多允许建立999套账。每个账套中一般存放不同年度的会计数据，为方便管理，不同年度的数据存放在不同的数据表中，称为年度账。

一、系统注册

系统管理是用友ERP-U8管理系统中一个非常重要的组成部分。其主要功能是对用友ERP-U8管理系统的各个产品进行统一的操作管理和数据维护，具体包括账套管理、年度账管理、操作员及权限的集中管理、系统数据及运行安全的管理等方面。

系统允许以两种身份注册进入系统管理：一种是以系统管理员的身份，另一种是以账套主管的身份。

系统管理员负责整个系统的总体控制和数据维护工作，可以管理该系统中所有的账套，具有以下功能：账套的建立、引入和输出；设置角色和用户；设置和修改用户的密码；设置和修改角色和用户的权限，指定账套主管等。

账套主管负责所选账套的维护工作，具有以下功能：对所选账套参数进行修改；对年度账进行管理，包括年度账的建立、清空、引入、输出和结转上年数据等；对账套操作员权限进行设置。

业务3-1：以系统管理员（admin）身份注册系统。

操作路径：【开始】菜单—【所有程序】—【用友U8 V10.1】—【系统服务】—【系统管理】

(1)登录路径如图3-1所示。系统弹出"新道教育-用友 U8[系统管理]"窗口,单击【系统】菜单,选择【注册】,如图3-2所示。

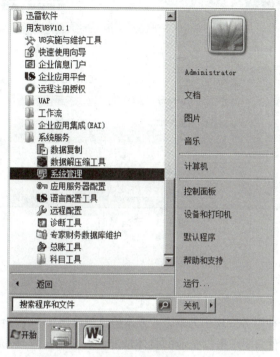

图3-1 开始菜单

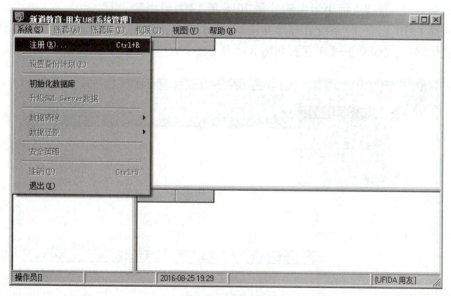

图3-2 系统注册

(2)系统弹出登录窗口,系统预设一个系统管理员admin,第一次运行时,系统管理员密码为空,其他默认系统设置,单击【登录】按钮,如图3-3所示,完成系统登录。

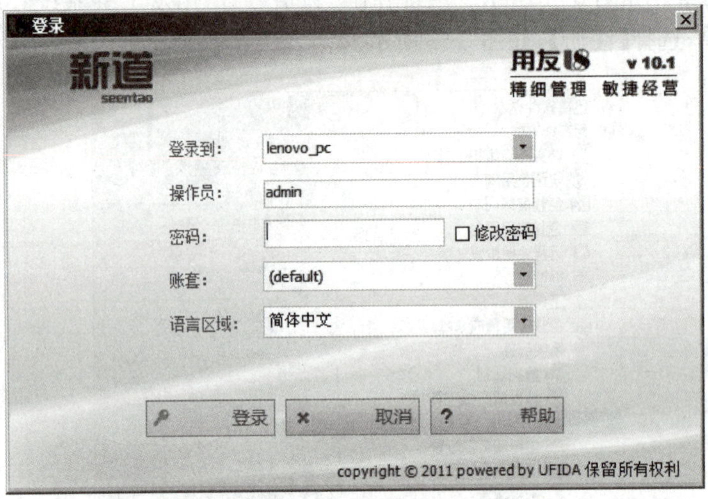

会计信息系统应用

图 3-3 登录界面

二、新建账套

建立账套是在企业财务管理中为本企业或本核算单位建立一套符合核算要求的账簿体系。会计信息系统软件只要求根据企业的具体情况设置基础参数，系统将按照这些基础参数自动建立一套账，而系统的数据输入、处理、输出的内容和形式就是由账套参数决定。

业务 3-2：新建上海小米电脑公司 2015 年 12 月份账套。

前提工作：已登录"系统管理"，并注册（即完成业务 3-1）。

操作路径：【账套】—【建立】，如图 3-4 所示。

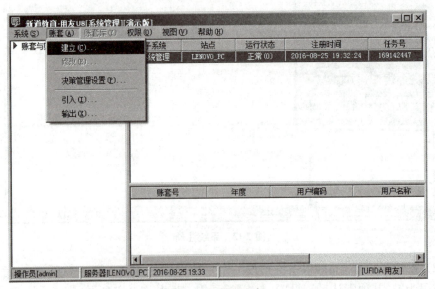

图 3-4 建立账套

(1) 录入上海小米电脑公司账套信息，如图 3-5 所示。

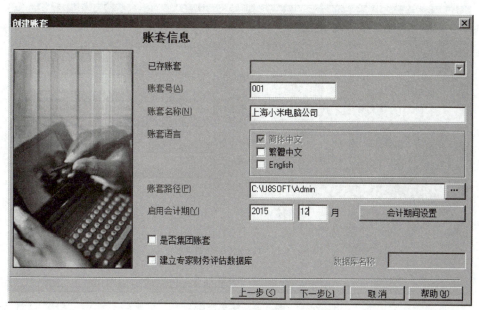

图 3-5　账套信息

(2) 录入上海小米电脑公司的单位信息，如图 3-6 所示。

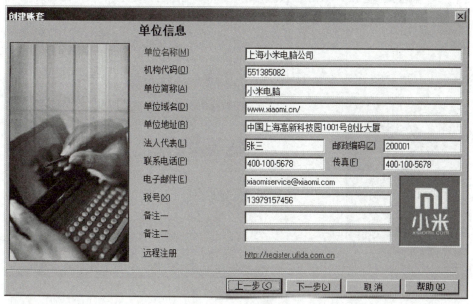

图 3-6　单位信息

(3) 单击【下一步】按钮,设置上海小米电脑公司的核算类型,如图 3-7 所示。

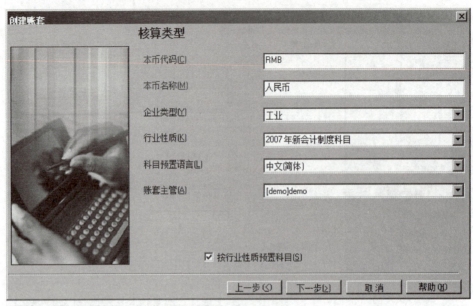

图 3-7 核算类型

(4) 单击【下一步】按钮,设置上海小米电脑公司的基础信息,请注意勾选"有无外币核算",如图 3-8 所示。

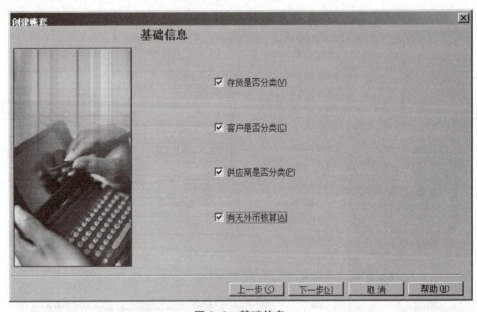

图 3-8 基础信息

(5) 单击【下一步】按钮,开始建账,单击【完成】按钮,系统提示"可以创建账套了么?",如图 3-9 所示,选择【是】。

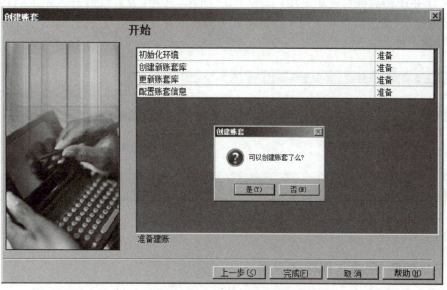

图 3-9　完成建账

（6）系统提示进行编码方案的设置，按图 3-10 设置本公司编码方案，请注意该编码方案一旦确认不可更改。设置完成后，单击【确定】按钮。

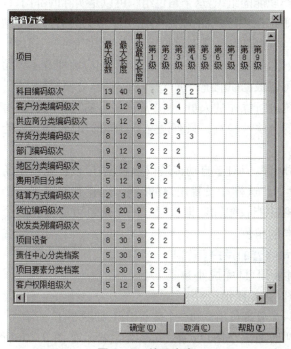

图 3-10　编码方案

图 3-11　数据精度

（7）系统进入数据精度设置，按图 3-11 设置本公司数据精度。完成后，单击【确定】按钮。

（8）系统最后提示建账成功，如图3-12所示，选择【否】，以后进入系统启用的设置，系统提示"请进入企业应用平台进行业务操作"，单击【确定】按钮，如图3-13所示，完成建账工作。

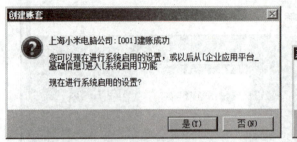

图3-12　建账成功

图3-13　提示

三、角色、用户与权限的设置

角色、用户与权限的设置和分配是实现内部控制的重要方法，操作员及其权限的管理，一方面可以避免与业务无关的人员进入系统，另一方面可对系统所包含的各个子系统的操作进行协调，保证各负其责。

角色是指在企业管理中拥有某一类职能的组织，这个角色组织可以是实际的部门，也可以是由拥有同一类职能的人构成的虚拟组织。例如，实际工作中最常见的会计和出纳两个角色（其既可以是同一个部门的人员，也可以分属不同的部门但工作职能是一样的）。在设置了角色后，就可以定义角色的权限，当用户归属某一角色后，就相应地拥有了该角色的权限。设置角色的方便之处在于可以根据职能统一进行权限的划分，方便授权。

用户是指有权限登录系统，对系统进行操作的人员，即通常意义上的"操作员"。每次注册登录系统，都要进行用户身份的合法性检查。只有设置了具体的用户之后，才能进行相关的操作。

用户和角色的设置可以不分先后顺序，但对于自动传递权限来说，应该首先设定角色，然后分配权限，最后进行用户的设置。这样在设置用户的时候，选择其归属哪一个角色，则其自动具有该角色的权限包括功能权限和数据权限。一个角色可以拥有多个用户，一个用户也可以分属于多个不同的角色。

业务3-3：设置上海小米电脑公司账套的用户。

前提工作：已登录"系统管理"，并注册（即完成业务3-1）。

操作路径：【权限】—【用户】，如图3-14所示。

（1）在用户管理界面，系统已预设一个管理员用户和三个普通用户，如图3-15所示。

（2）单击左上角【增加】按钮，分别增加三个用户：张三（账套主管），如图3-16所示；李四（普通用户），如图3-17所示；王五（普通用户），如图3-18所示。请注意，为了后继登录方便起见，三个用户均不设置密码。

（3）如果要删除某用户，必须先解除该用户的角色，提示如图3-19所示。

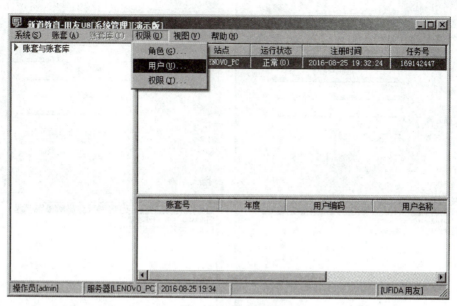

图 3-14　用户设置

图 3-15　用户管理

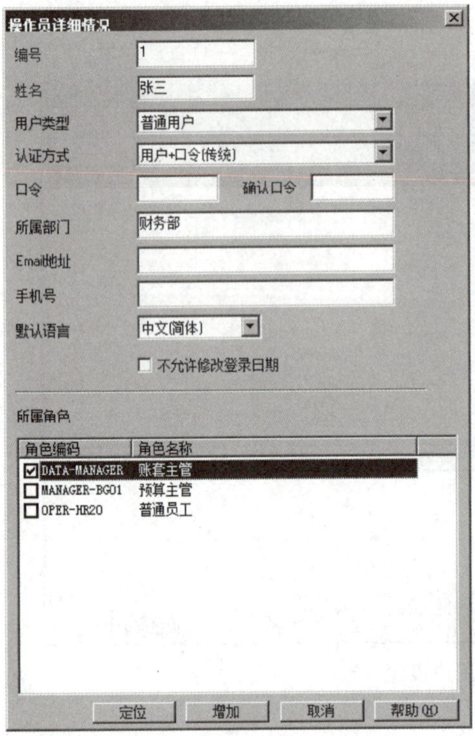

会计信息系统应用

图 3-16 "张三"用户设置

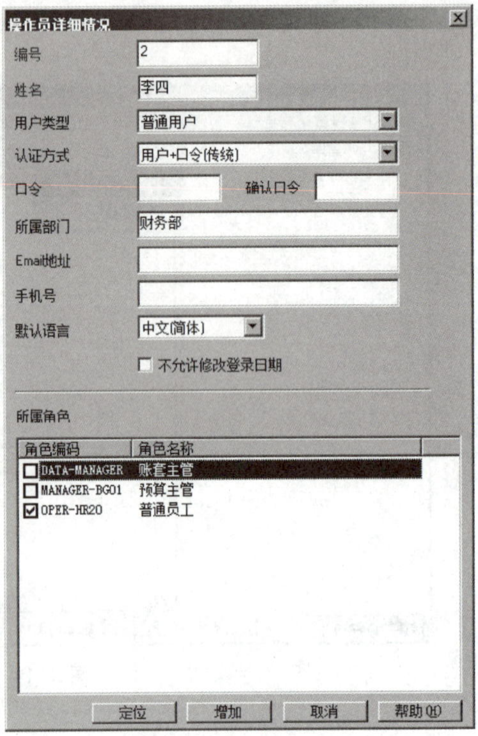

图 3-17 "李四"用户设置

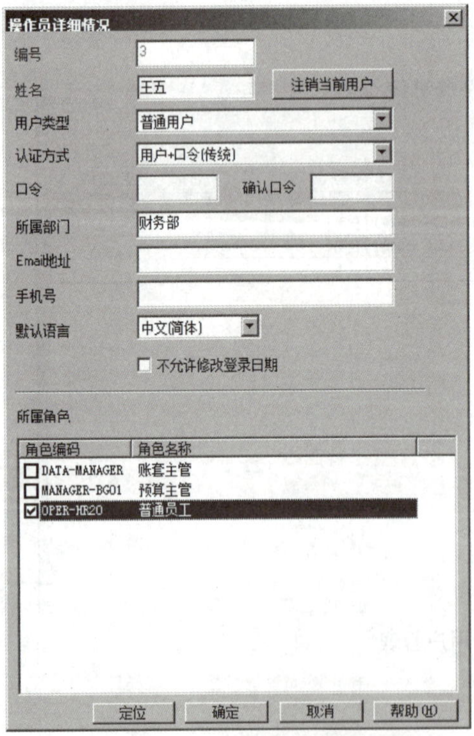

图 3-18 "王五"用户设置

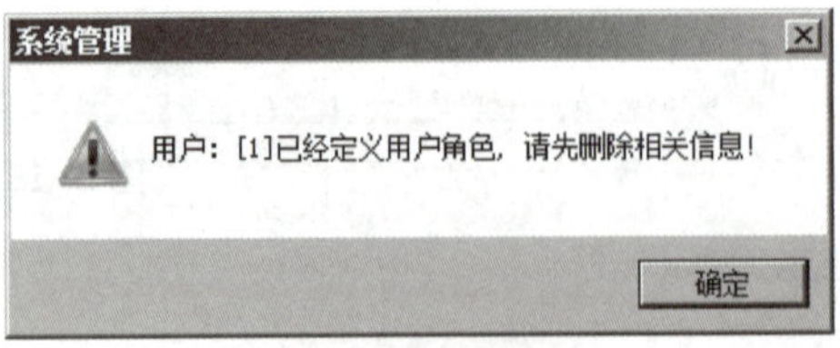

图 3-19 提示

业务 3-4：设置上海小米电脑公司账套的用户权限。

前提工作：已设置账套的用户（即完成业务 3-3）。

操作路径：【权限】—【权限】，如图 3-20 所示。

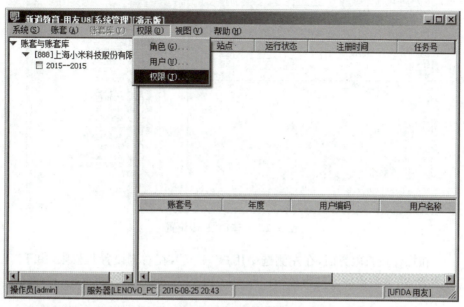

图 3-20　权限菜单

（1）在操作员权限界面，在左侧选中用户"张三"，在右侧设置其权限，由于"张三"为账套主管，拥有所有权限，如图 3-21 所示。

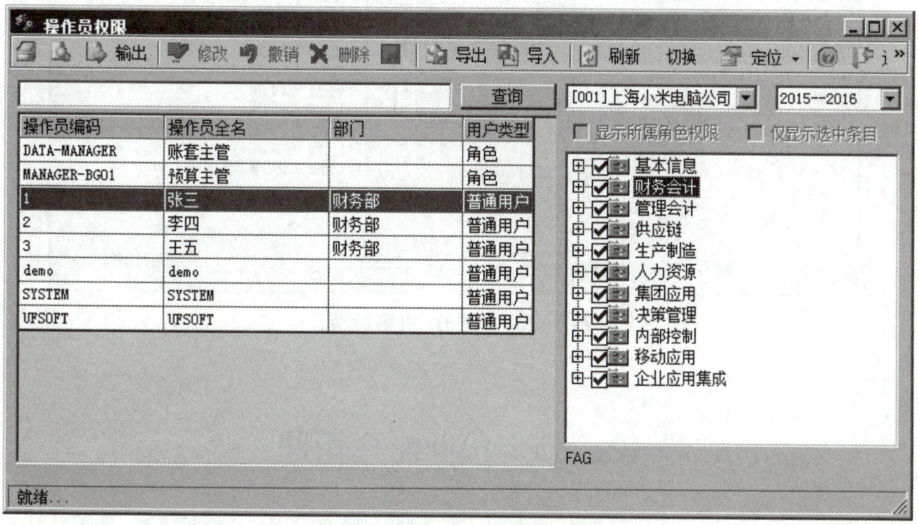

图 3-21　"张三"权限设置

（2）在操作员权限界面，在左侧选中用户"李四"，在右侧设置其权限，由于"李四"为出纳员，拥有与出纳相关的权限，如图 3-22 所示。

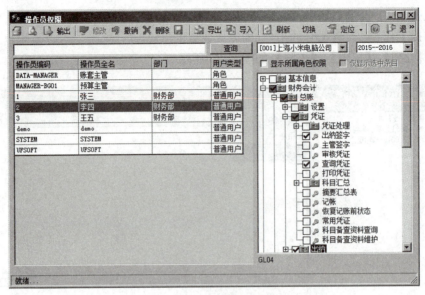

图 3-22 "李四"权限设置

（3）在操作员权限界面，在左侧选中用户"王五"，在右侧设置其权限，由于"王五"为会计主管，主要负责凭证的审核与记账，其权限设置如图 3-23 所示。

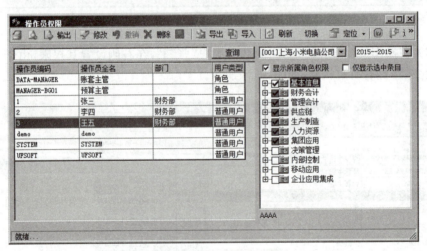

图 3-23 "王五"权限设置

第二节　企业账套管理

一、账套的输出与引入

账套输出与引入即通常所指的企业账套数据的备份和恢复。

输出账套功能是指将所选的账套数据做一个备份。账套输出是将系统产生的数据备份到硬盘、U 盘或移动硬盘等存储介质。其作用一方面是保证数据的完整性,另一方面当系统遭受意外破坏时,可以利用备份数据尽快恢复系统,从而保证企业日常业务的正常进行。

业务 3-5:输出"001 上海小米电脑公司"账套。

前提工作:所有用户均退出企业应用平台,登录"系统管理",并注册(即完成业务 3-1)。

操作路径:【账套】—【输出】,如图 3-24 所示。

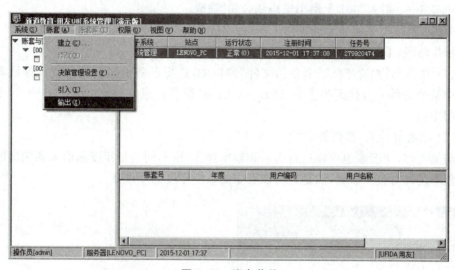

图 3-24　账套菜单

(1) 在弹出的"账套输出"对话框中,选择需要输出的账套"[001]上海小米电脑公司",并选择输出文件位置(如硬盘或 U 盘某个文件夹),然后单击【确认】按钮,如图 3-25 所示。

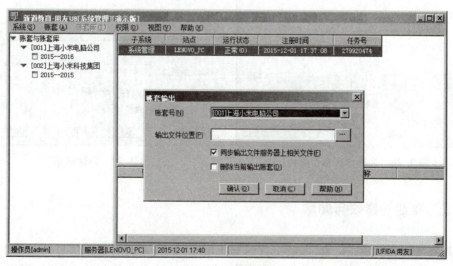

图 3-25　账套输出

（2）耐心等待后，系统提示"输出成功"。在输出文件夹中，生成 UFDATA.BAK 和 UfErpAct.Lst 两个文件，前者为账套数据文件，大小约 1.5 GB 左右，后者为账套信息数据文件，大小为 1 KB。

引入账套功能是指将系统外某账套数据引入本系统中。一方面，当计算机故障或病毒侵犯，都会致使系统数据受损，这时利用账套引入功能，恢复备份账套数据。另一方面，这一功能为集团公司的财务管理提供了方便，子公司的账套数据可以定期被引入母公司系统中，以便进行有关账套数据的分析和合并工作。

业务 3-6：引入"001 上海小米电脑公司"账套。

前提工作：已完成账套的输出工作（即完成业务 3-5）。

操作路径：【账套】—【引入】

（1）在弹出的"请选择账套备份文件"窗口中，选择已备份账套的位置，(如硬盘或 U 盘中某个文件夹)，找到并选中"UfErpAct.Lst"账套信息文件，如图 3-26 所示，单击【确定】按钮。

（2）耐心等待后，系统提示"引入成功"。

与其类似，年度账也可以进行引入和输出操作，所不同的是年度账引入和输出的操作对象不是针对整个账套，而是针对账套中的某一年度的年度账。

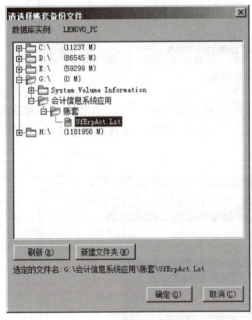

图 3-26　选择账套备份文件

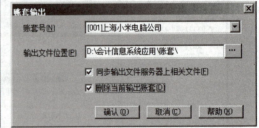

图 3-27　删除账套

▶▶ 二、账套的修改与删除

当系统管理员建完账套、账套主管建完年度账后，在未使用相关信息的基础上，需要对某些信息进行调整，以便使信息更真实、准确地反映企业的相关内容时，可以进行适当的修改。通常只有账套主管可以修改其具有权限的年度账套中的信息,系统管理员无权修改。在修改账套过程中,系统会自动列出所选账套的账套信息、单位信息、核算信息、基础设置信息、分类编码方案信息和数据精度信息,账套主管可以根据需要对允许修改的内容进行调整。

删除账套只有系统管理员才有权限,以系统管理员 admin 登录"系统管理",执行菜单【账套】—【输出】命令,在弹出的"账套输出"对话框中,除选择相关内容外,勾选"删除当前输出账套"即可,如图 3-27 所示。

复习思考题

1. 注册进入系统管理的身份有哪几种?各自的区别是什么?
2. 用友 ERP-U8 中"角色"与"用户"之间是什么关系?
3. 账套恢复功能通常在什么情况下使用?账套备份功能的意义是什么?如何删除账套?

第四章　企业基础档案设置

[**教学目的和要求**]

通过本章的学习,学生应掌握用友 ERP-U8 V10.1 系统各功能模块的启用;了解系统管理主要功能及基础档案设置的内容;明确年度账管理、账套管理、用户及权限管理的内容;理解企业基础档案设置对企业日常 ERP 操作的重要性。

第一节　启用系统

用友 ERP-U8 管理软件分为财务会计、管理会计、供应链、生产制造、人力资源、集团应用、决策支持和企业应用集成等产品组,每个产品组中又包含若干模块,它们中大多数既可独立运行,又可以集成使用。用友 ERP-U8 V10.1 系统提供了企业应用平台功能,用户通过注册进入企业应用平台,从而取得无须再次验证而进入任何一个子系统的"通行证",这样可以充分发挥数据共享和系统集成的优势。

系统启用主要用于对核算单位选择使用的子系统或相应模块。设置系统启用的方法有两种:一是在企业建账完成后,立即进行系统启用;二是在建账结束后,由账套主管在企业门户中进行系统启用设置。

业务 4-1:上海小米电脑公司启用总账、应收款管理、应付款管理、固定资产、出纳管理、成本管理、销售管理、采购管理、存货管理和库存核算模块。

操作路径:【开始】菜单—【所有程序】—【用友 U8 V10.1】—【企业应用平台】

(1) 以操作员张三(输入代码"1"即可)登录系统,密码为空,账套选择"[001] (default)上海小米电脑公司",操作日期为"2015-12-01",点击【登录】按钮,如图 4-1 所示。

(2) 进入用友 ERP-U8 V10.1,系统主界面如图 4-2 所示。

(3) 在主界面左下角,执行【基础设置】—【基本信息】—【系统启用】。在弹出的系统启用窗口中,勾选"总账""应收款管理""应付款管理""固定资产""出纳管理""成本管理""销售管理""采购管理""库存管理"和"存货核算"模块,如图 4-3 所示,单击【退出】按钮。

第四章 企业基础档案设置

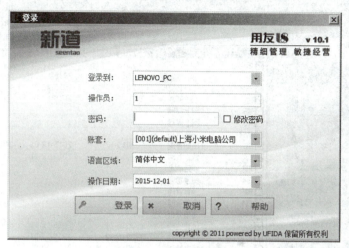

图 4-1 系统登录

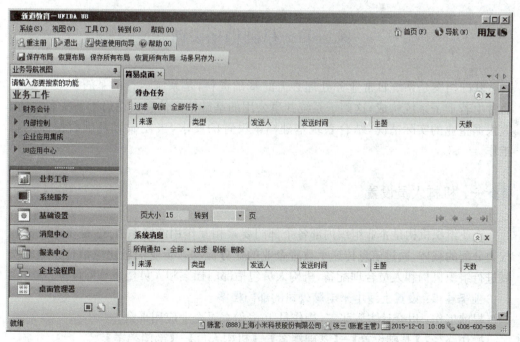

图 4-2 系统主界面

图 4-3　系统启用

第二节　基础档案设置

基础档案是系统日常业务处理必需的基础资料，是系统运行的基石。一个账套通常由若干子系统构成，这些子系统共享公用的基础档案信息。在启用新账套之前，应根据企业的实际情况，结合系统基础档案设置的要求，事先做好基础数据的准备工作。

一、机构人员设置

企业组织机构是企业组织内部各个部门要素相互作用的联系方式，是企业资源和权力分配的载体，通过信息传递承载着企业的业务流动。企业信息化应结合企业的发展进行组织机构和人员合理配备，机构人员包括部门档案和人员档案等的设置。

业务 4-2：设置上海小米电脑公司的部门档案。

提前工作：以会计主管张三（操作员 1）身份登录企业应用平台。

操作路径：【基础设置】—【基础档案】—【机构人员】—【部门档案】

单击主界面左上角【增加】按钮，逐个添加部门。本公司部门编码及名称的设置如图 4-4 所示。

业务 4-3：设置上海小米电脑公司的人员类别。

操作路径：【基础设置】—【基础档案】—【机构人员】—【人员类别】

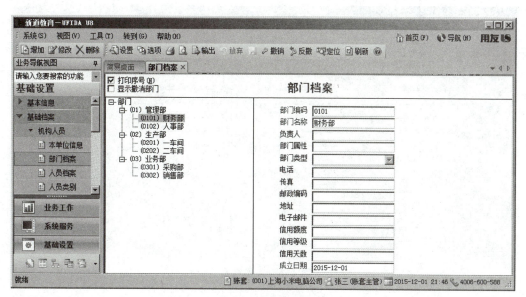

图 4-4 部门档案

单击人员类别窗口左上角【增加】按钮,逐个添加人员类别:企业管理人员、车间管理人员、生产人员、采购人员、销售人员,结果如图 4-5 所示。

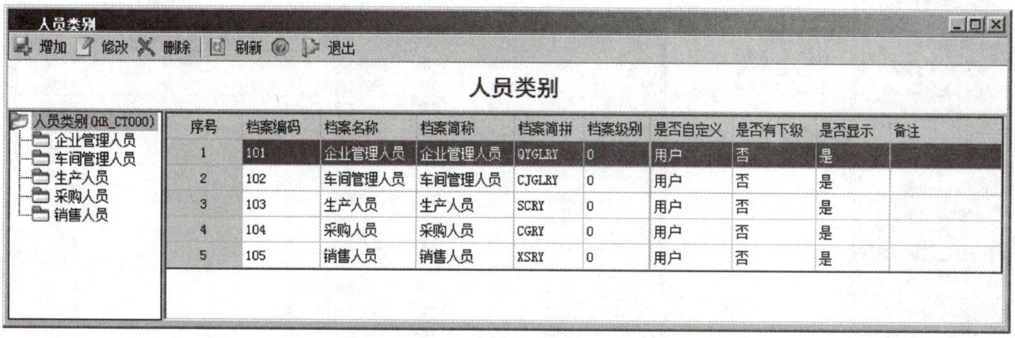

图 4-5 人员类别

业务 4-4:设置上海小米电脑公司的人员档案。

操作路径:【基础设置】—【基础档案】—【机构人员】—【人员档案】

单击人员档案窗口左上角【增加】按钮,逐个添加人员信息,如图 4-6 所示。本公司所有人员的相关信息如图 4-7 所示。

一般来说,人员档案中蓝色标题的内容必须录入信息;对于销售或采购人员来说,勾选"是否业务员"选项,以便考核业务绩效;对于公司管理人员来说,如果涉及差旅费的报销等内容,也要勾选"是否业务员"选项,此时,系统自动填充"业务或费用部门"。

会计信息系统应用

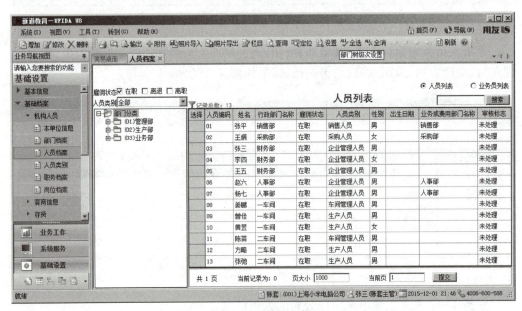

图4-6 人员档案

图4-7 人员列表

二、客商信息设置

客商信息设置是对与本单位有业务往来核算的客户和供应商进行分类并设置其基本信息，以便对往来单位数据进行使用和统计分析。往来单位设置所涉及的内容主要包括供应商分类、供应商档案、客户分类、客户档案等。

业务4-5：设置上海小米电脑公司的供应商分类。

操作路径：【基础设置】—【基础档案】—【客商信息】—【供应商分类】

单击供应商分类窗口中【增加】按钮,逐个供应商进行分类,本公司供应商分类编码及名称如图 4-8 所示。

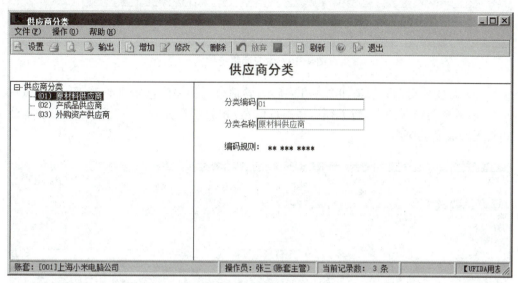

图 4-8　供应商分类

业务 4-6：建立上海小米电脑公司的供应商档案。

操作路径：【基础设置】—【基础档案】—【客商信息】—【供应商档案】

（1）单击供应商档案窗口中【增加】按钮,逐个添加供应商的基本信息。以供应商"华硕公司"为例,相关信息如图 4-9 所示。

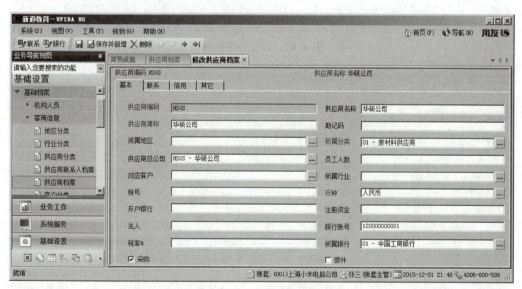

图 4-9　华硕公司信息

（2）填写银行信息。完成基本信息填写后,先单击工具栏中【保存】按钮,再单击工具栏中【银行】按钮,按图 4-10 所示内容填写供应商银行档案。

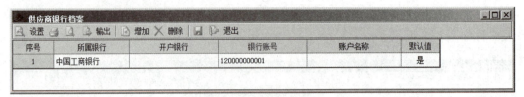

图 4-10 供应商银行档案

(3) 微软公司相关信息如图 4-11 所示,希捷公司相关信息如图 4-12 所示,东风汽车公司(外购资产供应商,暂无须填写银行信息)相关信息如图 4-13 所示(注意:本公司暂无产成品供应商)。

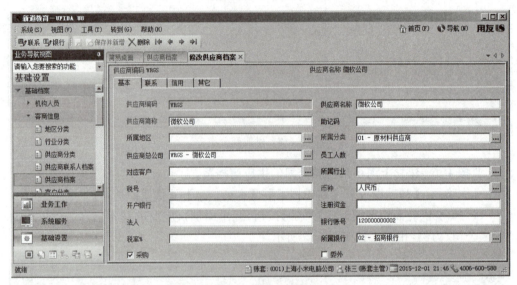

图 4-11 微软公司信息

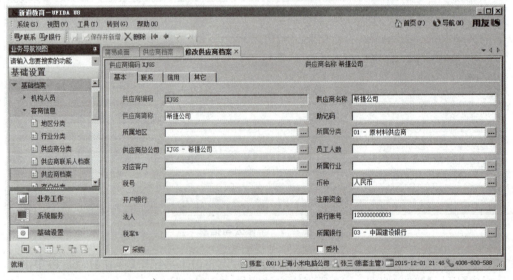

图 4-12 希捷公司信息

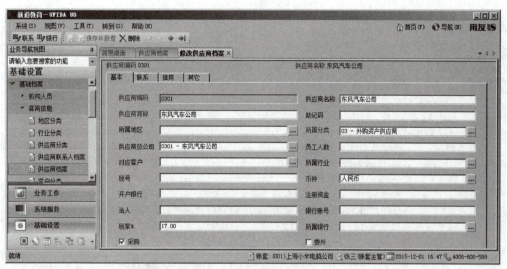

图 4-13　东风汽车公司信息

业务 4-7：设置上海小米电脑公司的客户分类。

操作路径：【基础设置】—【基础档案】—【客商信息】—【客户分类】

单击客户分类窗口中【增加】按钮，逐个添加客户分类，本公司客户分类设置结果如图 4-14 所示。

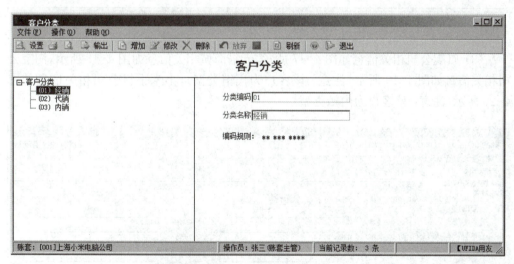

图 4-14　客户分类

业务 4-8：建立上海小米电脑公司的客户档案。

操作路径：【基础设置】—【基础档案】—【客商信息】—【客户档案】

（1）单击客户档案窗口中【增加】按钮，按类别逐个添加客户。

（2）以京东商城为例，填写相关信息后，先单击窗口中【保存】按钮，再单击【银行】和【开票】按钮，补充完善相关信息，如图 4-15 所示，否则填列"开票单位编号"时，会提示"没有信用单位！"，京东商城的客户开票单位档案如图 4-16 所示。

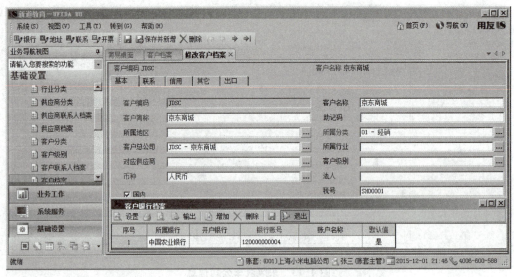

图 4-15　京东商城信息

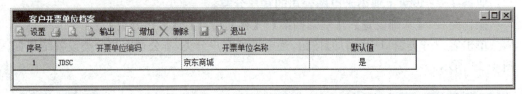

图 4-16　客户开票单位档案

(3) 旗舰公司相关信息如图 4-17 所示，天猫商城相关信息如图 4-18 所示，淘宝公司相关信息如图 4-19 所示(注意：该客户为代销类型)，小米手机公司相关信息如图 4-20 所示(注意：该客户为内销类型)。

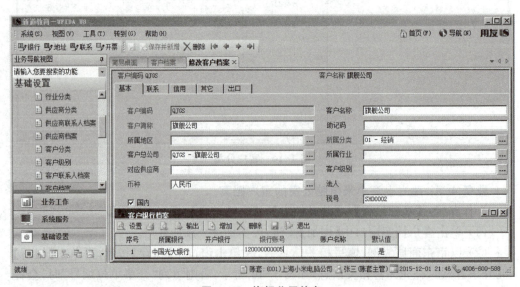

图 4-17　旗舰公司信息

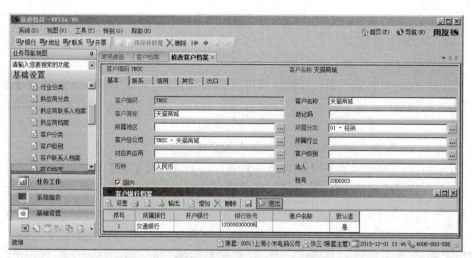

图 4-18 天猫商城信息

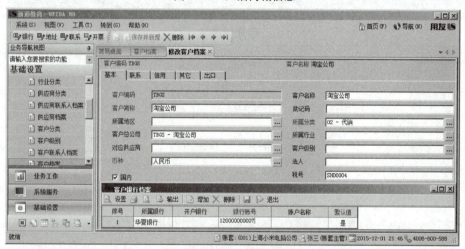

图 4-19 淘宝公司信息

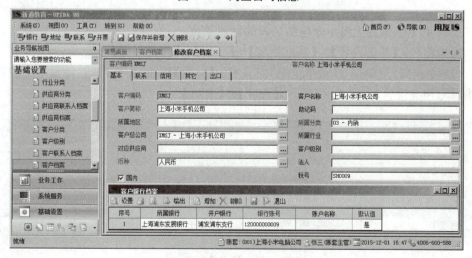

图 4-20 小米手机公司信息

三、存货信息设置

存货是保证企业生产经营过程顺利进行的必要条件,合理进行存货设置对于加强存货的核算管理具有重要意义。存货信息设置的内容主要包括存货分类、计量单位和存货档案。

业务4-9:建立上海小米电脑公司的存货分类。

操作路径:【基础设置】—【基础档案】—【存货】—【存货分类】

单击存货分类窗口中【增加】按钮,按类别逐个添加存货分类,本公司存货分类设置结果如图4-21所示。

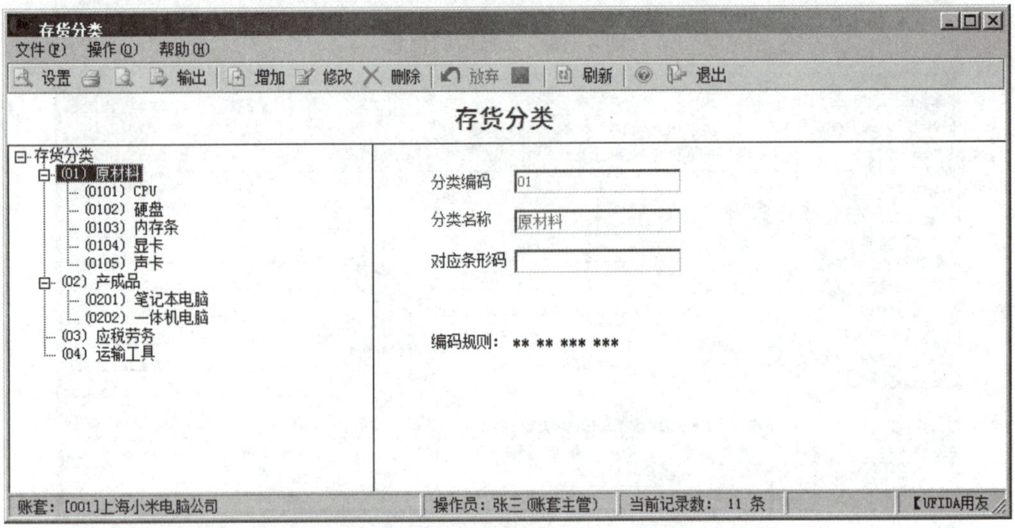

图4-21 存货分类

业务4-10:设置上海小米电脑公司的计量单位。

操作路径:【基础设置】—【基础档案】—【存货】—【计量单位】

(1)单击"计量单位-计量单位组"窗口中的【分组】按钮,在弹出的"计量单位组"窗口中填写相关信息,如图4-22所示,【保存】并【退出】。

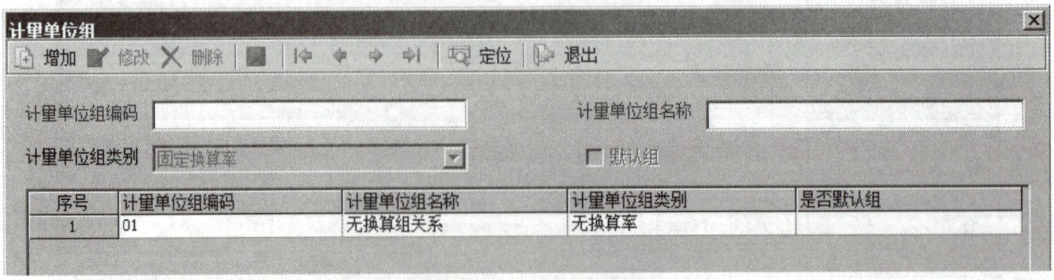

图4-22 计量单位组

(2)单击"计量单位-(01)无换算组关系＜无换算率＞"窗口中的【单位】按钮,在弹出的"计量单位"窗口中填写相关信息,如图4-23所示。

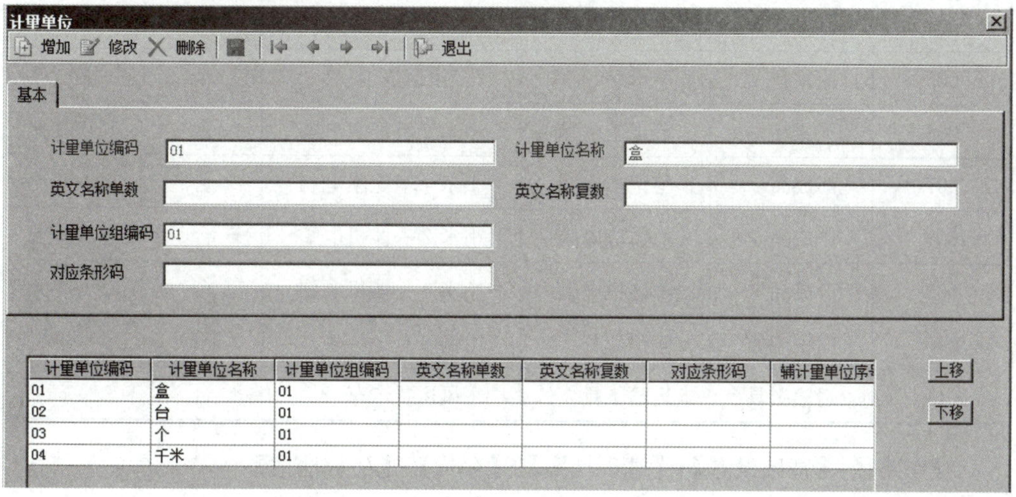

图4-23 计量单位

(3)【保存】并【退出】,结果如图4-24所示。

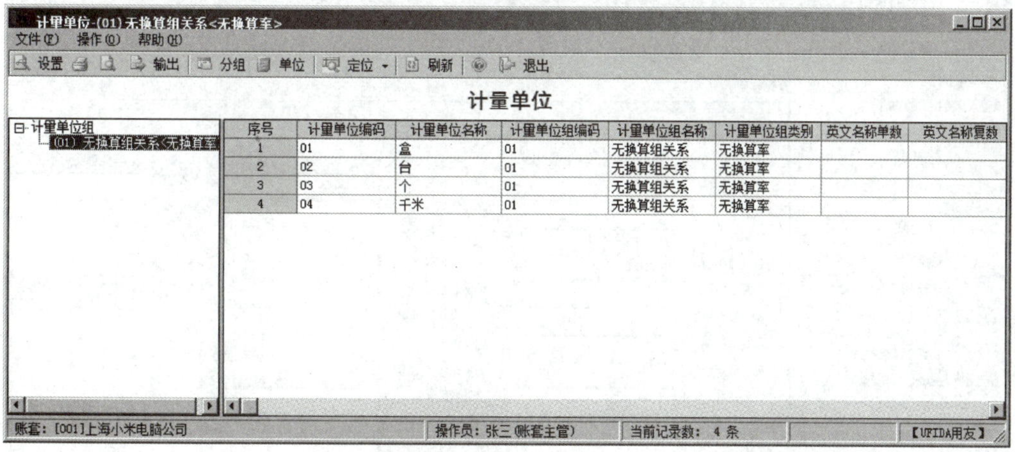

图4-24 计量单位设置结果

业务4-11:根据表4-1存货基本信息,建立上海小米电脑公司的存货档案。

表4-1 存货基本信息

存货编码	存货类别	存货分类	存货名称	计量单位	售价
001	原材料	CPU	8核CPU	盒	1 000元
002	原材料	硬盘	4T硬盘	盒	1 200元
003	原材料	内存条	16G内存条	个	800元

(续表)

存货编码	存货类别	存货分类	存 货 名 称	计量单位	售　价
004	原材料	显卡	8G 显卡	个	400 元
005	原材料	声卡	9.1 声道声卡	个	300 元
006	产成品	笔记本电脑	小米 2 笔记本电脑	台	12 400 元
007	产成品	笔记本电脑	小米 4 笔记本电脑	台	16 500 元
008	产成品	一体机电脑	小米 2 一体机电脑	台	14 200 元
009	产成品	一体机电脑	小米 4 一体机电脑	台	18 600 元
010	应税劳务	应税劳务	运输	千米	—
011	运输工具	运输工具	东风运货卡车	台	—

操作路径：【基础设置】—【基础档案】—【存货】—【存货档案】
（1）单击存货档案窗口中【增加】按钮，按分类逐个添加存货。
（2）原材料类存货以 001 号为例，"基本"选项卡信息如图 4-25 所示。

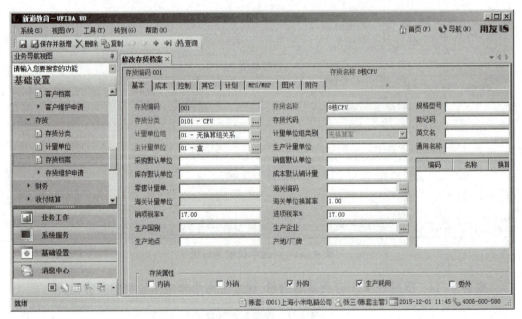

图 4-25　原材料基本信息

（3）产成品类存货以 006 号为例，"基本"选项卡信息如图 4-26 所示。
（4）应税劳务的"基本"选项卡信息如图 4-27 所示，请注意底部信息的选择。
（5）运输工具的"基本"选项卡信息如图 4-28 所示，请注意底部信息的选择。
（6）所有存货录入后的结果如图 4-29 所示。

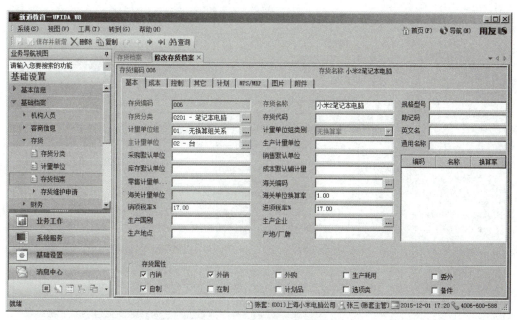

图 4-26 产成品基本信息

图 4-27 应税劳务基本信息

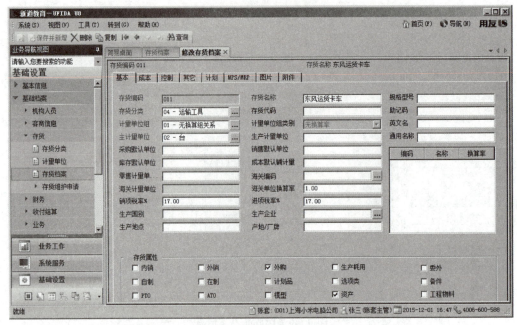

图 4-28　应税劳务基本信息

图 4-29　所有存货信息

四、财务设置

财务设置是对会计科目体系及会计核算基础的设置,是经济业务会计核算的基础,是使用会计信息软件的基础。财务设置主要包括外币设置、会计科目体系设置、凭证类别设置、项目档案体系设置、成本中心及其对照设置等。

业务 4-12：设置上海小米电脑公司的外币。

操作路径：【基础设置】—【基础档案】—【财务】—【外币设置】

单击外币设置窗口中的【增加】按钮，增加外币美元，假设 2015 年 12 月 1 日美元汇率为 6.75∶1，相关信息设置如图 4-30 所示。

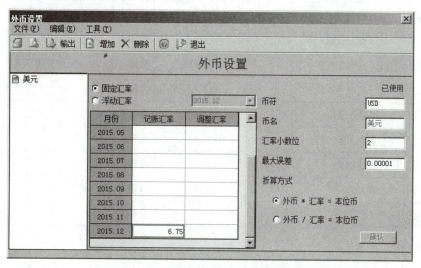

图 4-30　外币设置

业务 4-13：按表 4-2 会计科目表，设置上海小米电脑公司的会计科目。

表 4-2　会 计 科 目 表

类型	科目编码	科目名称	币种	计量单位	辅助账类型	账页格式	余额方向	受控系统	银行账	日记账
资产	1001	库存现金				金额式	借			Y
资产	1002	银行存款				金额式	借		Y	Y
资产	100201	工行				金额式	借		Y	Y
资产	100202	中行	美元			外币金额式	借		Y	Y
资产	1101	交易性金融资产				金额式	借			
资产	110101	成本				金额式	借			
资产	110102	公允价值变动				金额式	借			
资产	1121	应收票据				金额式	借			
资产	1122	应收账款			客户往来	金额式	借	应收系统		
资产	1123	预付账款				金额式	借			
资产	112301	预付单位款			供应商往来	金额式	借	应付系统		Y
资产	112302	报刊费				金额式	借			

(续表)

类型	科目编码	科目名称	币种	计量单位	辅助账类型	账页格式	余额方向	受控系统	银行账	日记账
资产	1131	应收股利				金额式	借			
资产	1132	应收利息				金额式	借			
资产	1221	其他应收款				金额式	借			
资产	122101	应收单位款			客户往来	金额式	借	应收系统		
资产	122102	应收个人款			个人往来	金额式	借			
资产	1231	坏账准备				金额式	贷			
资产	1401	材料采购				金额式	借			
资产	1402	在途物资				金额式	借			
资产	1403	原材料				金额式	借			
资产	140301	CPU		盒		金额式	借			
资产	140302	硬盘		盒		数量金额式	借			
资产	140303	内存条		个		数量金额式	借			
资产	140304	显卡		个		金额式	借			
资产	140305	声卡		个		数量金额式	借			
资产	1405	库存商品		台	项目核算	金额式	借			
资产	1406	发出商品				金额式	借			
资产	1408	委托加工物资				金额式	借			
资产	1409	低值易耗品				金额式	借			
资产	140901	数据线		千米		数量金额式	借			
资产	140902	聚碳酸酯板		千米		数量金额式	借			
资产	1471	存货跌价准备				金额式	贷			
资产	1501	持有至到期投资				金额式	借			
资产	1502	持有至到期投资减值准备				金额式	贷			
资产	1503	可供出售金融资产				金额式	借			
资产	1511	长期股权投资				金额式	借			

（续表）

类型	科目编码	科 目 名 称	币种	计量单位	辅助账类型	账页格式	余额方向	受控系统	银行账	日记账
资产	151101	小米手机公司				金额式	借			
资产	1512	长期股权投资减值准备				金额式	贷			
资产	1521	投资性房地产				金额式	借			
资产	1601	固定资产				金额式	借			
资产	1602	累计折旧				金额式	贷			
资产	1603	固定资产减值准备				金额式	贷			
资产	1604	在建工程				金额式	借			
资产	1605	工程物资				金额式	借			
资产	1606	固定资产清理				金额式	借			
资产	1701	无形资产				金额式	借			
资产	1702	累计摊销				金额式	贷			
资产	1703	无形资产减值准备				金额式	贷			
资产	1711	商誉				金额式	借			
资产	1801	长期待摊费用				金额式	借			
资产	1811	递延所得税资产				金额式	借			
资产	1901	待处理财产损溢				金额式	借			
资产	190101	待处理流动资产损溢				金额式	借			
资产	190102	待处理固定资产损溢				金额式	借			
负债	2001	短期借款				金额式	贷			
负债	2101	交易性金融负债				金额式	贷			
负债	2201	应付票据				金额式	贷			
负债	2202	应付账款			供应商往来	金额式	贷	应付系统		
负债	2203	预收账款			客户往来	金额式	贷	应收系统		
负债	2211	应付职工薪酬				金额式	贷			
负债	221101	工资				金额式	贷			
负债	221102	社会保险费				金额式	贷			
负债	221103	住房公积金				金额式	贷			

(续表)

类型	科目编码	科目名称	币种	计量单位	辅助账类型	账页格式	余额方向	受控系统	银行账	日记账
负债	221104	工会经费				金额式	贷			
负债	221105	职工教育经费				金额式	贷			
负债	2221	应交税费				金额式	贷			
负债	222101	应交增值税				金额式	贷			
负债	22210101	进项税额				金额式	借			
负债	22210102	销项税额				金额式	贷			
负债	22210103	进项税额转出				金额式	贷			
负债	22210104	转出未交税金				金额式	贷			
负债	22210105	转出多交税金				金额式	贷			
负债	22210106	已交税金				金额式	贷			
负债	222102	未交增值税				金额式	贷			
负债	222103	应交企业所得税				金额式	贷			
负债	222104	应交个人所得税				金额式	贷			
负债	222105	应交城市维护建设税				金额式	贷			
负债	222106	应交教育费附加				金额式	贷			
负债	2231	应付利息				金额式	贷			
负债	2232	应付股利				金额式	贷			
负债	2241	其他应付款				金额式	贷			
负债	224101	社会保险				金额式	贷			
负债	224102	住房公积金				金额式	贷			
负债	2401	递延收益				金额式	贷			
负债	2501	长期借款				金额式	贷			
负债	2502	应付债券				金额式	贷			
负债	250201	面值				金额式	贷			
负债	250202	利息调整				金额式	贷			
负债	2701	长期应付款				金额式	贷			
负债	2702	未确认融资费用				金额式	借			
负债	2711	专项应付款				金额式	贷			

(续表)

类型	科目编码	科目名称	币种	计量单位	辅助账类型	账页格式	余额方向	受控系统	银行账	日记账
负债	2801	预计负债				金额式	贷			
负债	2901	递延所得税负债				金额式	贷			
权益	4001	实收资本				金额式	贷			
权益	4002	资本公积				金额式	贷			
权益	4101	盈余公积				金额式	贷			
权益	410101	法定盈余公积				金额式	贷			
权益	410102	企业发展基金				金额式	贷			
权益	4103	本年利润				金额式	贷			
权益	4104	利润分配				金额式	贷			
权益	410401	提取法定盈余公积				金额式	贷			
权益	410402	提取企业发展基金				金额式	贷			
权益	410403	应付股利				金额式	贷			
权益	410404	未分配利润				金额式	贷			
成本	5001	生产成本				金额式	借			
成本	500101	直接材料				金额式	借			
成本	500102	直接人工				金额式	借			
成本	500103	制造费用				金额式	借			
成本	5101	制造费用				金额式	借			
成本	510101	工资				金额式	借			
成本	510102	折旧				金额式	借			
成本	510103	电费				金额式	借			
成本	5201	劳务成本				金额式	借			
损益	6001	主营业务收入				金额式	贷			
损益	6051	其他业务收入				金额式	贷			
损益	6061	汇兑损益				金额式	贷			
损益	6101	公允价值变动损益				金额式	贷			
损益	6111	投资收益				金额式	贷			
损益	6301	营业外收入				金额式	贷			
损益	6401	主营业务成本				金额式	借			

(续表)

类型	科目编码	科目名称	币种	计量单位	辅助账类型	账页格式	余额方向	受控系统	银行账	日记账
损益	6402	其他业务成本				金额式	借			
损益	6403	营业税金及附加				金额式	借			
损益	6601	销售费用				金额式	借			
损益	660101	工资				金额式	借			
损益	660102	折旧				金额式	借			
损益	660103	电费				金额式	借			
损益	660104	广告费				金额式	借			
损益	6602	管理费用				金额式	借			
损益	660201	工资				金额式	借			
损益	660202	折旧				金额式	借			
损益	660203	电费				金额式	借			
损益	660204	办公费				金额式	借			
损益	660205	差旅费				金额式	借			
损益	660206	其他				金额式	借			
损益	6603	财务费用				金额式	借			
损益	660301	利息支出				金额式	借			
损益	660302	现金折扣				金额式	借			
损益	660303	汇兑损益				金额式	借			
损益	6701	资产减值损失				金额式	借			
损益	670101	计提坏账准备				金额式	借			
损益	670102	计提固定资产减值准备				金额式	借			
损益	6711	营业外支出				金额式	借			
损益	6801	所得税费用				金额式	借			
损益	6901	以前年度损益调整				金额式	借			

操作路径:【基础设置】—【基础档案】—【财务】—【会计科目】

(1) 根据表 4-2 相关内容,增加或修改会计科目,请注意币种、计量单位、辅助账类型、账页格式、受控系统、银行账、日记账等内容的选择或设置。

(2) "库存现金"科目设置如图 4-31 所示,"银行存款-工行"科目设置如图 4-32 所示,"银行存款-中行"科目设置如图 4-33 所示,"应收账款"科目设置如图 4-34 所示,部分会计科目设置结果如图 4-35 所示。

第四章 企业基础档案设置

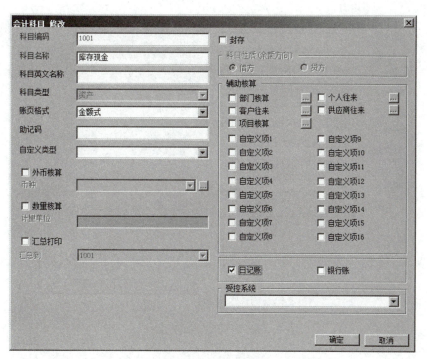

图 4-31 库存现金

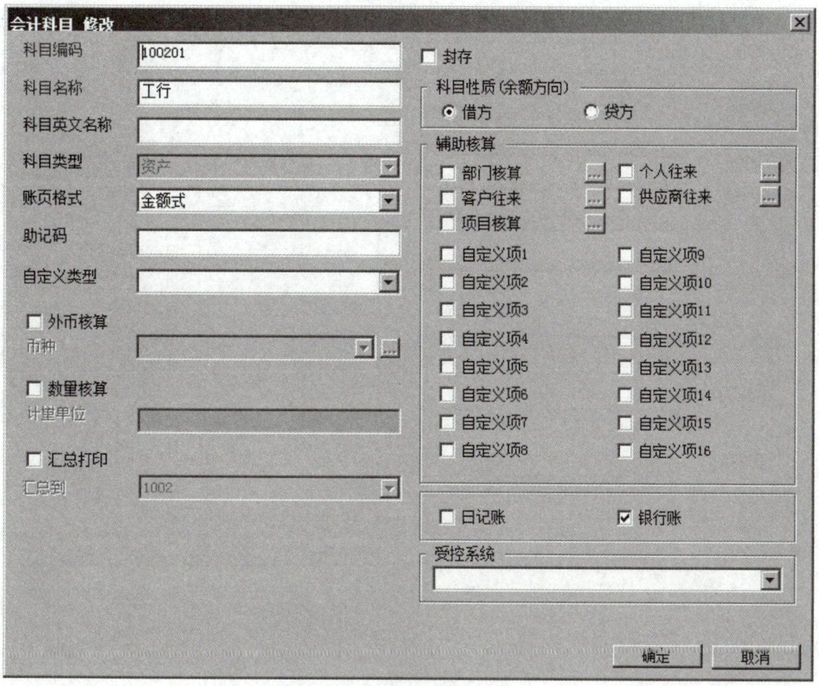

图 4-32 银行存款-工行

063

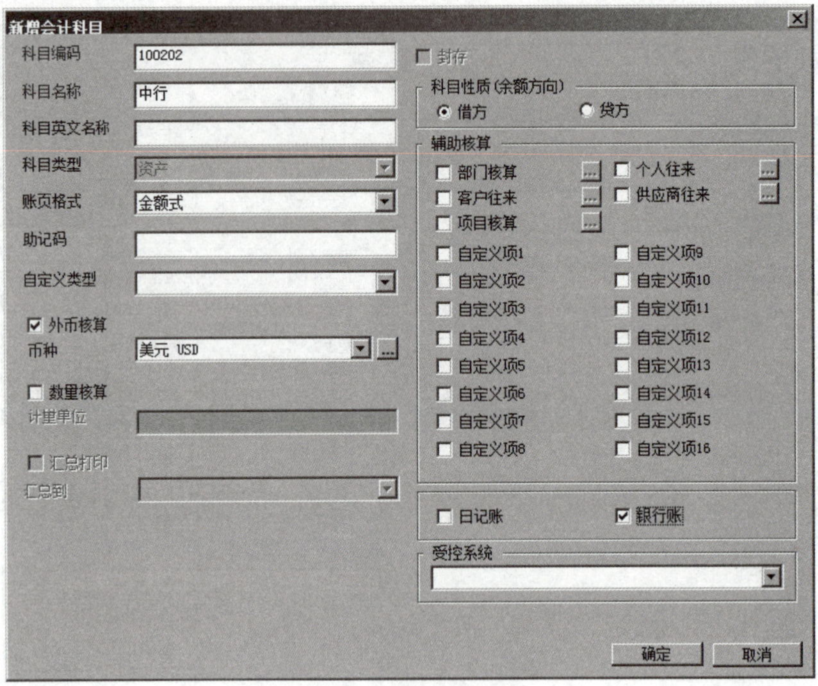

会计信息系统应用

图 4-33 银行存款-中行

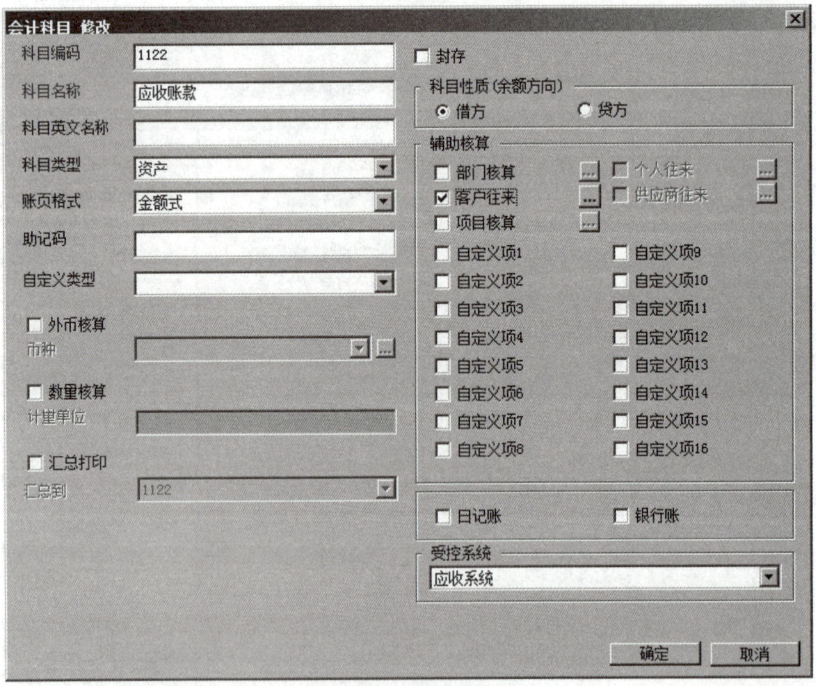

图 4-34 应收账款

第四章 企业基础档案设置

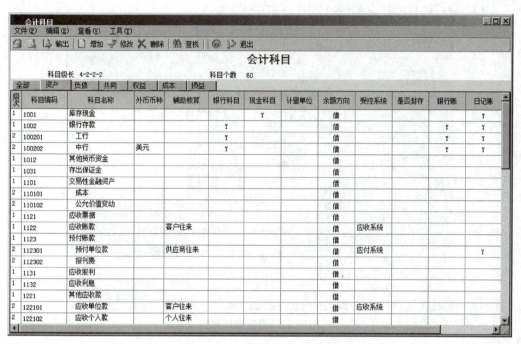

图 4-35 部分会计科目设置结果

业务 4-14：指定现金、银行和现金流量会计科目。

操作路径：【基础设置】—【基础档案】—【财务】—【会计科目】

（1）执行会计科目窗口中【编辑】菜单，选择【指定科目】。

（2）现金科目的指定和选择如图 4-36 所示。

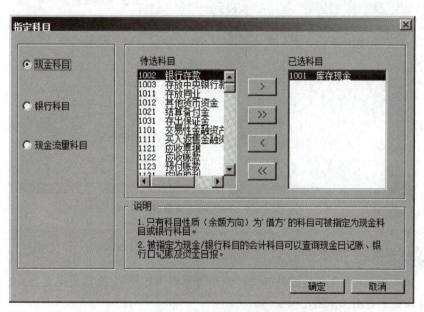

图 4-36 指定现金科目

065

（3）银行科目的指定和选择如图 4-37 所示。

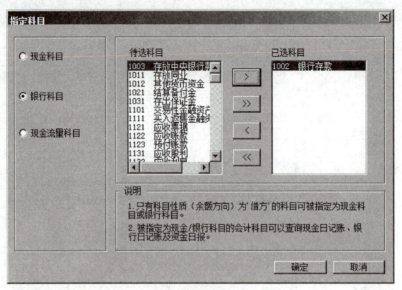

图 4-37　指定银行科目

（4）现金流量科目的指定和选择如图 4-38 所示。

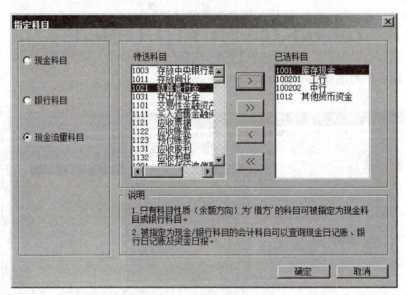

图 4-38　指定现金流量科目

【提示】

只有指定了"现金总账科目"和"银行总账科目"，才能进行出纳签字、查询现金日记账和银行日记账。

业务 4-15：设置上海小米电脑公司的凭证类别。

操作路径：【基础设置】—【基础档案】—【财务】—【凭证类别】

根据本公司的实际情况，选择"记账凭证"一种方式，如图 4-39 所示，凭证类别设置结果如图 4-40 所示。

图 4-39　凭证类别预置

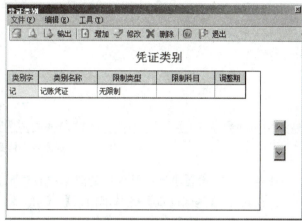

图 4-40　凭证类别设置结果

【说明】

在本实验中，我们选择凭证类别为"记账凭证"：一是可以简化后期工作量，例如，在自定义转账凭证时，不需要进一步选择凭证类别；二是在期末结转外币折算差额时，不用考虑盈余的方向，以确定凭证类别；三是更符合实务中大多数工业企业的实际情况。

业务 4-16：设置公司的成本中心，一车间和二车间分别作为两个成本中心。

操作路径：【基础设置】—【基础档案】—【财务】—【成本中心】

在"成本中心档案"窗口工具栏中，单击【引入】按钮，选择"一车间"和"二车间"，如图 4-41 所示，单击【确定】按钮返回，引入结果如图 4-42 所示。

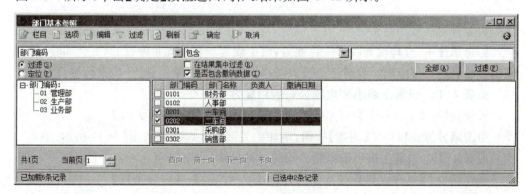

图 4-41　部门基本参照

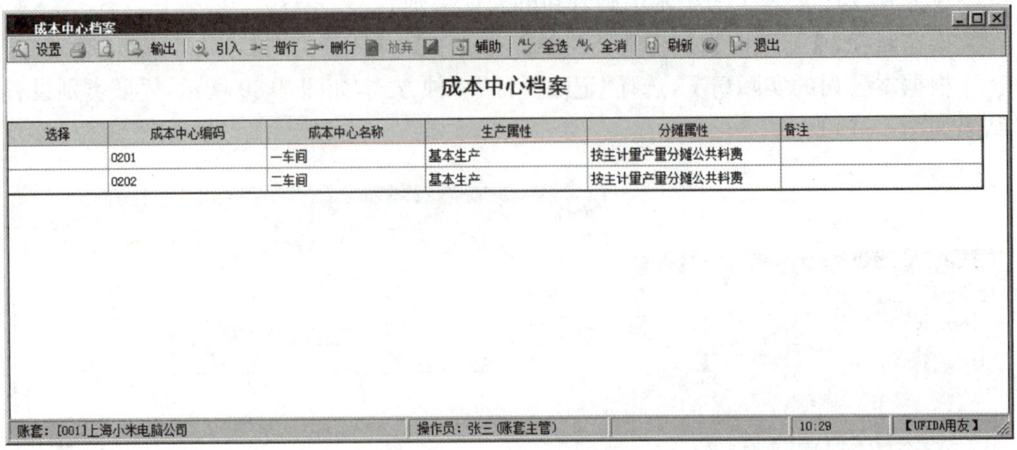

图 4-42　成本中心档案

业务 4-17：设置小米电脑公司的成本中心对照。

操作路径：【基础设置】—【基础档案】—【财务】—【成本中心对照】

在成本中心对照窗口中，单击【自动】按钮，如图 4-43 所示，系统提示"自动引入对照成功"。

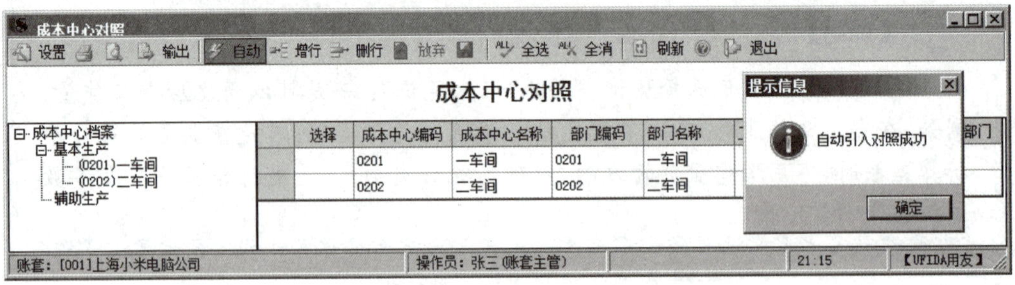

图 4-43　成本中心对照

五、收付结算设置

企业日常经营因商品交易、劳务供应等经济往来必然引起资金收付清偿业务。在会计信息系统中，合理设置收付结算业务，对于规范现金收支业务、加速资金周转、提高经济效益具有重要作用。收付结算设置包括结算方式、付款条件、开户银行等设置。

业务 4-18：设置上海小米电脑公司的结算方式。

操作路径：【基础设置】—【基础档案】—【收付结算】—【结算方式】

单击结算方式窗口中【增加】按钮，增加相关结算方式，结果如图 4-44 所示。

业务 4-19：设置上海小米电脑公司的付款条件。

操作路径：【基础设置】—【基础档案】—【收付结算】—【付款条件】

单击付款条件窗口中【增加】按钮，增加相关付款条件，结果如图 4-45 所示。

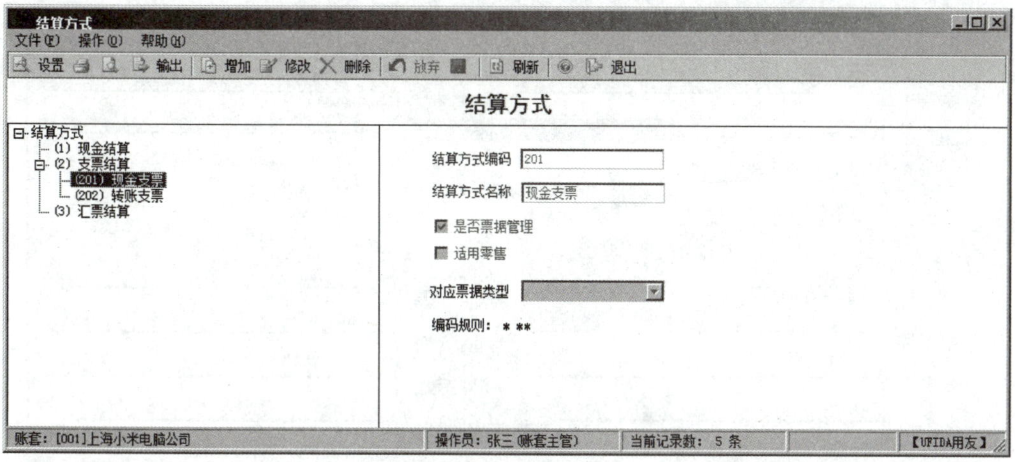

图 4-44 结算方式

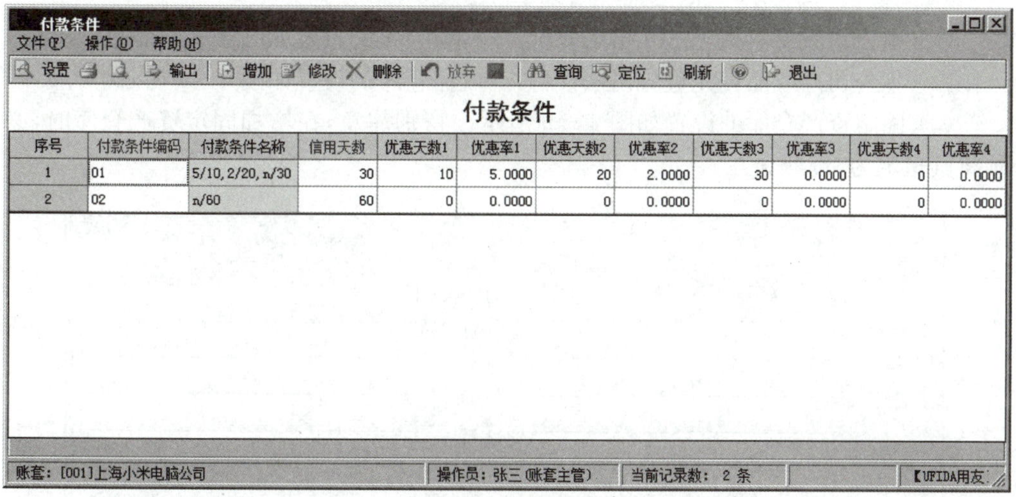

序号	付款条件编码	付款条件名称	信用天数	优惠天数1	优惠率1	优惠天数2	优惠率2	优惠天数3	优惠率3	优惠天数4	优惠率4
1	01	5/10, 2/20, n/30	30	10	5.0000	20	2.0000	30	0.0000	0	0.0000
2	02	n/60	60	0	0.0000	0	0.0000	0	0.0000	0	0.0000

图 4-45 付款条件

业务 4-20：设置上海小米电脑公司的开户银行。

操作路径：【基础设置】—【基础档案】—【收付结算】—【本单位开户银行】

在弹出的窗口中添加相关银行信息，注意银行账号的长度为 12 位数字，结果如图 4-46 所示。

六、业务设置

业务设置主要包括仓库档案、收发类别、销售类型、产品结构、费用项目类别设置等。

业务 4-21：设置上海小米电脑公司的仓库档案。

操作路径：【基础设置】—【基础档案】—【业务】—【仓库档案】

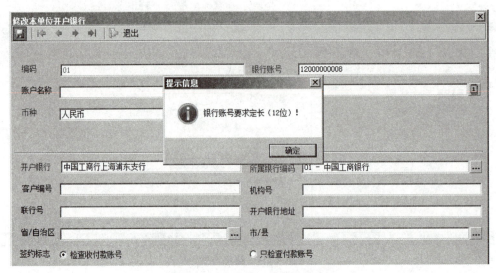

图 4-46　本单位开户银行信息

（1）本公司原材料按先进先出法计价，原材料仓库的设置如图 4-47 所示。

（2）本公司产成品按先进先出法计价，产成品仓库的设置如图 4-48 所示。

（3）固定资产仓库的设置如图 4-49 所示。特别注意，在增加固定资产仓库时，必须将其指定为"资产仓"。

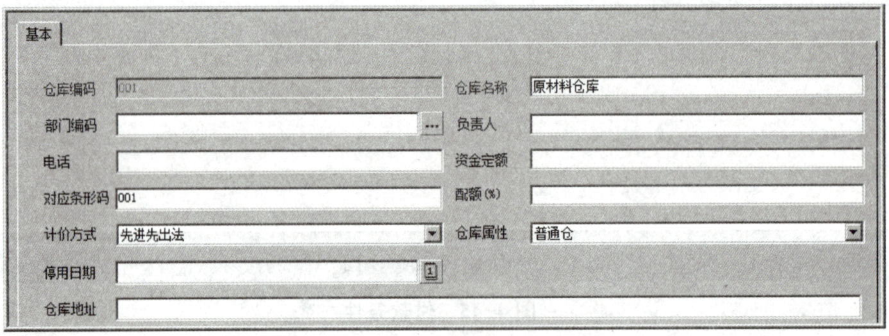

图 4-47　原材料仓库基本信息

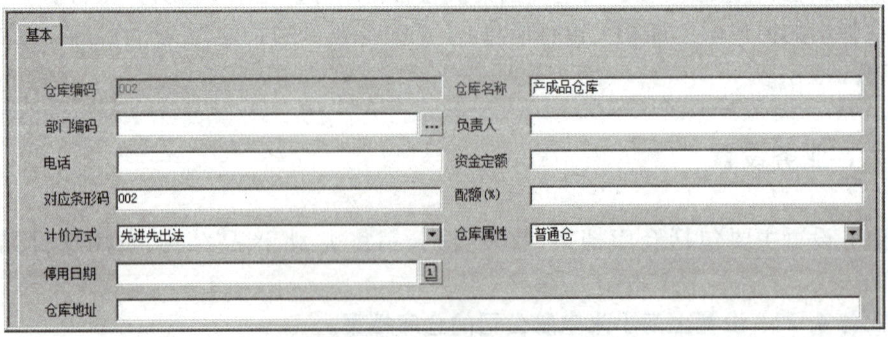

图 4-48　产成品仓库基本信息

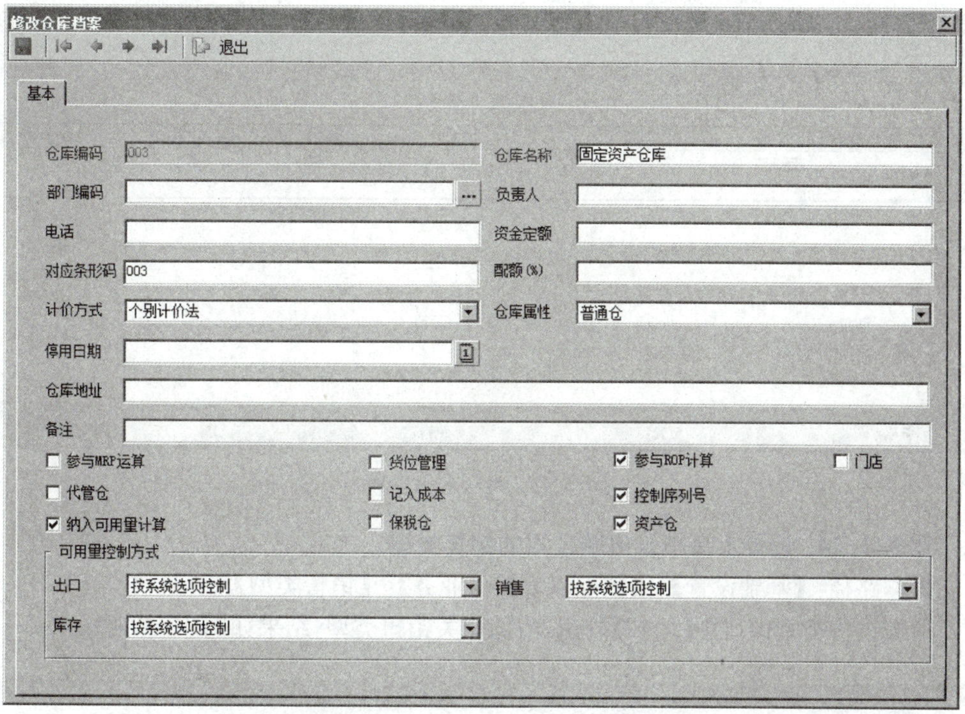

图 4-49　固定资产仓库基本信息

业务 4-22：设置上海小米电脑公司的收发类别。

操作路径：【基础设置】—【基础档案】—【业务】—【收发类别】

单击收发类别窗口中【增加】按钮，增加相关收发类别，结果如图 4-50 所示。

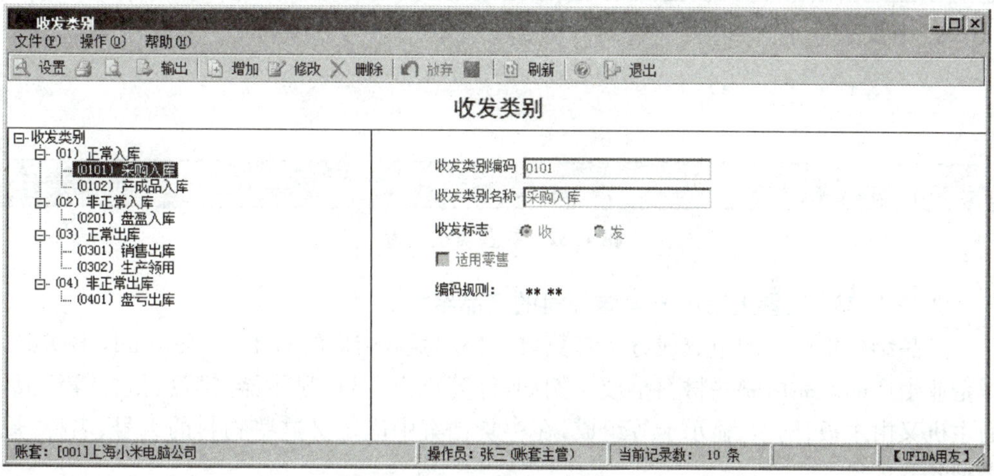

图 4-50　收发类别设置

业务 4-23：设置上海小米电脑公司的采购类型。

操作路径：【基础设置】—【基础档案】—【业务】—【采购类型】

单击采购类型窗口中【增加】按钮，增加相关采购类型，结果如图 4-51 所示。

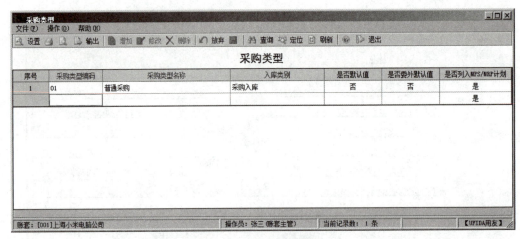

图 4-51 采购类型设置

业务 4-24：设置上海小米电脑公司的销售类型。

操作路径：【基础设置】—【基础档案】—【业务】—【销售类型】

单击销售类型窗口中【增加】按钮，增加相关销售类型，结果如图 4-52 所示。

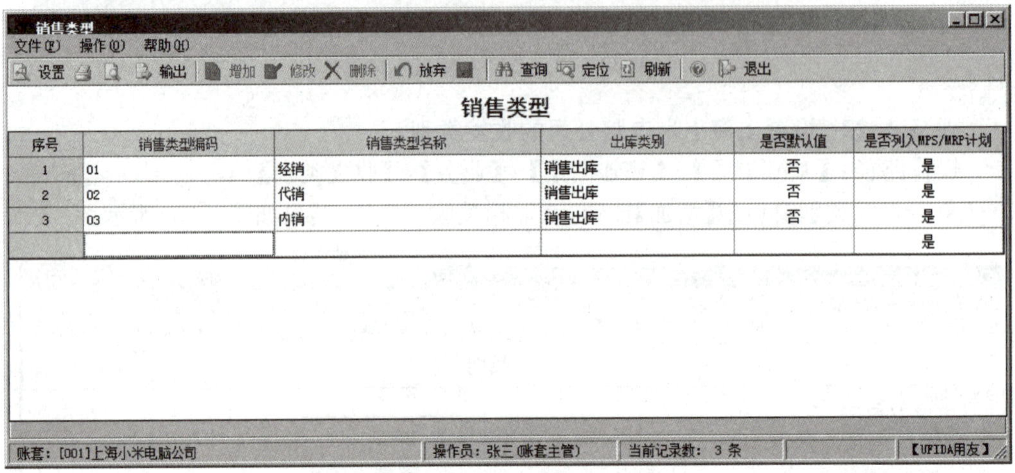

图 4-52 销售类型设置

业务 4-25：设置上海小米电脑公司的产品结构。

产品结构指产品的组成成分及其数量，又称为物料清单（Bill of Material，BOM），即企业生产的产品由哪些材料组成。例如，计算机由主机、显示器、键盘、鼠标等组成，而主机又由主板、网卡、显示卡等组成，在存货档案中应定义这些物料的编号、名称、规格型号等信息。

操作路径：【基础设置】—【基础档案】—【业务】—【产品结构】

（1）单击产品结构窗口中【增加】按钮，逐一添加本公司的产品结构。

（2）以"小米 2 笔记本电脑"为例，设置其产品结构：本公司母件编码为产成品，选择"小米 2 笔记本电脑"；补充版本说明为"无"；子件编码可同时选择多种原材料构成，如图 4-53 所示;保存后再新增另一产品结构。小米 2 笔记本电脑的产品结构设置结果如图 4-54 所示。

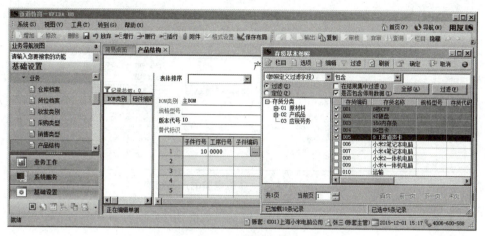

图 4-53 存货基本参照选择

产品结构资料维护

BOM类别 主BOM　　　母件编码 006　　　母件名称 小米2笔记本电脑
规格型号　　　　　　计量单位 台　　　　母件损耗率(%) 0.000
版本代号 10　　　　　版本说明 无　　　　版本日期 2000-01-01
替代标识　　　　　　替代说明　　　　　状态 审核

	子件行号	工序行号	子件编码	子件名称	计量单位	基本用量	基础数量	子件损耗率%	领料部门	部门名称
1	10	0000	001	8核CPU	盒	1.00	1.00	0.000	0201	一车间
2	20	0000	002	4T硬盘	盒	1.00	1.00	0.000	0201	一车间
3	30	0000	003	16G内存条	个	1.00	1.00	0.000	0201	一车间
4	40	0000	004	8G显卡	个	1.00	1.00	0.000	0201	一车间
5	50	0000	005	9.1声道声卡	个	1.00	1.00	0.000	0201	一车间
6										

图 4-54 小米 2 笔记本电脑的产品结构

(3) 小米 4 笔记本电脑的产品结构设置结果如图 4-55 所示。

产品结构资料维护

BOM类别 主BOM　　　母件编码 007　　　母件名称 小米4笔记本电脑
规格型号　　　　　　计量单位 台　　　　母件损耗率(%) 0.000
版本代号 10　　　　　版本说明 无　　　　版本日期 2000-01-01
替代标识　　　　　　替代说明　　　　　状态 审核

	子件行号	工序行号	子件编码	子件名称	计量单位	基本用量	基础数量	子件损耗率%	领料部门	部门名称
1	10	0000	001	8核CPU	盒	2.00	1.00	0.000	0201	一车间
2	20	0000	002	4T硬盘	盒	1.00	1.00	0.000	0201	一车间
3	30	0000	003	16G内存条	个	2.00	1.00	0.000	0201	一车间
4	40	0000	004	8G显卡	个	1.00	1.00	0.000	0201	一车间
5	50	0000	005	9.1声道声卡	个	1.00	1.00	0.000	0201	一车间
6										

图 4-55 小米 4 笔记本电脑的产品结构

(4) 小米 2 一体机电脑的产品结构设置结果如图 4-56 所示。

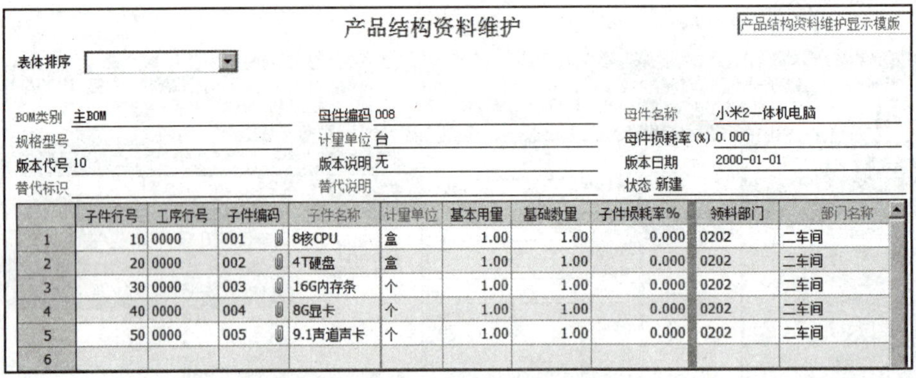

图 4-56 小米 2 一体机电脑的产品结构

(5) 小米 4 一体机电脑的产品结构设置结果如图 4-57 所示。

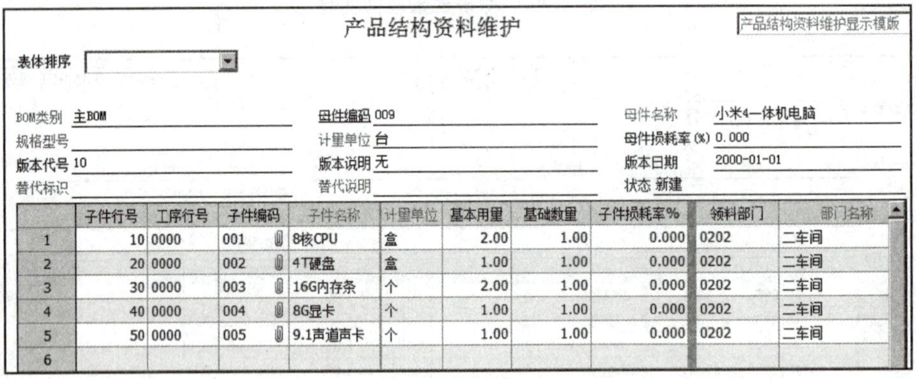

图 4-57 小米 4 一体机电脑的产品结构

业务 4-26：设置上海小米电脑公司的成本项目。

操作路径：【基础设置】—【基础档案】—【财务】—【项目目录】

(1) 在项目档案窗口中，单击【增加】按钮，在弹出的项目大类定义窗口中，选中"成

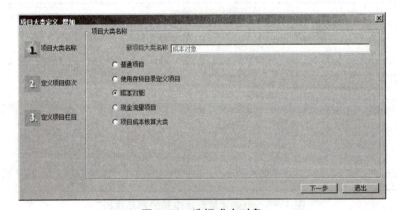

图 4-58 选择成本对象

本对象",单击【下一步】按钮,如图4-58所示。

(2) 在接下来的定义项目级次、定义项目栏目中,均默认选择。

(3) 在返回的项目档案窗口中,选择项目大类为"成本对象",并将左边待选科目栏中的"1405库存商品"通过点击【＞】按钮选择到右边已选科目栏,结果如图4-59所示。

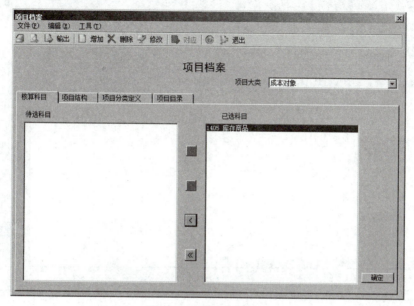

图4-59　选择会计科目

(4) 在项目档案窗口中,点击项目分类定义选择卡,增加"自产"和"外购"两类成本对象,结果如图4-60所示。

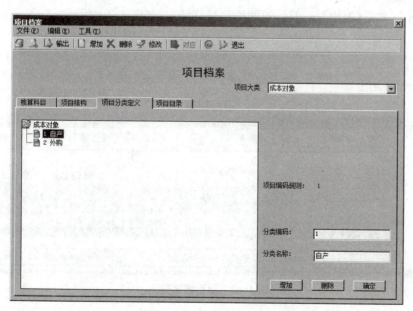

图4-60　项目分类定义

(5)完成后,点击项目目录选择卡,单击【维护】按钮,如图 4-61 所示。

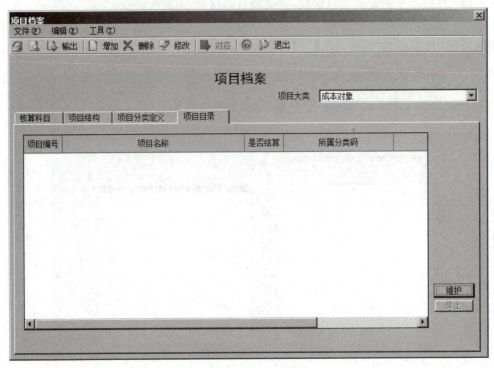

图 4-61 项目目录维护

(6)在弹出的项目目录维护窗口中,点击【引入】按钮,然后在弹出的项目档案导入窗口中,勾选四种产成品,如图 4-62 所示。单击【确定】按钮后,返回引入结果,如图 4-63 所示。单击【退出】按钮后,返回得到最终结果,如图 4-64 所示。

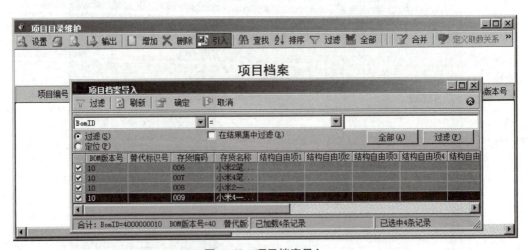

图 4-62 项目档案导入

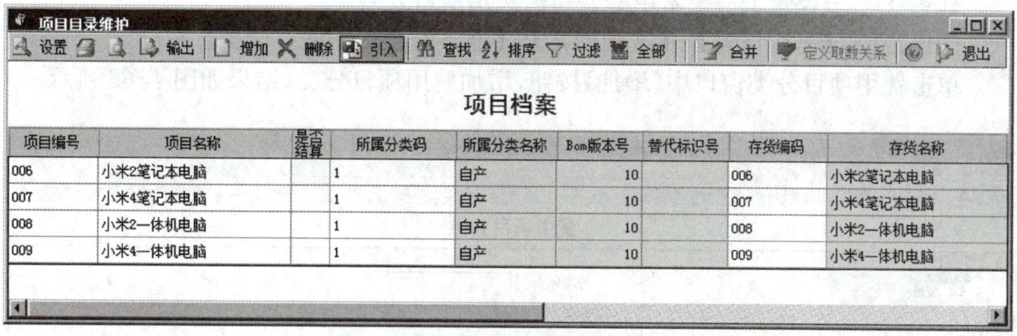

第四章 企业基础档案设置

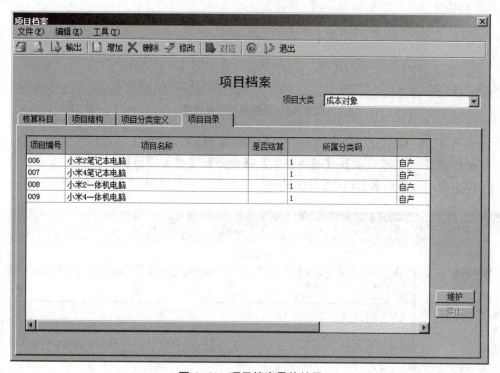

图 4-63 项目档案结果

图 4-64 项目档案最终结果

【提示】

在基础设置时,有时不能完全按照用友 ERP-U8 V10.1 左侧结构树的内容进行顺序设置。例如,在本实验中,只有事先指定"库存商品"科目的辅助账类型为项目核算("财务"结构树下的内容),才能在"项目目录"("财务"结构树下的内容)中选择"成本对象"大类项目所涉及的科目,而在设置"项目目录"之前又必须事先设置"产品结构"("业务"结构树下的内容)。由此可见,以上正常的操作顺序是:会计科目(财务)—产品结构(业务)—项目目录(财务)。

业务 4-27：设置上海小米电脑公司的费用项目分类。

操作路径：【基础设置】—【基础档案】—【业务】—【费用项目分类】

单击费用项目分类窗口中【增加】按钮，增加费用项目分类，结果如图 4-65 所示。

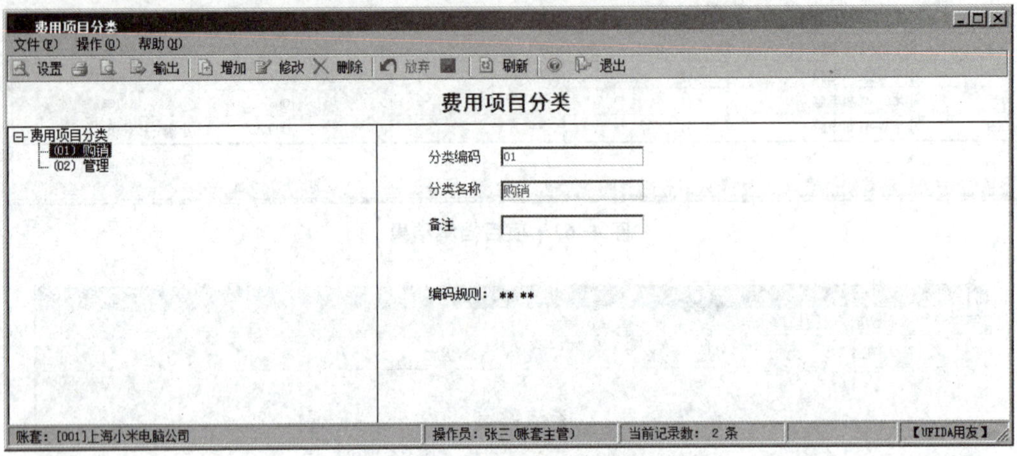

图 4-65　费用项目分类设置

业务 4-28：设置上海小米电脑公司的费用项目。

操作路径：【基础设置】—【基础档案】—【业务】—【费用项目】

单击费用项目档案窗口中【增加】按钮，增加费用项目，结果如图 4-66 所示。

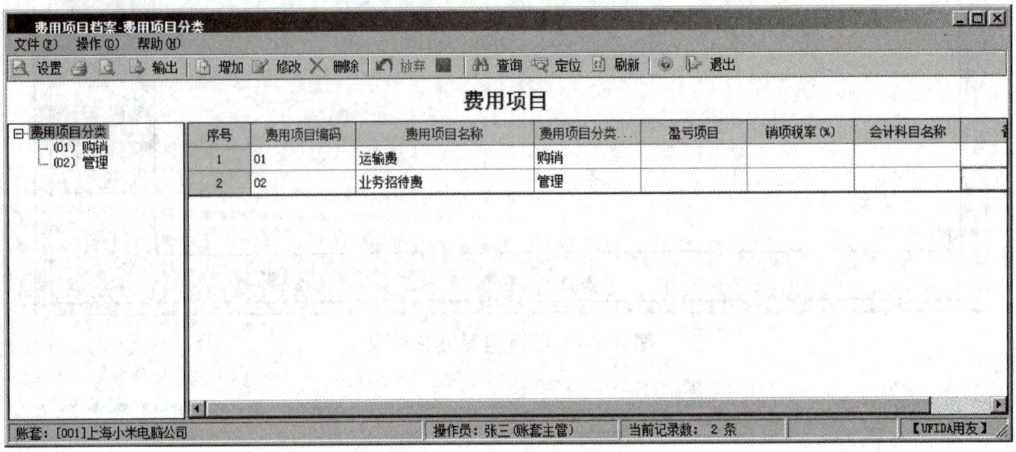

图 4-66　费用项目档案

复习思考题

1. 新增和修改会计科目应注意哪些问题？
2. 凭证类型的设置对后续经济业务有何影响？
3. 定义产品结构对后续成本计算与分配有何意义？

第五章 期初数据与总账业务

[**教学目的和要求**]

通过本章的学习,学生应熟悉用友 ERP-U8 V10.1 中总账管理系统初始设置的基本内容,掌握总账管理系统初始设置的具体内容和操作方法,熟悉总账管理系统日常业务和期末业务处理的各种操作,掌握凭证管理、出纳管理和账簿管理的具体内容和操作方法。

第一节 期初数据录入

在开始使用总账管理系统时,首先应将经过整理的手工账目的期初余额录入用友 ERP-U8 V10.1 系统。如果企业在年初建账,则期初余额就是年初数;如果企业在年中启用总账管理系统,则应先计算各账户此时的余额和年初到此时的借贷方累计发生额,以便为期初数据录入做好准备工作。例如,某企业 2015 年 12 月开始启用总账系统,那么,应将该企业 2015 年 11 月末各科目的期末余额及 1~11 月的累计发生额计算出来,准备作为启用系统的期初数据录入总账管理系统中,系统将自动计算年初余额。若科目有辅助核算,还应整理各辅助项目的期初余额,以便在期初余额中录入。

期初余额的录入分两大部分:总账期初余额录入,辅助账期初余额录入。本实验中,上海小米电脑公司的账户期初余额如表 5-1 所示。

表 5-1　上海小米电脑公司的账户期初余额

科目名称	方向	币别/计量	年初余额	期初余额
库存现金(1001)	借		21 200	21 200
银行存款(1002)	借		625 956	625 956
工行(100201)	借		612 456	612 456
中行(100202)	借		13 500	13 500
	借	美元	2 000	2 000
交易性金融资产(1101)	借		55 000	55 000
成本(110101)	借		50 000	50 000
公允价值变动(110102)	借		5 000	5 000

(续表)

科 目 名 称	方向	币别/计量	年初余额	期初余额
应收账款(1122)	借		152 000	152 000
预付账款(1123)	借		100 100	100 100
预付单位款(112301)	借		100 000	100 000
报刊费(112302)	借		100	100
坏账准备(1231)	贷		5 000	5 000
原材料(1403)	借		465 000	465 000
CPU(140301)	借		60 000	60 000
	借	盒	60	60
硬盘(140302)	借		180 000	180 000
	借	盒	150	150
内存条(140303)	借		120 000	120 000
	借	个	150	150
显卡(140304)	借		60 000	60 000
	借	个	150	150
声卡(140305)	借		45 000	45 000
	借	个	150	150
库存商品(1405)	借		234 000	234 000
	借	台	52	52
长期股权投资(1511)	借		1 000 000	1 000 000
小米手机公司(151101)	借		1 000 000	1 000 000
固定资产(1601)	借		496 000	496 000
累计折旧(1602)	贷		145 335.6	145 335.6
在建工程(1604)	借		22 978.98	22 978.98
短期借款(2001)	贷		480 000	480 000
应付账款(2202)	贷		56 160	56 160
应付职工薪酬(2211)	贷		75 500	75 500
工资(221101)	贷		75 500	75 500
应付利息(2231)	贷		4 000	4 000
应付债券(2502)	贷		214 039.4	214 039.4
面值(250201)	贷		200 000	200 000
利息调整(250202)	贷		14 039.38	14 039.38
实收资本(4001)	贷		1 650 000	1 650 000

(续表)

科 目 名 称	方向	币别/计量	年初余额	期初余额
资本公积(4002)	贷		120 000	120 000
利润分配(4104)	贷		902 200	902 200
未分配利润(410404)	贷		902 200	902 200

【说明】

在本实验中,"年初余额"是指 2015 年 1 月 1 日的余额,即 2014 年 12 月 31 日的余额;"期初余额"是指 2015 年 12 月 1 日的余额,即 2015 年 11 月 30 日的余额。为了减少期初余额录入的工作量,除固定资产等部分科目外,大部分科目省略了"累计借方"和"累计贷方"的金额。因此,在录入时,先输入最后一列的"期初余额","年初余额"列系统会自动得出结果。

一、末级与非末级科目直接录入

末级科目的余额可以直接输入。非末级科目的余额数据由系统根据末级科目数据逐级向上汇总而得。科目有数量外币核算时,在输入完本位币金额后,还要输入相应的数量和外币信息。

业务 5-1:录入上海小米电脑公司库存现金和银行存款明细科目的期初余额。

操作路径:【业务工作】—【财务会计】—【总账】—【设置】—【期初余额】

(1)"库存现金"账户的期初余额直接录入"21 200"。

(2)先录入银行存款二级"工行"账户的期初余额"612 455.96",再录入银行存款二级"中行"外币金额"2 000",系统根据已预设的期初汇率计算出人民币金额"13 500","银行存款"一级科目金额由系统自动汇总得出"625 955.96",结果如图 5-1 所示。

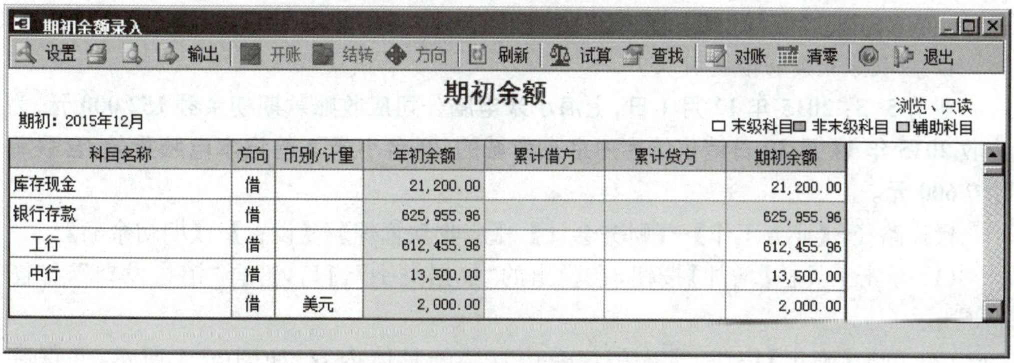

图 5-1 末级与非末级科目的录入

二、存货辅助明细录入

科目有辅助核算时,如存货类账户等,不能直接输入该账户的期初余额,而是必须先输入辅助账的期初余额。辅助账余额输入完毕后,自动汇总总账。累计发生额可以直接输入。

业务 5-2:录入上海小米电脑公司的存货账户的期初余额。

操作路径:【业务工作】—【财务会计】—【总账】—【设置】—【期初余额】

(1)以"库存商品"账户为例,录入期初余额。在"库存商品"账户的"期初余额"栏内双击。

(2)在弹出的辅助期初余额窗口中,单击【增行】按钮,添加辅助明细信息,如图 5-2 所示。

(3)单击【退出】按钮,返回期初余额窗口。其他辅助账户期初余额的录入与此类似,不再赘述。

图 5-2　辅助期初余额

三、往来款项的引入

对于往来款项类账户,如应收账款、预付账款、应付账款等,其期初余额的录入需要进入应收款管理或应付款管理系统进行引入。

1. 应收账款期初余额引入

业务 5-3:2015 年 12 月 1 日,上海小米电脑公司应收账款期初余额 152 000 元,为应收 2015 年 11 月 30 日销售给客户京东商城的 20 台小米 2 笔记本电脑货款,含税单价 7 600 元。

操作路径:【业务工作】—【财务会计】—【应收款管理】—【设置】—【期初余额】

(1)单击工具栏【增加】按钮,在弹出的"单据类别"窗口,选择"销售发票",如图 5-3 所示。

(2)单击【确定】按钮,录入销售专用发票的具体内容,如图 5-4 所示,并保存退出。

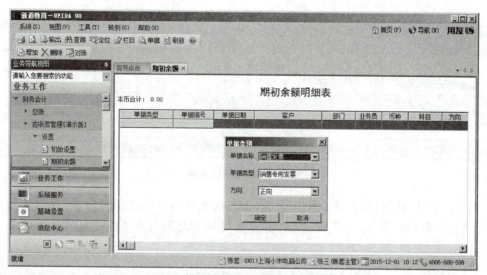

图5-3 选择单据类别

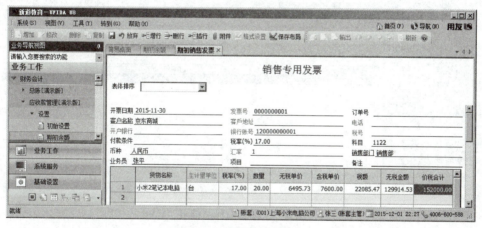

图5-4 销售专用发票

(3)执行【业务工作】—【总账】—【设置】—【期初余额】,在"应收账款"栏内双击,弹出"辅助期初余额"窗口,单击工具栏中【往来明细】按钮,在随后弹出的"期初往来明细"窗口中,单击【引入】按钮,引入应收款管理系统中的数据,结果如图5-5所示。单击【退出】按钮,返回"辅助期初余额"窗口,结果如图5-6所示。

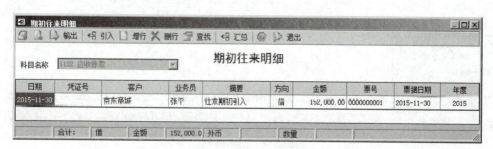

图5-5 期初往来明细

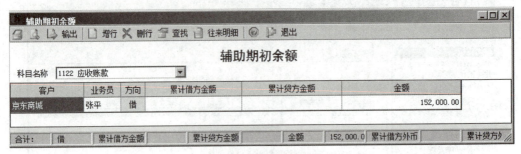

图 5-6 辅助期初余额

（4）在引入期初余额后，返回应收款管理系统界面，单击"期初余额"界面工具栏中的【对账】按钮，如图 5-7 所示，期初应收与期初总账无差额，对账结果如图 5-8 所示。

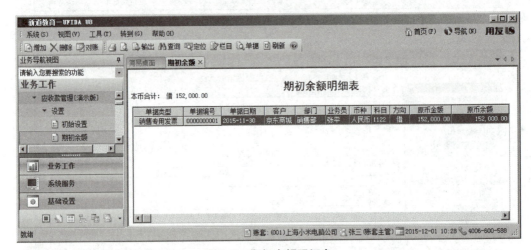

图 5-7 期初余额明细表

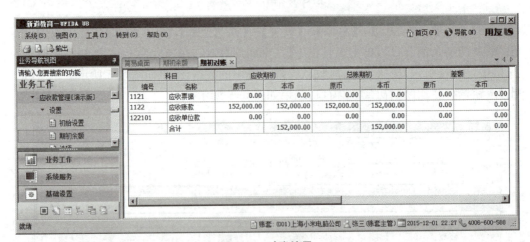

图 5-8 对账结果

2. 预付账款期初余额录入

业务 5-4：2015 年 12 月 1 日，上海小米电脑公司预付账款期初余额 100 000 元，为 2015 年 11 月 25 日向供应商微软公司采购的 8 核 CPU 货款预付的货款。

操作路径：【业务工作】—【财务会计】—【应收款管理】—【设置】—【期初余额】

（1）在"期初余额"界面，单击工具栏中的【增加】按钮。在弹出的"单据类别"窗口选择"预付款"，如图 5-9 所示。

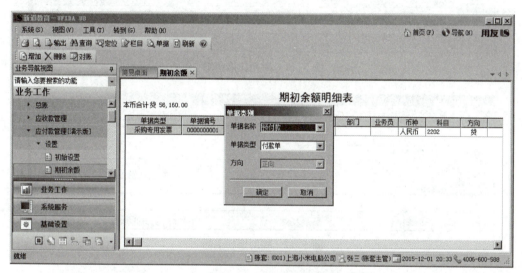

图 5-9　选择单据类别

（2）在"期初单据录入"界面，完成付款单的录入，补充表体中的科目为"112301"（预付账款—预付单位款），如图 5-10 所示。

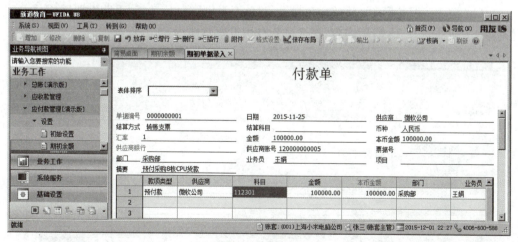

图 5-10　付款单

（3）进入【业务工作】—【总账】—【设置】—【期初余额】，在"预付账款"栏内双击，弹出"辅助期初余额"窗口，单击工具栏中【往来明细】按钮，在随后弹出的"期初往来明细"

窗口中,单击【引入】按钮,引入应收款管理系统中的数据,结果如图 5-11 所示。单击【退出】按钮,返回"辅助期初余额"窗口,结果如图 5-12 所示。

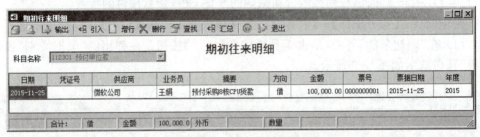

图 5-11 期初往来明细

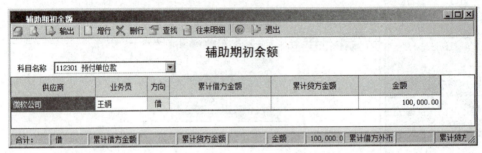

图 5-12 辅助期初余额

3. 应付账款期初余额录入

业务 5-5:2015 年 12 月 1 日,上海小米电脑公司应付账款期初余额 56 160 元,为 2015 年 11 月 20 日应付供应商华硕公司 16G 内存条的货款。

操作路径:【业务工作】—【财务会计】—【应付款管理】—【设置】—【期初余额】

(1) 单击工具栏【增加】按钮,在弹出的"单据类别"窗口,选择"采购发票"。

(2) 按照图 5-13 所示内容,录入采购专用发票具体内容,并保存。

图 5-13 采购专用发票

(3) 进入【业务工作】—【总账】—【设置】—【期初余额】,在"应付账款"栏内双击,弹出"辅助期初余额"窗口,单击工具栏中"往来明细"按钮,在随后弹出的"期初往来明细"窗口中,单击【引入】按钮,引入应付款管理系统中的数据,结果如图 5-14 所示。单击【退出】按钮,返回"辅助期初余额"窗口。

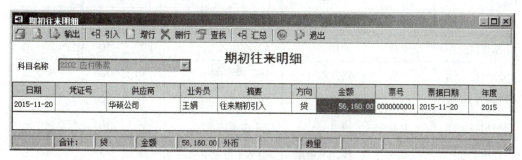

图 5-14 期初往来明细

(4) 在引入期初余额后,返回应付款管理系统界面,单击"期初余额"界面工具栏中的【对账】按钮,期初应付与期初总账无差额,对账结果如图 5-15 所示。

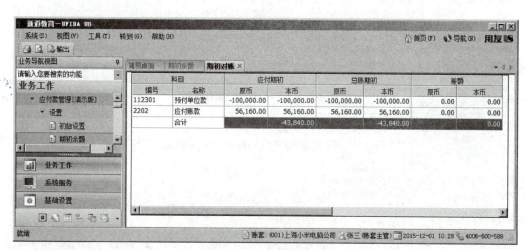

图 5-15 对账结果

4. 采购期初记账

业务 5-6：12 月 1 日,上海小米电脑公司期初暂估入库和期初在途均无数据,直接进行采购期初记账。

操作路径：【业务工作】—【供应链】—【采购管理】—【设置】—【采购期初记账】

单击"期初记账"窗口中的【记账】按钮,如图 5-16 所示,完成采购的期初记账。

图 5-16 期初记账

5. 库存期初数据录入

业务 5-7：12 月 1 日，上海小米电脑公司期初库存数据如表 5-2 所示。

表 5-2 期初库存数据

仓库类别	存货编码	存货分类	存 货 名 称	单位	数量	单 价
原材料仓库	001	CPU	8核CPU	盒	180	1 000元
原材料仓库	002	硬盘	4T硬盘	盒	100	1 200元
原材料仓库	003	内存条	16G内存条	个	180	800元
原材料仓库	004	显卡	8G显卡	个	100	400元
原材料仓库	005	声卡	9.1声道声卡	个	100	300元
产成品仓库	006	笔记本电脑	小米2笔记本电脑	台	52	4 500元

操作路径：【业务工作】—【供应链】—【库存管理】—【初始设置】—【期初结存】

（1）在右上角下拉窗中，选择"(001)原材料仓库"，录入原材料信息，并进行【批审】，结果如图 5-17 所示。

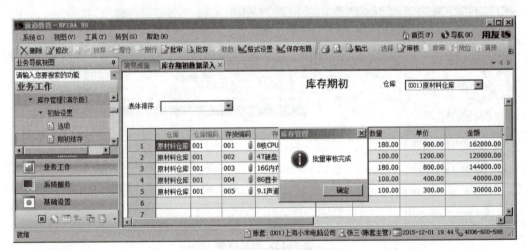

图 5-17 原材料仓库录入结果

（2）在右上角下拉窗中，选择"(002)产成品仓库"，录入原材料信息，并进行【批审】，结果如图 5-18 所示。

6. 存货核算数据取数

业务 5-8：完成上海小米电脑公司存货核算系统期初数据的录入。

操作路径：【业务工作】—【供应链】—【存货核算】—【初始设置】—【期初数据】—【期初余额】

由于前面已完成库存管理系统期初数据的录入，因此，存货核算系统的期初数据可以通过取数功能获得。

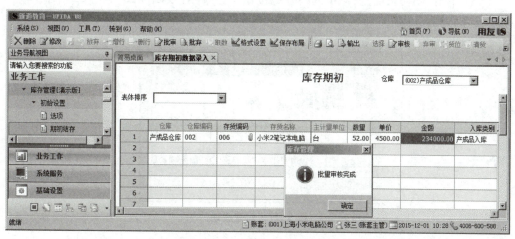

图 5-18　产成品仓库录入结果

（1）选择仓库为“001 原材料仓库”，单击“期初余额”窗口中的【取数】按钮，取数结果如图 5-19 所示，补充完善“存货科目编码”。

存货编码	存货名称	计量单位	数量	单价	金额	计划价	计划金额	存货科目编码	存货科目
001	8核CPU	盒	60.00	1,000.00	60,000.00			140301	CPU
002	4T硬盘	盒	150.00	1,200.00	180,000.00			140302	硬盘
003	16G内存条	个	150.00	800.00	120,000.00			140303	内存条
004	8G显卡	个	150.00	400.00	60,000.00			140304	显卡
005	9.1声道声卡	个	150.00	300.00	45,000.00			140305	声卡
合计：			660.00		465,000.00				

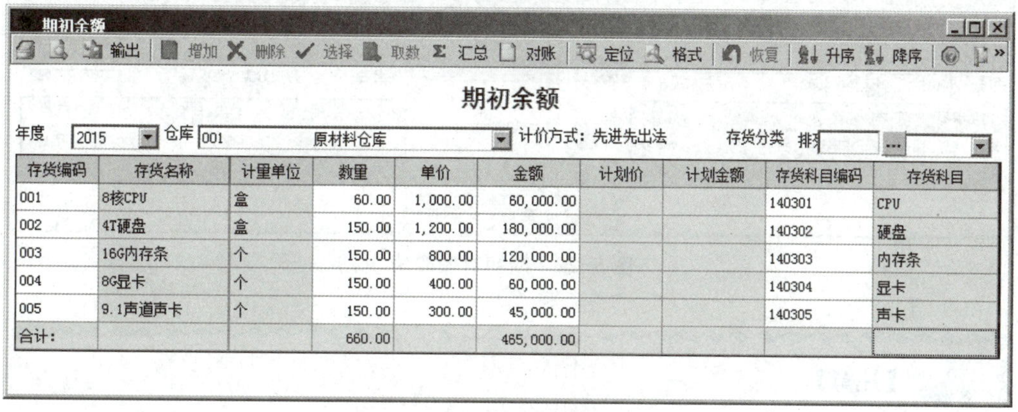

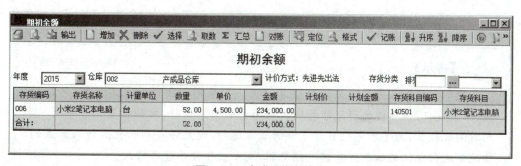

图 5-19　原材料期初余额

（2）选择仓库为“002 产成品仓库”，单击“期初余额”窗口中的【取数】按钮，取数结果如图 5-20 所示，补充完善“存货科目编码”。

存货编码	存货名称	计量单位	数量	单价	金额	计划价	计划金额	存货科目编码	存货科目
006	小米2笔记本电脑	台	52.00	4,500.00	234,000.00			140501	小米2笔记本电脑
合计：			52.00		234,000.00				

图 5-20　产成品期初余额

(3) 单击"期初余额"窗口中的【对账】按钮,与库存对账,结果如图 5-21 所示。

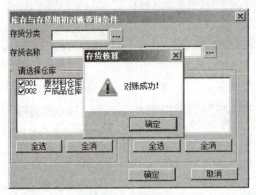

图 5-21 对账成功

(4) 单击"期初余额"窗口中的【记账】按钮,完成存货系统的记账,结果如图 5-22 所示。

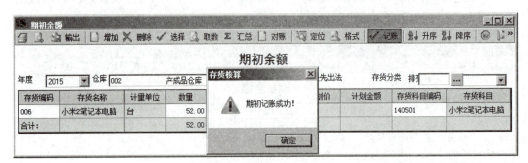

图 5-22 期初对账成功

【注意】

如果后期发现存货期初余额有误,需要"恢复"记账,但必须同时具备一定的条件:存货明细账中只有存货的期初数据和未生成凭证的暂估回冲单,发出商品明细账中只有发出商品的期初数据,价格调整单中没有数据,出入库调整单中没有数据。

【提示】

期初数据输入完毕后应进行试算平衡。如果期初余额试算不平衡,可以填制、审核凭证,但不能进行记账处理。因为企业信息化时,初始设置工作量大,占用时间比较长,为了不影响日常业务的正常进行,故允许在初始化工作未完成的情况下进行凭证的填制。凭证一经记账,期初数据便不能再修改。

第二节 总账日常业务

一、总账管理系统概述

1. 总账与其他系统的关系

总账管理系统的主要功能包括初始设置、凭证管理、出纳管理、账簿管理、辅助核算管理和月末处理等。总账管理系统是财务及企业管理软件的核心系统,适合于各行各业进行账务核算及管理工作。总账管理系统又称账务处理系统,是会计信息系统的基础,其他子系统的数据必须传输到账务处理系统中,同时还要将账务处理系统中的某些数据传递到其他子系统中。

总账与其他系统的关系如图 5-23 所示。

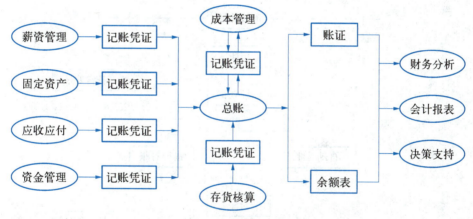

图 5-23 总账与其他系统关系

2. 总账管理系统的操作流程

总账管理系统的操作过程分为三个处理阶段。第一阶段是初始设置,包括系统参数的设置、会计科目的设置、凭证类别的设置、外币及汇率的设置、项目目录的设置、结算方式的设置和期初余额的录入。该部分在上一章及本章第一节已经完成。第二阶段是日常业务的处理,包括凭证管理、出纳管理、账簿管理,每一项经济业务的会计处理如凭证的填制、凭证的审核、账簿的登记等都在这个阶段完成。这些构成本节的主要内容。第三阶段是期末处理阶段,主要包括自动转账、银行对账和结账等。该部分将在第十一章介绍。

总账管理系统的操作流程如图 5-24 所示。

二、凭证处理

凭证处理包括填制凭证、修改凭证、出纳签字、审核凭证和凭证汇总等工作。

会计信息系统应用

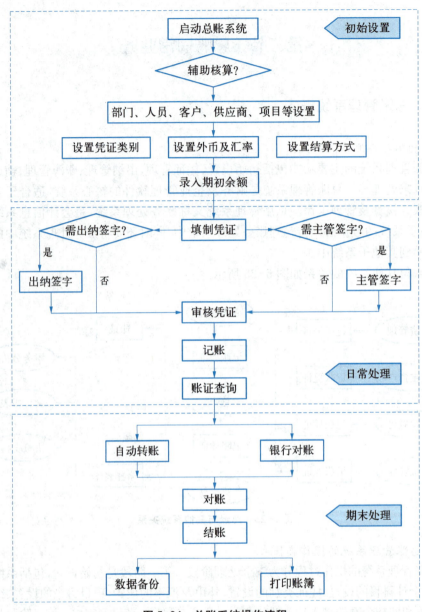

图 5-24 总账系统操作流程

1. 填制凭证

总账管理系统的日常业务处理是从填制记账凭证开始的,正确地填制凭证是登记账簿、编制报表的保证。

记账凭证的内容一般包括两部分:一是凭证头部分,包括凭证类别、凭证编号、凭证日期和附件张数等;二是凭证正文部分,包括摘要、会计分录和金额等。如果输入会计科目有辅助核算要求,则应输入辅助核算内容;如果一个科目同时兼有多种辅助核算,则同时要求输入各种辅助核算的有关内容。

(1) 填制凭证的方法。凭证正文中的摘要是对业务的说明,应当简洁明了,但不能为空;第一行录入完成后,按回车键后将带出第二行的摘要。会计科目必须输入末级科目;科目可以输入科目编码、中文科目名称、英文科目名称或助记码。当科目具有辅助核算时,系统提示输入相应的辅助信息;如果需要对所有录入的辅助项进行修改,可双击所要修改的项,系统显示辅助信息录入窗,可进行修改。金额是分录的借方或贷方本币发生额,金额不能为零,但可以是红字,红字金额以负数形式输入;按空格键可以调整金额的方向;按"="键借贷方金额自动找平。

> 【提示】
> 如果使用了应收系统来管理所有客户往来业务,那么所有与客户发生的业务,都必须在应收系统中生成相应的凭证,而不能在"填制凭证"功能中制单。同理,如果使用了应付系统来管理所有供应商往来业务,那么所有与供应商发生的业务都必须在应付系统中生成相应的凭证。

(2) 修改凭证。在填制凭证中,通过单击【首页】、【上页】、【下页】、【末页】等翻页按钮查找或通过查询输入查询条件,找到要修改的凭证,将光标移到需修改的地方进行修改即可。可修改内容包括摘要、科目、辅助项、金额及方向、增删分录等。外部系统传过来的凭证不能在总账系统中进行修改,只能在生成该凭证的系统中进行修改。

(3) 作废/恢复凭证。当某张凭证无用或出现不便修改的错误时,可将其作废。进入填制凭证后,找到要作废的凭证。执行【制单】菜单下的【作废/恢复】,凭证上将显示"作废"字样,表示已将该凭证作废,但作废凭证仍保留凭证内容及凭证编号。作废凭证不能修改,不能审核。在记账时,不对作废凭证作数据处理,相当于一张空凭证。在账簿查询时,也查不到作废凭证的数据。

若当前凭证已作废,还可执行【制单】菜单下的【作废/恢复】,取消作废标志,并将当前凭证恢复为有效凭证。

(4) 整理凭证。凭证整理就是删除所有作废凭证,并对未记账凭证重新编号。若本月已有凭证记账,那么,本月最后一张已记账凭证之前的凭证将不能作凭证整理,只能对其后面的未记账凭证作凭证整理。若作凭证整理,应先利用"恢复记账前状态"功能中恢复本月月初的记账前状态,再作凭证整理。

(5) 制作红字冲销凭证。冲销某张已记账凭证,通过执行【制单】菜单下的【冲销凭证】制作红字冲销凭证。输入制单月份,然后录入拟冲销哪个月的哪类多少号凭证,则系统自动制作一张红字冲销凭证。通过红字冲销法增加的凭证,应视同正常凭证进行保存和管理。

2. 出纳签字

出纳凭证由于涉及企业现金的收入与支出,应加强对出纳凭证的管理。出纳人员可通过出纳签字功能对制单员填制的带有库存现金和银行存款科目的凭证进行检查核对,主要核对出纳凭证的会计科目的金额是否正确,审查认为错误或有异议的凭证,应交与填制人员修改后再核对。

是否要对出纳凭证进行出纳签字管理,取决于"账簿选项"中的设置。凭证一经签字,就不能被修改、删除,只有被取消签字后才可以进行修改或删除。取消签字只能由出纳人员自己进行。

3. 审核凭证

审核是指具有审核权限的操作员按照会计制度规定,对制单员填制的记账凭证进行合法性检查。为确保登记到账簿的每一笔经济业务的准确性和可靠性,制单员填制的每一张凭证都必须经过审核员的审核。根据不相容职务相分离原则,审核员与制单员不能为同一人。

凭证一经审核,就不能被修改、删除,只有被取消审核签字后才对其进行修改或删除。取消审核签字只能由审核员自己进行;作废凭证不能被审核,也不能被标错,已标错的凭证不能被审核,若要审核,必须先取消标错后才能审核。

【注意】

值得注意的是,一旦系统中的记账凭证经审核和记账后,期初余额将会变成"只读、浏览"状态,不能进行修改。若要进行修改,必须执行反记账和取消审核。

4. 凭证汇总

凭证汇总是按条件对记账凭证进行汇总并生成一张凭证汇总表。进行汇总的凭证可以是已记账凭证,也可以是未记账凭证,因此财务人员可在凭证未全部记账前,随时查看企业目前的经营状况及其他财务信息。

具体操作时,执行【总账系统】—【审核凭证】—【科目汇总】。在凭证汇总表中可联查具有辅助核算科目的专项明细情况。

业务 5-9:12 月 1 日,人事部经理赵六预借差旅费(单据号 JT001),财务部开具一张现金支票(票号 XJ001)15 000 元。

前提工作:以会计主管(张三,操作员1)身份在12月1日登录企业应用平台。

操作路径:【业务工作】—【财务会计】—【总账】—【凭证】—【填制凭证】。

(1)单击主界面【增加】按钮。在凭证表体中选择凭证类型为"记"(记账凭证);摘要输入"人事部赵六预借差旅费";借方科目选择"其他应收款/应收个人款",业务辅助项信息如图 5-25 所示;借方金额栏录入"15 000";按回车键。

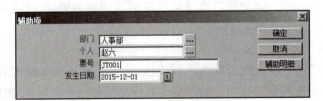

图 5-25 业务辅助项

(2) 第二行摘要自动带入第一行的内容。贷方科目选择"银行存款/工行",结算辅助项信息如图 5-26 所示;现金流量项目信息如图 5-27 所示;按回车键将光标定位于贷方金额,按键盘中"="键,系统自动找平金额"15 000"。

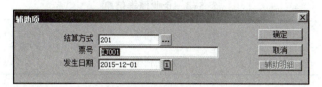

图 5-26 结算辅助项

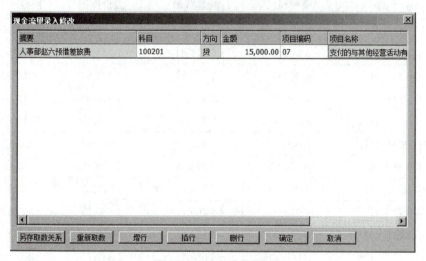

图 5-27 现金流量项目

(3) 点击主界面【保存】按钮,系统自动保存该记账凭证,结果如图 5-28 所示。

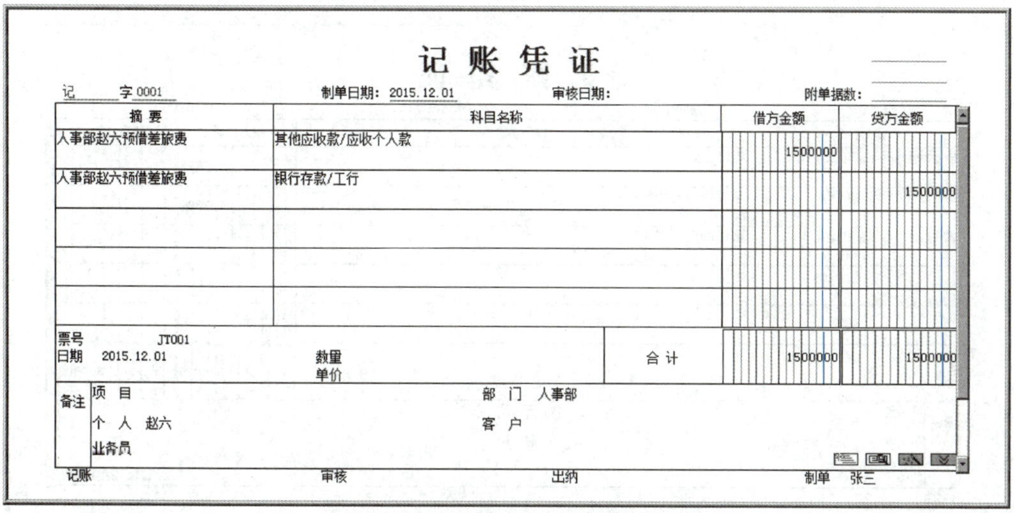

图 5-28 预借差旅费的记账凭证

业务 5-10：12 月 1 日，确认企业债券利息并进行债券溢价的摊销。该企业债券于 2014 年 6 月 1 日发行，用于在建工程（生产车间）建造。企业债券信息如表 5-3 所示，实际利率法下利息费用与溢价摊销如表 5-4 所示。

表 5-3　企业债券信息

债券面值	200 000.00 元	市场年利率	6%	5 年期
发行价格	217 060.41 元	票面年利率	8%	每半年付息一次

表 5-4　实际利率法下利息费用与溢价摊销

日　　期	应付利息	利息费用	溢价摊销	债券摊余价值
2014 年 6 月 1 日				217 060.41
2014 年 12 月 1 日	8 000.00	6 511.81	1 488.19	215 572.22
2015 年 6 月 1 日	8 000.00	6 467.17	1 532.83	214 039.38
2015 年 12 月 1 日	8 000.00	6 421.18	1 578.82	212 460.57
2016 年 6 月 1 日	8 000.00	6 373.82	1 626.18	210 834.38
2016 年 12 月 1 日	8 000.00	6 325.03	1 674.97	209 159.41
2017 年 6 月 1 日	8 000.00	6 274.78	1 725.22	207 434.20
2017 年 12 月 1 日	8 000.00	6 223.03	1 776.97	205 657.22
2018 年 6 月 1 日	8 000.00	6 169.72	1 830.28	203 826.94
2018 年 12 月 1 日	8 000.00	6 114.81	1 885.19	201 941.75
2019 年 6 月 1 日	8 000.00	6 058.25	1 941.75	200 000.00

操作路径：【业务工作】—【财务会计】—【总账】—【凭证】—【填制凭证】

单击主界面中的【增加】按钮。按图 5-29 的内容录入记账凭证，【保存】该凭证。

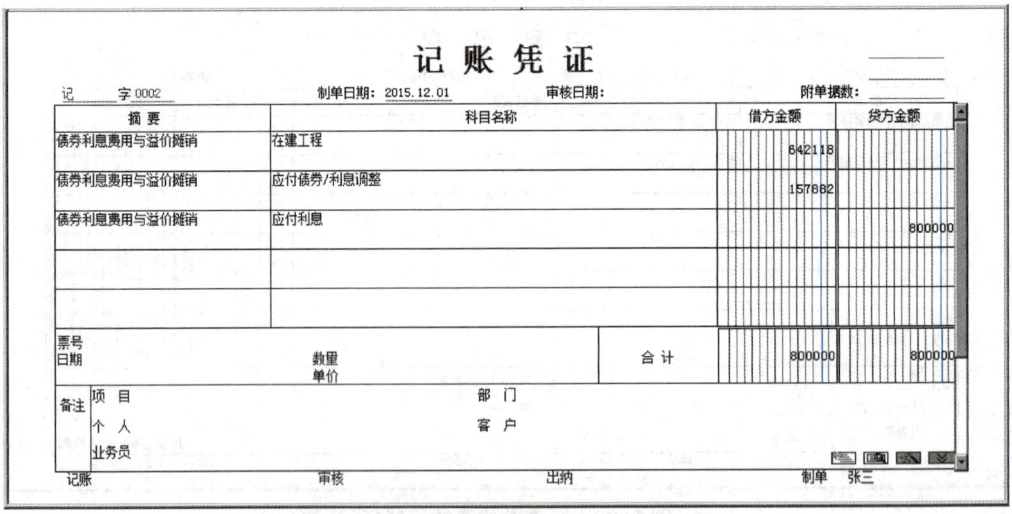

图 5-29　债券利息费用与溢价摊销的记账凭证

业务 5-11：12 月 2 日，上海小米电脑公司向网易公司支付本月网络广告费 11 000 元，款项已通过工行转账(票号 ZZ001)。

操作路径：【业务工作】—【财务会计】—【总账】—【凭证】—【填制凭证】

单击主界面【增加】按钮。按图 5-30 的内容录入记账凭证，【保存】该凭证。

记 账 凭 证

记 字 0003　　制单日期：2015.12.02　　审核日期：　　附单据数：

摘要	科目名称	借方金额	贷方金额
支付本月网络广告费	销售费用/广告费	1100000	
支付本月网络广告费	银行存款/工行		1100000
票号 202 - ZZ001 日期 2015.12.01	数量 单价　　合 计	1100000	1100000

备注　项 目　　部 门
个 人　　客 户
业务员

记账　　审核　　出纳　　制单 张三

图 5-30　支付广告费的记账凭证

业务 5-12：12 月 3 日，上海小米电脑公司出售所持有的某公司股票，收到 70 000 元已通过转账支票(票号 ZZ002)存入工行。该项投资已划分为交易性金融资产，其中成本 50 000 元，公允价值变动 5 000 元(借方)。

操作路径：【业务工作】—【财务会计】—【总账】—【凭证】—【填制凭证】

单击主界面【增加】按钮。按图 5-31 的内容录入记账凭证，【保存】该凭证。

记 账 凭 证

记 字 0004　　制单日期：2015.12.03　　审核日期：　　附单据数：

摘要	科目名称	借方金额	贷方金额
出售某公司股票	银行存款/工行	7000000	
出售某公司股票	交易性金融资产/成本		5000000
出售某公司股票	交易性金融资产/公允价值变动		500000
出售某公司股票	投资收益		1500000
票号 202 - ZZ002 日期 2015.12.01	数量 单价　　合 计	7000000	7000000

备注　项 目　　部 门
个 人　　客 户
业务员

记账　　审核　　出纳　　制单 张三

图 5-31　出售公司股票的记账凭证

业务 5-13：12 月 4 日，通过转账支票（票号 ZZ003）支付下一年报刊费 1 200 元。

操作路径：【业务工作】—【财务会计】—【总账】—【凭证】—【填制凭证】

单击主界面【增加】按钮。按图 5-32 的内容录入记账凭证，【保存】该凭证。

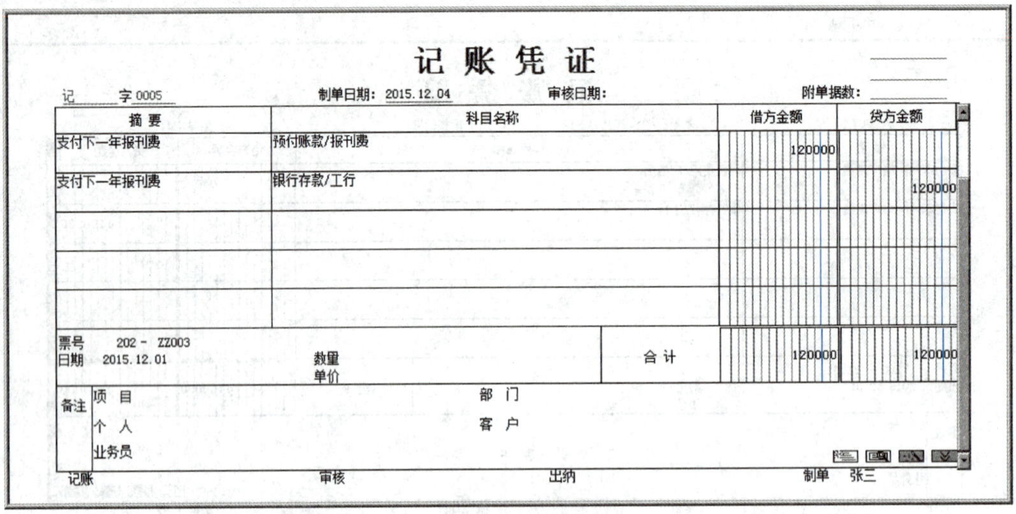

记账凭证

记 字 0005　　制单日期：2015.12.04　　审核日期：　　附单据数：

摘要	科目名称	借方金额	贷方金额
支付下一年报刊费	预付账款/报刊费	120000	
支付下一年报刊费	银行存款/工行		120000
票号 202 - ZZ003 日期 2015.12.01	数量 单价　　合计	120000	120000

备注　项目　　部门
个人　　客户
业务员

记账　审核　出纳　制单 张三

图 5-32　支付报刊费的记账凭证

业务 5-14：12 月 5 日，支付短期借款利息。该项借款为 2014 年 5 月 5 日借入，本金 480 000 元，年利率 5%，期限 9 个月，每月计提利息，按季支付。本季度用银行存款（现金支票票号 XJ002）支付 6 000 元。

操作路径：【业务工作】—【财务会计】—【总账】—【凭证】—【填制凭证】

单击主界面【增加】按钮。按图 5-33 的内容录入记账凭证，【保存】该凭证。

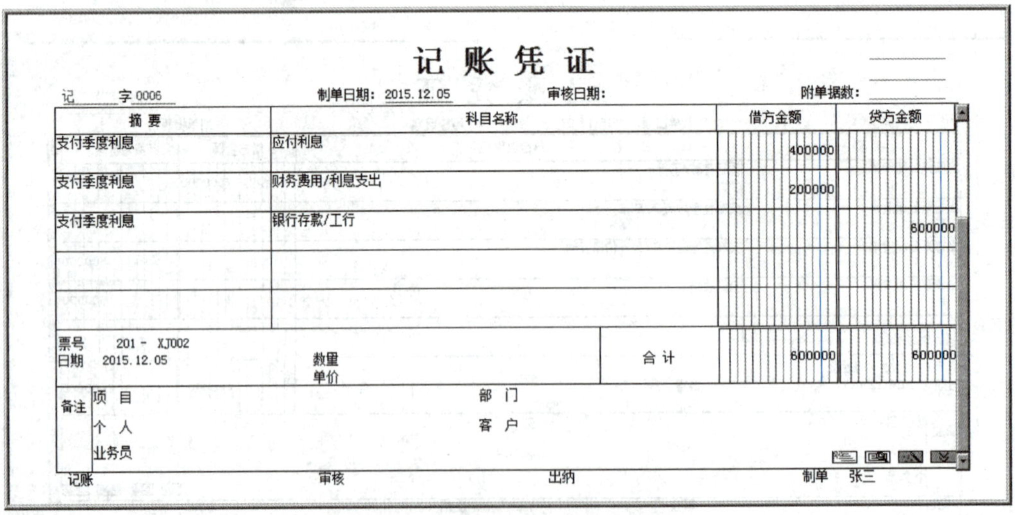

记账凭证

记 字 0006　　制单日期：2015.12.05　　审核日期：　　附单据数：

摘要	科目名称	借方金额	贷方金额
支付季度利息	应付利息	400000	
支付季度利息	财务费用/利息支出	200000	
支付季度利息	银行存款/工行		600000
票号 201 - XJ002 日期 2015.12.05	数量 单价　　合计	600000	600000

备注　项目　　部门
个人　　客户
业务员

记账　审核　出纳　制单 张三

图 5-33　支付季度利息的记账凭证

业务 5-15：12 月 6 日，小米电脑公司财务部购入办公用品一批，其中价款 1 200 元，增值税 204 元。款项已通过现金支付。

操作路径：【业务工作】—【财务会计】—【总账】—【凭证】—【填制凭证】

单击主界面【增加】按钮。按图 5-34 的内容录入记账凭证，【保存】该凭证。

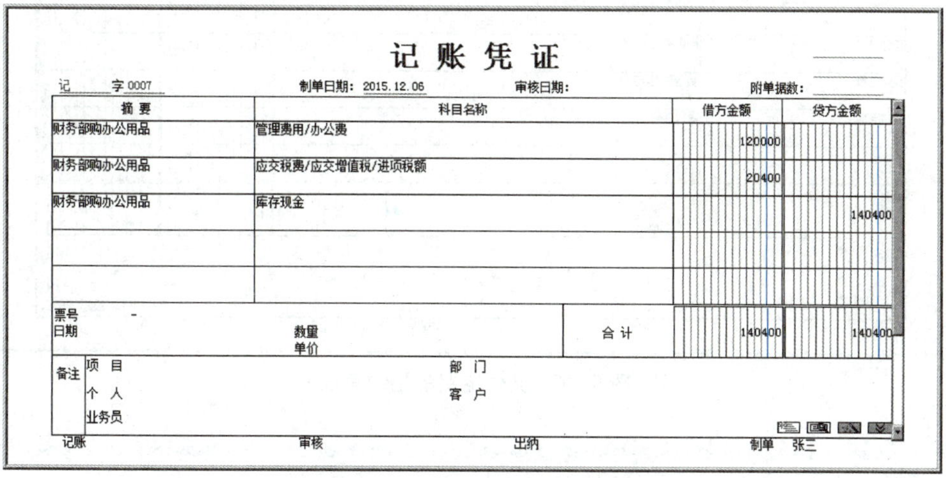

图 5-34 购置办公用品的记账凭证

业务 5-16：12 月 7 日，摊销本月报刊费 100 元。

操作路径：【业务工作】—【财务会计】—【总账】—【凭证】—【填制凭证】

单击主界面【增加】按钮。按图 5-35 的内容录入记账凭证，【保存】该凭证。

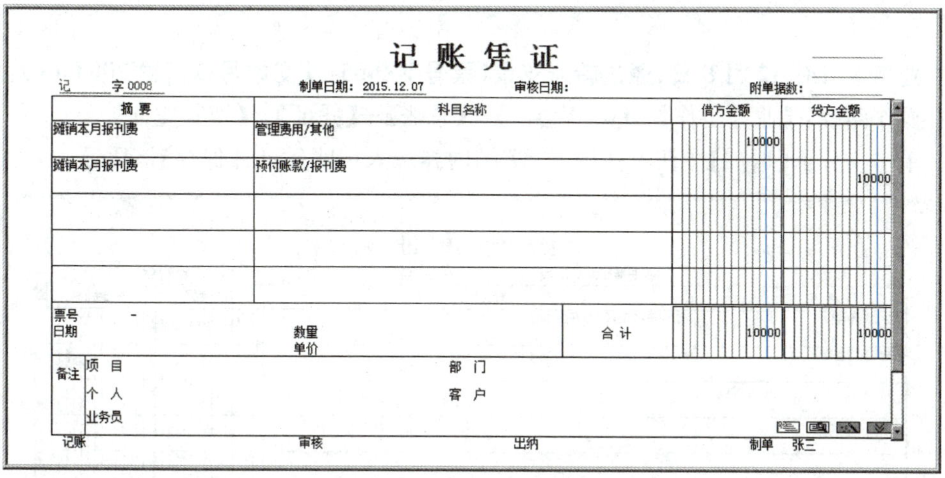

图 5-35 推销本月报刊费的记账凭证

业务 5-17：12 月 8 日，通过转账支票（票号 ZZ004）支付本公司当月电费 2 200 元，其中管理部门负担 700 元、销售部门负担 300 元、生产车间（一二车间合计）负担 1 200 元（假设不考虑增值税）。

操作路径：【业务工作】—【财务会计】—【总账】—【凭证】—【填制凭证】

单击主界面【增加】按钮。按图 5-36 的内容录入记账凭证,【保存】该凭证。

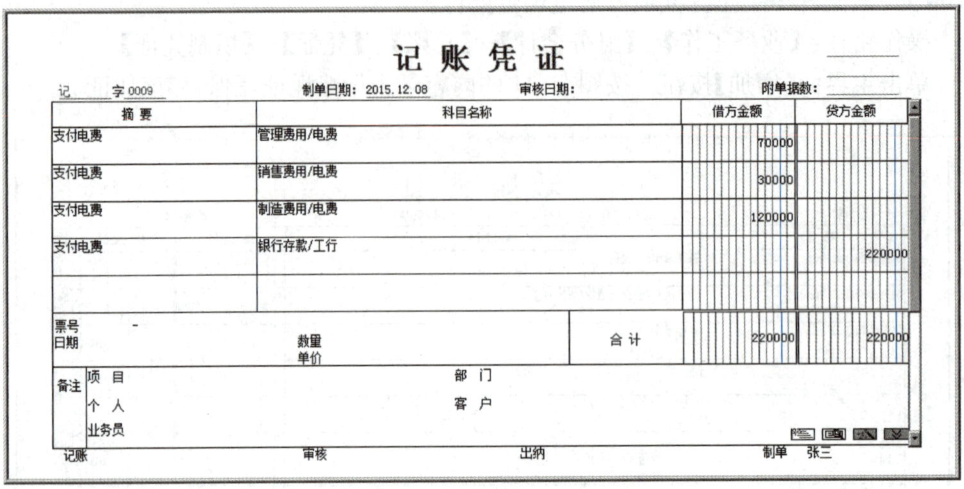

记账凭证

记 字 0009　制单日期：2015.12.08　审核日期：　附单据数：

摘要	科目名称	借方金额	贷方金额
支付电费	管理费用/电费	70000	
支付电费	销售费用/电费	30000	
支付电费	制造费用/电费	120000	
支付电费	银行存款/工行		220000
票号 - 日期	数量 单价 合计	220000	220000

备注　项目　部门　个人　客户　业务员

记账　审核　出纳　制单 张三

图 5-36　支付电费的记账凭证

【说明】

一般来说,本月支付的水电费是上月发生的。因为本实验启用了成本管理系统以核算生产成本,该系统将会从总账系统取数(生产车间发生的水电费计入生产成本或制造费用),所以我们假定本月支付的水电费是当月发生的。实务中水电费通常在计算产品成本之前入账。

业务 5-18:12 月 8 日,通过转账支票(票号 ZZ005)预交本月增值税 200 000 元。

操作路径:【业务工作】—【财务会计】—【总账】—【凭证】—【填制凭证】

单击主界面【增加】按钮。按图 5-37 的内容录入记账凭证,【保存】该凭证。

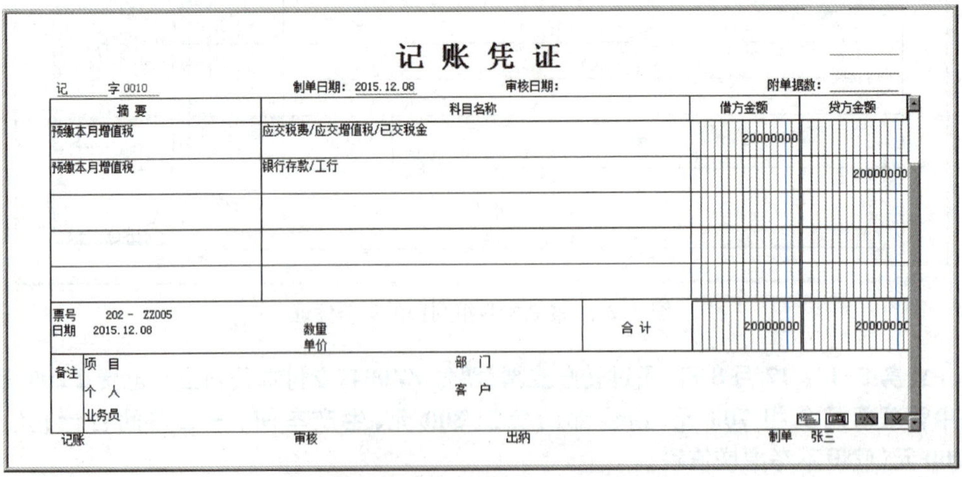

记账凭证

记 字 0010　制单日期：2015.12.08　审核日期：　附单据数：

摘要	科目名称	借方金额	贷方金额
预缴本月增值税	应交税费/应交增值税/已交税金	20000000	
预缴本月增值税	银行存款/工行		20000000
票号 202 - ZZ005 日期 2015.12.08	数量 单价 合计	20000000	20000000

备注　项目　部门　个人　客户　业务员

记账　审核　出纳　制单 张三

图 5-37　预交增值税的记账凭证

业务 5-19：12 月 9 日，人事部经理赵六出差返回，报销差旅费 12 000 元，交还余款 3 000 元现金。

操作路径：【业务工作】—【财务会计】—【总账】—【凭证】—【填制凭证】

单击主界面【增加】按钮。按图 5-38 的内容录入记账凭证，【保存】该凭证。

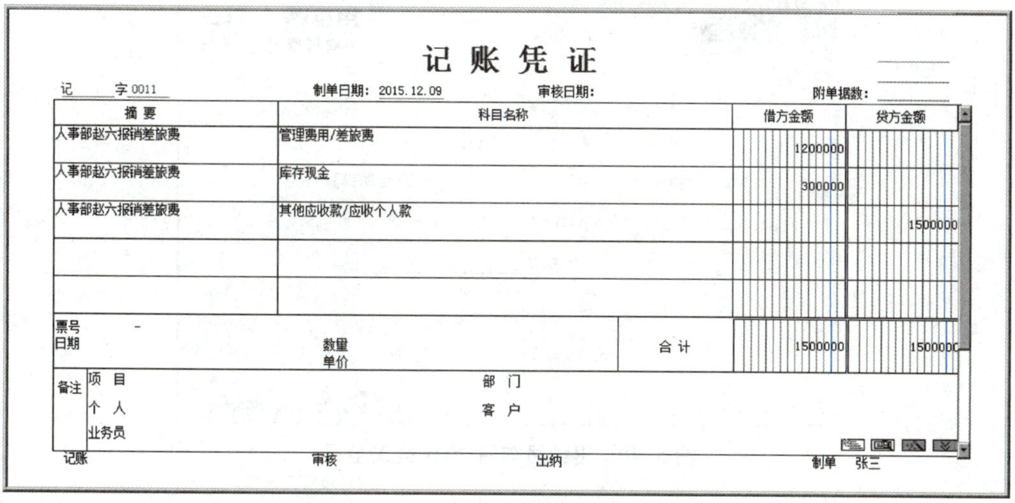

图 5-38 报销差旅费的记账凭证

业务 5-20：对出纳签字功能进行设置。

操作路径：【业务工作】—【财务会计】—【出纳管理】—【设置】—【系统设置】

选择"账套参数"，将"出纳签字功能"设为"GL-总账"，如图 5-39 所示，单击【确定】按钮，完成出纳签字功能的设置。

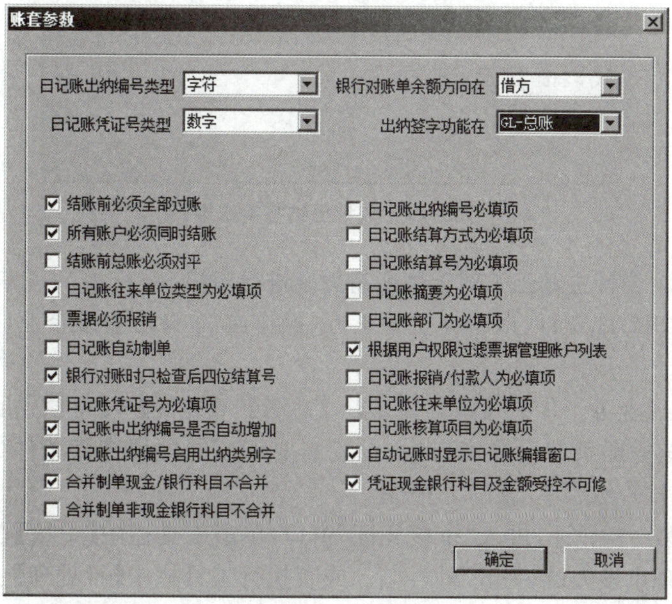

图 5-39 账套参数

业务 5-21：出纳员李四对涉及现金和银行存款的凭证进行出纳签字。

前提工作：12 月 9 日，以出纳员李四（操作员 2）身份登录企业应用平台，如图 5-40 所示。

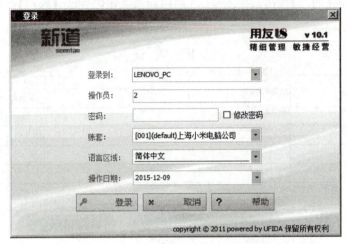

图 5-40　出纳员李四（操作员 2）登录

操作路径：【业务工作】—【财务会计】—【总账】—【凭证】—【出纳签字】

（1）在出纳签字条件设置窗口中，设置需要签字的凭证查询条件（2015 年 12 月 1 日至 12 月 9 日），然后单击【确定】按钮。

（2）双击某一要签字的凭证，进入"出纳签字"窗口，单击工具栏中【签字】按钮，凭证底部"出纳"处将出现出纳员"李四"的姓名。或者选择工具栏中【批处理】—【成批出纳签字】对所有凭证进行签字。成批出纳签字结果如图 5-41 所示。

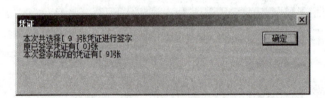

图 5-41　成批出纳签字结果

业务 5-22：会计主管王五对上述所有凭证进行审核。

前提工作：12 月 9 日，以会计主管王五（操作员 3）身份登录企业应用平台，如图 5-42 所示。

操作路径：【业务工作】—【财务会计】—【总账】—【凭证】—【审核凭证】

（1）在审核凭证条件设置窗口中，设置需要审核的凭证查询条件（2015 年 12 月 1 日至 12 月 9 日），然后单击【确定】按钮。

（2）双击第一行凭证，进入"审核凭证"窗口，单击工具栏中【审核】按钮，凭证底部"审核"处将出现审核人员"王五"的姓名。或者执行工具栏中【批处理】—【成批审核凭证】对所有凭证进行审核。成批审核结果如图 5-43 所示。

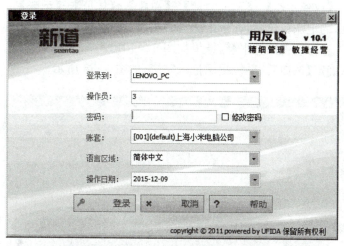

图 5-42　会计主管(操作员 3)登录

图 5-43　成批审核凭证结果

三、记账与查账

1. 记账

记账凭证经审核签字后,即可用于登记总账和明细账、日记账、部门账、往来账、项目账以及备查账等。记账一般采用向导方式,使记账过程更加明确,记账工作由计算机自动进行数据处理,不用人工干预。

记账过程不得中断,一旦断电或其他原因造成中断后,系统将自动调用"恢复记账前状态"功能恢复数据,然后再重新记账。系统每月允许多次记账。

【注意】

以下情况将不允许记账:(1)在第一次记账时,若期初余额试算不平衡,系统将不允许记账;(2)所选范围内的不平衡凭证,不允许记账;(3)所选范围内的未审核凭证,不允许记账;(4)上月未结账,本月不允许记账。

业务 5-23:会计主管王五进行记账。

前提工作:12 月 9 日,以会计主管王五(操作员 3)身份登录企业应用平台。

操作路径:【业务工作】—【财务会计】—【总账】—【凭证】—【记账】
(1) 在弹出的记账窗口中,先单击【全选】按钮,再单击【记账】按钮。
(2) 系统先进行期初试算平衡,结果如图 5-44 所示。
(3) 点击【确定】按钮后,系统提示记账完毕,如图 5-45 所示。

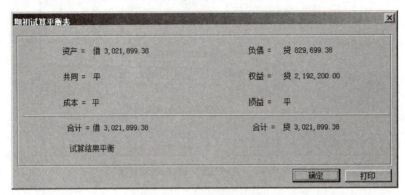

图 5-44　期初试算平衡表

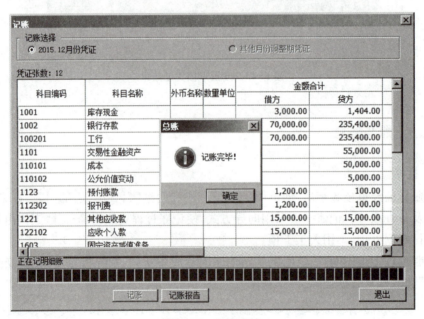

图 5-45　记账完毕

2. 反记账

反记账即撤回记账或取消记账,只有记账人员自己才可以反记账。

业务 5-24:会计主管王五进行反记账。

操作路径:【业务工作】—【财务会计】—【总账】—【期末】—【对账】

(1) 在弹出对账窗口后,按键盘中的 Ctrl+H 组合键后,系统提示"恢复记账状态功能已被激活",如图 5-46 所示。

104

第五章　期初数据与总账业务

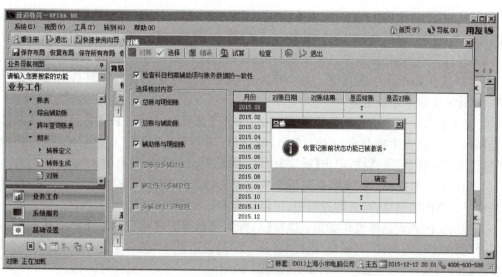

图 5-46　对账窗口

（2）点击【确定】按钮后，执行【业务工作】—【财务会计】—【总账】—【凭证】—【恢复记账前状态】。

（3）在弹出的"恢复记账前状态"窗口中，选择恢复方式为"2015年12月初状态"选项，点击【确定】按钮，输入口令（本实验为空）后，如图5-47所示，再点击【确定】按钮，完成反记账。

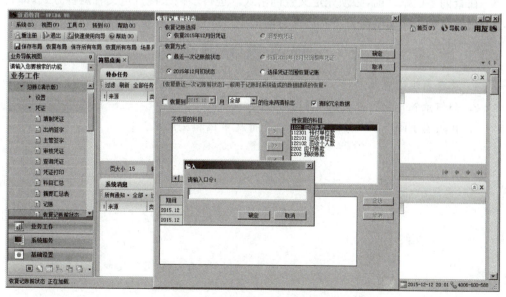

图 5-47　"恢复记账前状态"窗口

3. 账簿查询

（1）总账查询。总账查询不仅可以查询各总账科目的年初余额、各月份发生额合计和月末余额，而且可以查询所有各级明细科目的年初余额、各月发生额和月末余额。

总账查询具体操作如下：执行【总账】—【账表】—【科目账】—【总账】命令，打开"总账查询条件"对话框，选择"科目"及"级次"范围，单击【确定】按钮，显示查询结果。可以单击"科目"下拉列表框的下三角按钮，查询其他总账。

（2）发生额及余额表查询。发生额及余额表用于查询统计各级科目的本月发生额、累计发生额和余额等。

发生额及余额表的查询具体操作如下：执行【总账】—【账表】—【科目账】—【余额表】命令，打开"发生额及余额查询条件"对话框，选择起止"月份"，选中"末级科目"及"包含未记账凭证"复选框，单击【确定】按钮，系统显示"发生额及余额表"。

（3）明细账查询。明细账查询用于平时查询各账户的明细发生情况，以及按任意条件组合查询明细账，在查询过程中，可以包含未记账凭证。

明细账的查询具体操作如下：执行【总账】—【账表】—【科目账】—【明细账】命令，打开"明细账查询条件"对话框，选择"科目"及"月份"，选中"包含未记账凭证"复选框，单击【确定】按钮，系统显示明细账的查询结果。

（4）序时账查询。序时账是以流水账的形式反映单位的经济业务。序时账的查询比较简单，执行【总账】—【账表】—【科目账】—【序时账】命令，选择起止"日期"，选中"包含未记账凭证"复选框，单击【确定】按钮，系统将显示全部序时账的查询结果。

（5）多栏账查询。总账系统中，普通多栏账由系统将要分析科目的下级科目自动生成多栏账。一般来说，负债、收入类科目分析其下级科目的贷方发生额，资产、费用类科目分析其下级科目的借方发生额，并允许随时调整。

在查询多栏账之前，必须先定义查询格式。进行多栏账栏目定义有两种方式，即自动编制栏目和手动编制栏目。先进行自动编制再进行手动调整，可以提高录入效率。

复习思考题

1. 总账系统设置辅助核算管理有何意义？
2. 如何录入期初往来数据和期初库存数据？
3. 在用友 ERP-U8 V10.1 中，如何进行反审核和反记账？

第六章　固定资产业务

[教学目的和要求]

通过本章的学习,学生应了解和熟悉用友 ERP-U8 V10.1 中固定资产管理系统的主要内容,理解固定资产管理系统与其他系统之间的关系与接口,熟练掌握固定资产管理系统初始化、日常业务处理、月末处理的操作内容及基本流程。

第一节　固定资产系统概述

一、系统功能概述

固定资产系统可以实现固定资产数据的动态管理,协助企业进行部分成本核算,有助于资产管理部门加强对固定资产的管理。固定资产管理系统是一套用于企事业单位进行固定资产管理和核算的软件,主要是面向中小型企业,帮助企业进行固定资产总值、累计折旧数据的动态管理,协助企业进行成本核算,同时为设备管理部门提供固定资产的各项指标。

固定资产系统的主要功能包括:完成企业固定资产日常业务的核算和管理,生成固定资产卡片,按月反映固定资产的增加、减少、原值变化及其他变动,并输出相应的增减变动明细账,按月自动计提折旧,生成折旧分配凭证,同时输出相关的报表和账簿。

固定资产管理系统的操作流程如图 6-1 所示。

二、与其他系统的关系

固定资产系统主要与总账系统、成本管理系统有关联。固定资产系统中的系统资产增加(录入新卡片)、资产减少、卡片修改(涉及原值或累计折旧时)、资产评估(涉及原值或累计折旧变化时)、原值变动、累计折旧调整、计提减值准备调整、转回减值准备调整、折旧分配都要将有关数据通过记账凭证的形式传输到总账系统或成本管理系统,同时通过对账功能保持固定资产账目的平衡。此外,报表系统可以从固定资产系统取数。

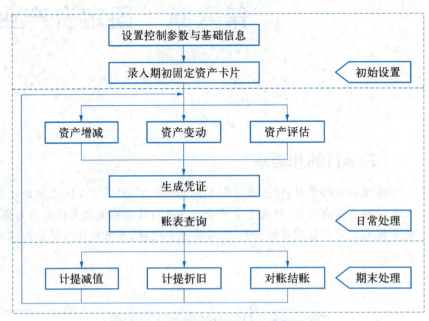

图 6-1 固定资产管理系统的操作流程

固定资产系统与其他系统的关系如图 6-2 所示。

图 6-2 固定资产系统与其他系统的关系

第二节 系统初始化设置

一、账套初始化设置

在新建账套初次使用固定资产系统时,系统会提示进行初始化设置。系统初始化是使用固定资产系统管理资产的首要操作,是根据企业的具体情况建立一个符合企业需求的固定资产子账套的过程。账套初始化设置的内容主要包括约定及说明、启用月份、折旧信息、编码方式、账务接口和完成设置。

业务 6-1:对上海小米电脑公司固定资产系统进行初始化设置。

前提工作:以会计主管(张三,操作员 1)身份登录企业应用平台。

操作路径：【业务工作】—【财务会计】—【固定资产】

（1）首先，同意系统的相关约定和说明，如图 6-3 所示；然后，选择主要折旧方法"平均年限法（一）"，折旧汇总分配周期为"1 个月"，如图 6-4 所示。

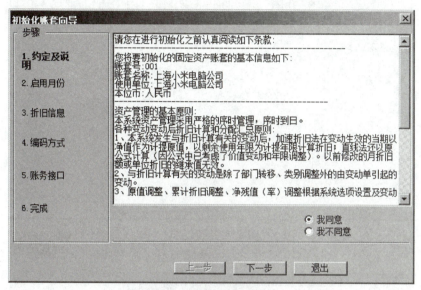

图 6-3　同意约定及说明

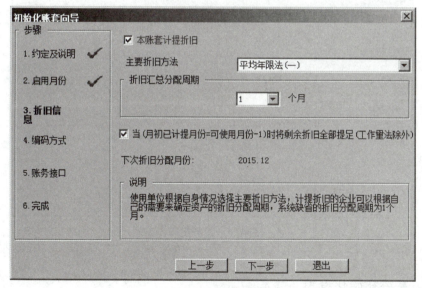

图 6-4　折旧信息

（2）设置固定资产按"类别编号＋部门编号＋序号"自动编码，如图 6-5 所示。

（3）设置"与总账系统对账"，并指定对账的固定资产和累计折旧科目，如图 6-6 所示。完成所有设置后，结果如图 6-7 所示。

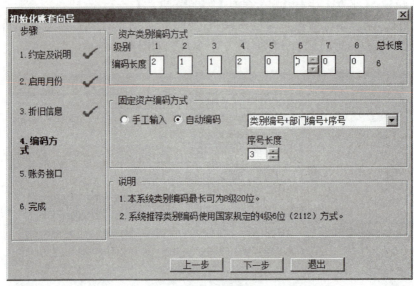

图 6-5 编码方式

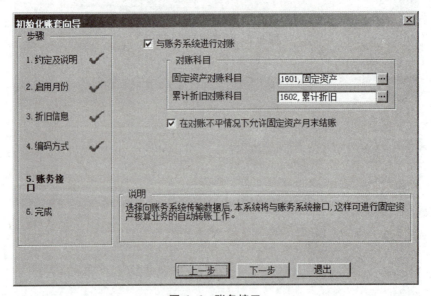

图 6-6 账务接口

▶二、系统初始化设置

固定资产系统初始化设置主要涉及与账务系统接口、部门对应折旧科目、资产类别和固定资产增减方式等内容。

业务 6-2：对上海小米电脑公司固定资产系统选项进行设置。

操作路径：【业务工作】—【财务会计】—【固定资产】—【设置】—【选项】

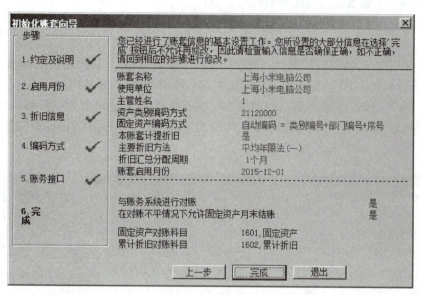

图 6-7 完成设置

在"与账务系统接口"选项卡中,设置固定资产、累计折旧和固定资产减值准备、固定资产清理和增值税进项税额等缺省科目,结果如图 6-8 所示。

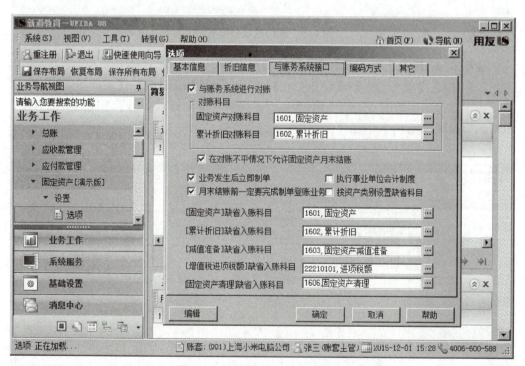

图 6-8 "与账务系统接口"选项卡

业务 6-3：设置部门对应折旧科目。

操作路径：【业务工作】—【财务会计】—【固定资产】—【设置】—【部门对应折旧科目】

在"部门对应折旧科目"窗口，分别按各个明细部门设置计提固定资产、折旧借方所记入的会计科目。其中，业务部所属的销售部入账科目为"销售费用—折旧（660102）"，管理部所属明细部门和业务部所属的采购部的入账科目为"管理费用—折旧（660202）"，生产部所属一车间和二车间的入账科目均为"生产成本—折旧（510102）"，如图 6-9 所示。

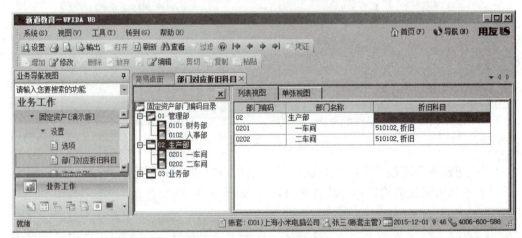

图 6-9　部门对应折旧科目

业务 6-4：设置上海小米电脑公司的资产类别。

操作路径：【业务工作】—【财务会计】—【固定资产】—【设置】—【资产类别】

为了掌握不同折旧方法的使用，我们对不同资产类别分别采用了不同的折旧方法，具体内容设置如图 6-10 所示。

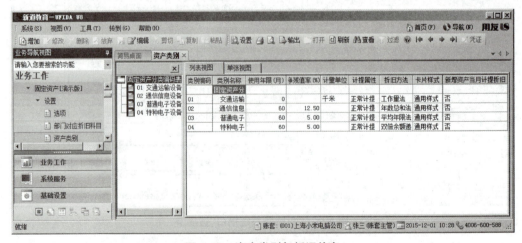

图 6-10　资产类别与折旧信息

业务 6-5：设置上海小米电脑公司固定资产增减方式。

操作路径：【业务工作】—【财务会计】—【固定资产】—【设置】—【增减方式】

因后续业务涉及企业领用自产产品,因此,需要在"增加方式"中添加"领用自产"方式,对应入账科目为"库存商品(1405)",结果如图 6-11 所示。

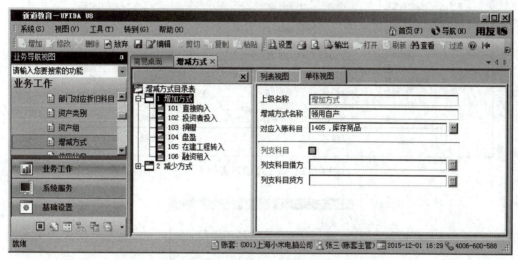

图 6-11　固定资产增减方式

第三节　固定资产业务处理

一、已有固定资产的录入

在使用固定资产系统进行核算前,必须将原始已有固定资产相关资料录入系统,保持历史资料的连续性。该项工作主要通过"录入原始卡片"功能实现。原始卡片的录入不必限制在第一个期间结账前,任何时候都可以录入原始卡片。

业务 6-6：12 月 1 日,录入上海小米电脑公司已有固定资产信息。

操作路径：【业务工作】—【财务会计】—【固定资产】—【卡片】—【录入原始卡片】

(1) 在录入固定资产之前,系统要求选择录入卡片所属的资产类别,选中资产类别后,才能进入固定资产卡片录入界面。

(2) 本公司共有 5 项固定资产,第 1 项固定资产为"小轿车",具体信息如图 6-12 所示,因该资产的折旧方法为"工作量法",在完成卡片信息的录入后,系统提示"当前资产本月工作量需要重新录入",如图 6-13 所示。

(3) 第 2 项固定资产为"传真打印一体机",由采购部与销售部共用,因此需要进行折旧的分摊各占 50%,如图 6-14 所示,其他信息如图 6-15 所示。

113

新增资产当月计提折旧　　附单据数：
固定资产卡片 | 附属设备 | 大修理记录 | 资产转移记录 | 停启用记录 | 原值变动 | 拆分/减少信息 | 2015-12-01

固定资产卡片

卡片编号 00001　　日期 2015-12-01

固定资产编号 010102001　固定资产名称 小轿车
类别编号 01　类别名称 交通运输设备
规格型号　使用部门 人事部
增加方式 投资者投入　存放地点
使用状况 在用　使用年限(月) 10　折旧方法 工作量法
工作总量 700000　累计工作量 140000　工作单位 公里
开始使用日期 2013-11-11　已计提月份 24　币种 人民币
原值 350000.00　净残值率 5%　净残值 17500.00
累计折旧 66500.00　单位折旧 0.475　本月计提折旧额 0.00
净值 283500.00　对应折旧科目 660202，折旧　项目

录入人 张三　　录入日期 2015-12-01

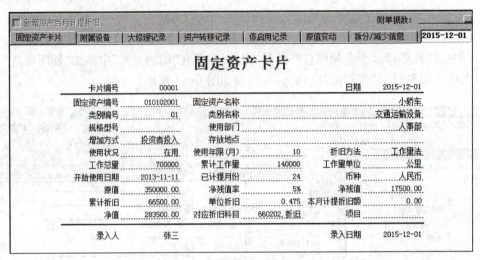

图 6-12　第 1 项固定资产卡片

图 6-13　提示

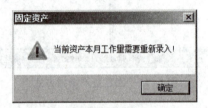

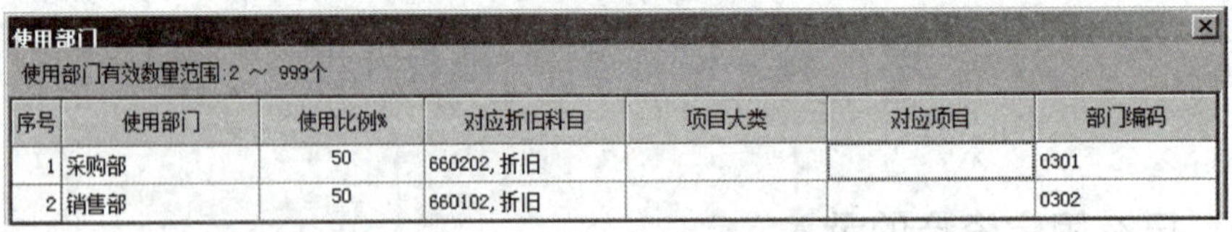
使用部门
使用部门有效数量范围：2 ～ 999个

序号	使用部门	使用比例%	对应折旧科目	项目大类	对应项目	部门编码
1	采购部	50	660202，折旧			0301
2	销售部	50	660102，折旧			0302

图 6-14　资产使用部门分配

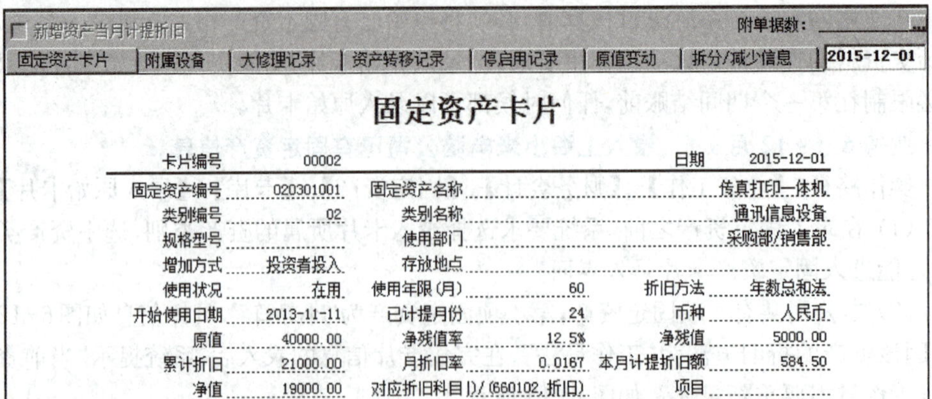
新增资产当月计提折旧　　附单据数：
固定资产卡片 | 附属设备 | 大修理记录 | 资产转移记录 | 停启用记录 | 原值变动 | 拆分/减少信息 | 2015-12-01

固定资产卡片

卡片编号 00002　　日期 2015-12-01

固定资产编号 020301001　固定资产名称 传真打印一体机
类别编号 02　类别名称 通讯信息设备
规格型号　使用部门 采购部/销售部
增加方式 投资者投入　存放地点
使用状况 在用　使用年限(月) 60　折旧方法 年数总和法
开始使用日期 2013-11-11　已计提月份 24　币种 人民币
原值 40000.00　净残值率 12.5%　净残值 5000.00
累计折旧 21000.00　月折旧率 0.0167　本月计提折旧额 584.50
净值 19000.00　对应折旧科目 ()/(660102，折旧)　项目

录入人 张三　　录入日期 2015-12-01

图 6-15　第 2 项固定资产卡片

(4) 第 3 项至第 5 项固定资产详细信息如图 6-16、图 6-17 和图 6-18 所示。

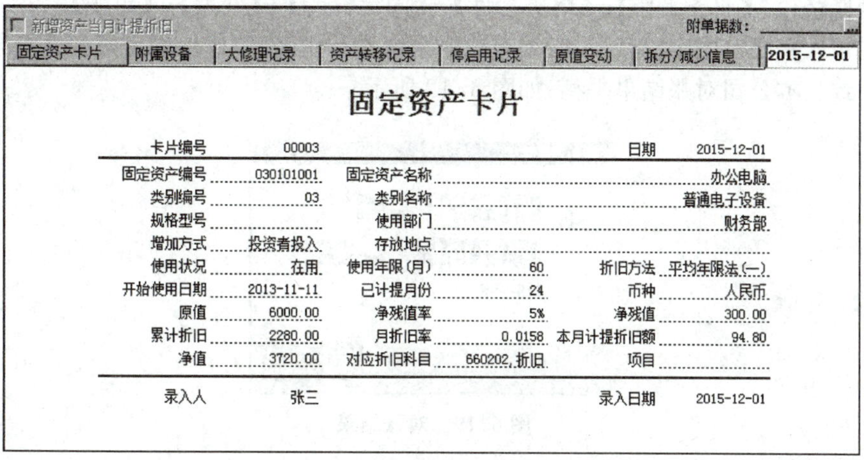

新增资产当月计提折旧　附单据数:

固定资产卡片 | 附属设备 | 大修理记录 | 资产转移记录 | 停启用记录 | 原值变动 | 拆分/减少信息 | 2015-12-01

固定资产卡片

卡片编号	00003			日期	2015-12-01
固定资产编号	030101001	固定资产名称			办公电脑
类别编号	03	类别名称			普通电子设备
规格型号		使用部门			财务部
增加方式	投资者投入	存放地点			
使用状况	在用	使用年限(月)	60	折旧方法	平均年限法(一)
开始使用日期	2013-11-11	已计提月份	24	币种	人民币
原值	6000.00	净残值率	5%	净残值	300.00
累计折旧	2280.00	月折旧率	0.0158	本月计提折旧额	94.80
净值	3720.00	对应折旧科目	660202,折旧	项目	
录入人	张三			录入日期	2015-12-01

图 6-16　第 3 项固定资产卡片

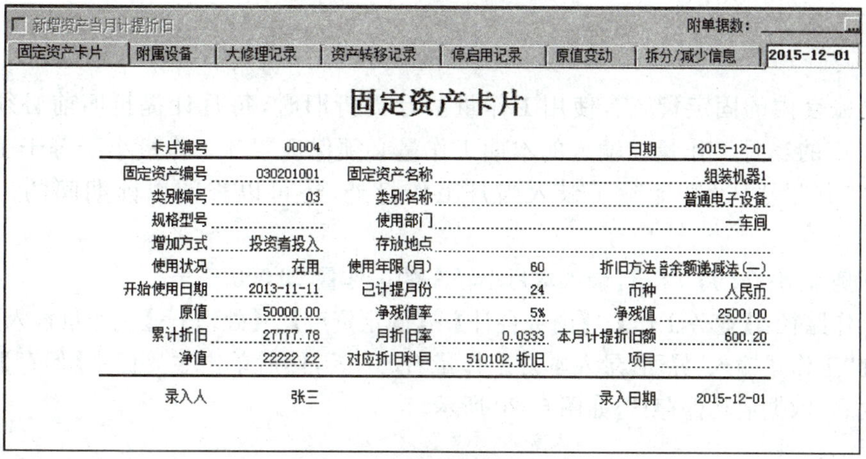

新增资产当月计提折旧　附单据数:

固定资产卡片 | 附属设备 | 大修理记录 | 资产转移记录 | 停启用记录 | 原值变动 | 拆分/减少信息 | 2015-12-01

固定资产卡片

卡片编号	00004			日期	2015-12-01
固定资产编号	030201001	固定资产名称			组装机器1
类别编号	03	类别名称			普通电子设备
规格型号		使用部门			一车间
增加方式	投资者投入	存放地点			
使用状况	在用	使用年限(月)	60	折旧方法	余额递减法(一)
开始使用日期	2013-11-11	已计提月份	24	币种	人民币
原值	50000.00	净残值率	5%	净残值	2500.00
累计折旧	27777.78	月折旧率	0.0333	本月计提折旧额	600.20
净值	22222.22	对应折旧科目	510102,折旧	项目	
录入人	张三			录入日期	2015-12-01

图 6-17　第 4 项固定资产卡片

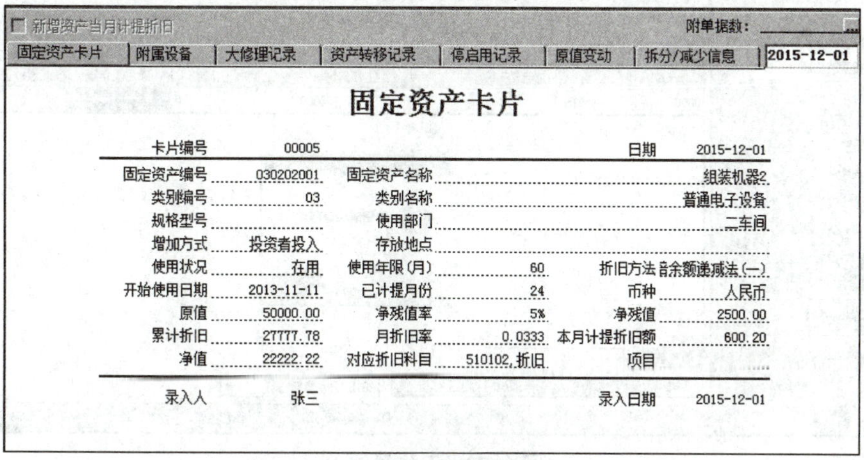

新增资产当月计提折旧　附单据数:

固定资产卡片 | 附属设备 | 大修理记录 | 资产转移记录 | 停启用记录 | 原值变动 | 拆分/减少信息 | 2015-12-01

固定资产卡片

卡片编号	00005			日期	2015-12-01
固定资产编号	030202001	固定资产名称			组装机器2
类别编号	03	类别名称			普通电子设备
规格型号		使用部门			二车间
增加方式	投资者投入	存放地点			
使用状况	在用	使用年限(月)	60	折旧方法	余额递减法(一)
开始使用日期	2013-11-11	已计提月份	24	币种	人民币
原值	50000.00	净残值率	5%	净残值	2500.00
累计折旧	27777.78	月折旧率	0.0333	本月计提折旧额	600.20
净值	22222.22	对应折旧科目	510102,折旧	项目	
录入人	张三			录入日期	2015-12-01

图 6-18　第 5 项固定资产卡片

业务 6-7：12 月 1 日，公司已有固定资产与总账对账。

操作路径：【业务工作】—【财务会计】—【固定资产】—【处理】—【对账】

在录入完已有固定资产后，必须与总账系统进行对账，以确保固定资产系统与总账系统一致。本公司对账结果平衡，如图 6-19 所示。

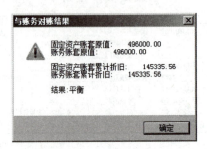

图 6-19　对账结果

二、固定资产工作量输入

当账套内的固定资产有使用工作量法计提折旧时，每月计提折旧前必须录入该项资产的当月工作量。输入的本期工作量必须保证累计工作量小于等于工作总量。"工作量输入"功能除了录入当月工作量外，还可以查阅以前期间的工作量信息。

业务 6-8：12 月 10 日，录入本月小轿车的工作量 70 000 千米。

操作路径：【业务工作】—【财务会计】—【固定资产】—【处理】—【工作量输入】

在"工作量输入"界面，录入本月工作量"70 000"，然后单击主界面中【保存】按钮，系统提示"数据成功保存！"，如图 6-20 所示。

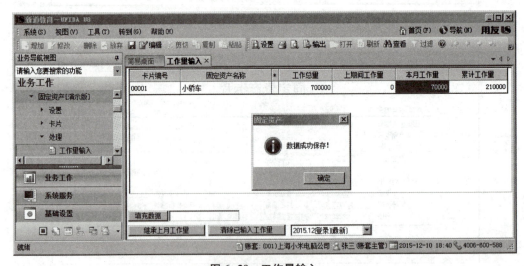

图 6-20　工作量输入

【说明】

一般来说，录入本月工作量、计提固定资产减值准备、计提固定资产折旧等工作通常在月末进行。因为本实验启用了成本管理系统以核算生产成本，该系统将会从固定资产系统取数（车间生产设备等固定资产计提折旧等数据计入生产成本或制造费用），所以必须在核算成本之前完成固定资产系统业务工作。由于这些经济业务均在本月内发生，入账时间的早晚并不影响会计核算的结果。

三、计提减值准备

企业应当在期末至少在每年年度终了，对固定资产逐项进行检查，如果由于市价持续下跌或技术陈旧等原因导致其可回收金额低于账面价值，应当将可回收金额低于账面价值的差额作为固定资产减值准备。固定资产减值准备通常按单项资产进行计提。

业务6-9：12月10日，公司传真打印一体机因设备维修功能受影响，计提该设备的固定资产减值准备5 000元。

操作路径：【业务工作】—【财务会计】—【固定资产】—【卡片】—【变动单】—【计提减值准备】

（1）在"固定资产变动单"界面，选择卡片编号为"00002"的固定资产"传真打印一体机"，输入减值准备金额"5 000"，如图6-21所示。

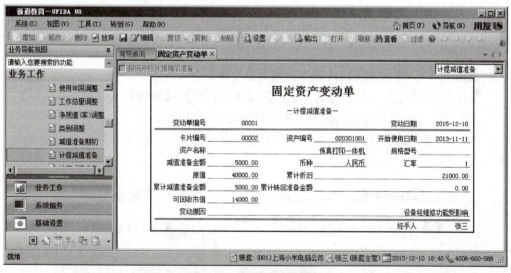

图6-21　固定资产变动单

（2）由于该传真打印一体机为两个部门（采购部、销售部）共用，所以在生成的记账凭证中，借方有两行，均选择"资产减值损失—计提固定资产减值准备"，结果如图6-22所示。

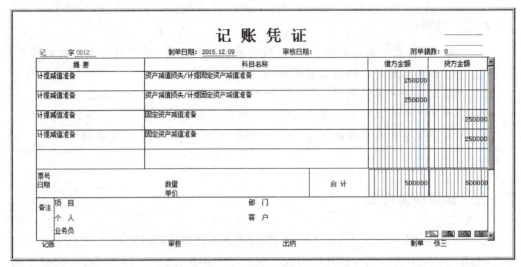

图 6-22 计提减值准备的记账凭证

四、计提折旧

自动计提折旧是固定资产系统的主要功能之一。系统每期计提折旧一次,根据已录入系统的资料自动计算每项固定资产当期的折旧额,自动生成折旧分配表,然后制作记账凭证,并自动累加到累计折旧项目。

计提折旧后又对账套进行了影响折旧计算和分配的操作,必须重新计提折旧。重新计提折旧后,只是将计提的折旧累加到月初的累计折旧上,不会重复累计。如果上次计提折旧已制单,已将数据传递到总账系统,则必须删除该凭证才能重新计提折旧。

业务 6-10:12 月 10 日,计提本月固定资产折旧。

操作路径:【业务工作】—【财务会计】—【固定资产】—【处理】—【计提本月折旧】

(1) 系统首先提示是否已输入了工作量,如图 6-23 所示。

(2) 单击【是】按钮后,系统将自动完成折旧的计提,并提示是否查看折旧清单,如图 6-24 所示。

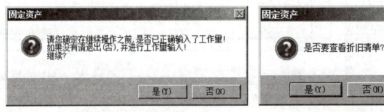

图 6-23 确认信息   图 6-24 提示

(3) 再单击【是】按钮后,折旧清单显示了所有应计提折旧的资产所计提折旧数额的列表,如图 6-25 所示。

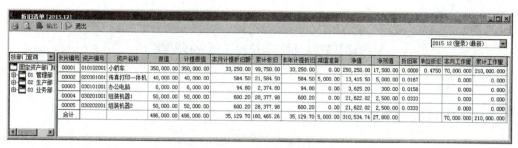

图 6-25 折旧清单

（4）关闭折旧清单返回主界面，单击【凭证】按钮，如图 6-26 所示，生成计提固定资产折旧的记账凭证，结果如图 6-27 所示，【保存】并【审核】该凭证。

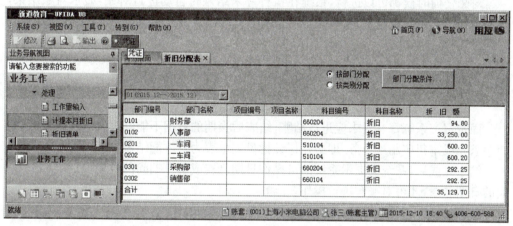

图 6-26 折旧分配表

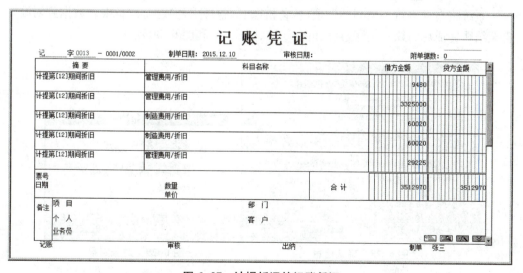

图 6-27 计提折旧的记账凭证

第四节 固定资产系统结账

一、固定资产系统对账

固定资产系统在运行过程中,应保证本系统管理的固定资产的价值与账务系统中固定资产科目的数值相一致。而这两个系统的资产价值是否相等,通过执行本系统提供的对账功能实现。对账是将固定资产系统中记录的固定资产和累计折旧数额与总账系统中固定资产和累计折旧科目的数值核对,验证是否一致。

对账任何时候都可以进行,系统在执行月末结账时自动进行对账,显示对账结果,并根据初始化中是否设置"在对账不平情况下允许固定资产月末结账"选项判断是否允许结账。

二、固定资产系统结账

固定资产系统每月月末应进行结账,结账后当期的数据不能修改。年底结账时,系统要求完成本年应制单业务,即必须保证批量制单表为空才能结账。

结账完成后,系统会提示系统的可操作日期已转成下一期间的日期,只有以下一期间的日期登录,才可对账套进行操作。

业务6-11:12月10日,进行固定资产系统的结账。

工作前提:固定资产系统生成的所有记账凭证已经审核和记账。

操作路径:【业务工作】—【财务会计】—【固定资产】—【处理】—【月末结账】

系统将自动进行一系列的处理,从备份账套、整理卡片数据、准备报表数据到对账,直至结账完成后封账。结账过程如图6-28、图6-29和图6-30所示。

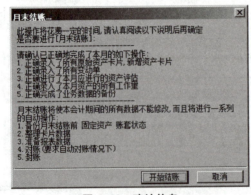

图6-28 确认信息

图6-29 对账结果

图 6-30　提示信息

【说明】

　　因为后续的成本核算系统在计算产品成本时,需要从固定资产系统提取折旧等信息,所以固定资产系统要在此时进行结账处理。值得注意的是,成本管理系统将从固定资产系统提取折旧费用数据,因此一旦成本管理系统提取了某期的数据,该期不能反结账。

复习思考题

1. 在用友 ERP-U8 系统中,新增固定资产有哪些步骤?
2. 计提固定资产折旧与减值准备在时间上有何要求?
3. 试分析用友 ERP-U8 系统是如何计提固定资产折旧的。

第七章 薪资核算业务

[**教学目的和要求**]

通过本章的学习，学生应了解和熟悉薪资管理系统的主要功能，明确薪资管理系统与其他系统之间的关系，了解薪资管理系统的应用流程、参数设置、工资类别、工资数据输入，掌握薪资管理系统的工资项目设置、计算公式设置、工资转账关系定义、工资分摊及凭证处理。

第一节 薪资管理系统概述

一、系统功能概述

薪资管理系统主要用于工资核算、工资发放、工资费用分摊、工资统计分析和个人所得税核算等。薪资管理系统可以根据企业的薪资制度、薪资结构设置企业的薪资标准体系；根据不同企业的需要设计工资项目、计算公式，更加方便地输入、修改各种工资数据和资料；自动计算、汇总工资数据，对形成工资、福利费等各项费用进行月末、年末账务处理，并通过转账方式向总账系统传输会计凭证，向成本管理系统传输工资费用数据。

薪资管理系统操作流程如图7-1所示。

二、与其他系统的关系

工资核算是财务核算的一部分，其日常业务要通过记账凭证反映，薪资管理系统和总账系统主要是凭证传递的关系。工资计提、分摊的费用要通过制单的方式传递给总账系统进行处理。薪资管理系统与成本管理系统联合使用，可以为成本管理系统提供人员的人工费用。人力资源系统将指定了对应关系的工资项目及人员属性对应信息传递到薪资管理系统中，同时薪资管理系统可以根据人力资源的要求从薪资管理系统中读取工资数据，作为社保费用等数据的计提基础；在发生人事变动时，人事管理向薪资管理发送人事变动通知。

薪资管理系统与其他系统的关系如图7-2所示。

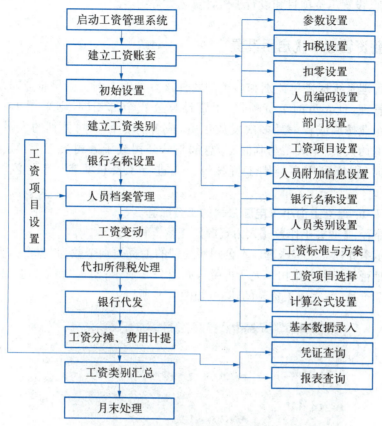

图 7-1　薪资管理系统操作流程

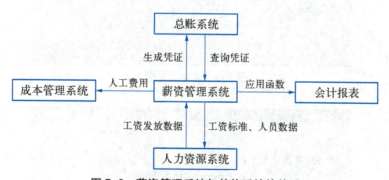

图 7-2　薪资管理系统与其他系统的关系

第二节　薪资管理系统初始设置

薪资管理系统的初始设置是指在进行工资业务处理之前必须在系统中完成的功能设置和档案录入，以建立系统应用环境，主要包括启用工资管理系统、建立工资账套、设置工资类别、设置工资项目和设置工资计算公式等内容。

一、薪资管理系统启用设置

薪资管理系统提供单类别和多类别两种核算管理方案。如果企业对所有人员的工资统一管理,且人员的工资项目、工资计算公式全部相同,则采用单类别工资核算。如果企业按周或者一月多次发放工资,或者有多种不同类别的人员,如对在职人员与离退休人员、正式工与临时工、总部与分公司或子公司员工等,且工资发放项目不尽相同,则应采用多类别工资核算。在进行工资核算前,首先必须建立工资账套。

业务 7-1:建立上海小米电脑公司的工资账套。

操作路径:【业务工作】—【人力资源】—【薪资管理】

按提示引导建立工资账套。本公司所处理的工资类别个数为"单个",如图 7-3 所示;勾选"是否从工资中代扣个人所得税",如图 7-4 所示;勾选"扣零",且选择"扣零至角",如图 7-5 所示;完成工资套的建立,如图 7-6 所示。

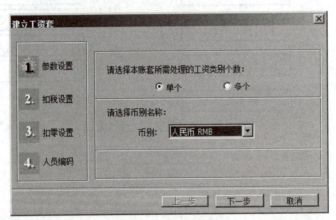

图 7-3　建立工资套 1

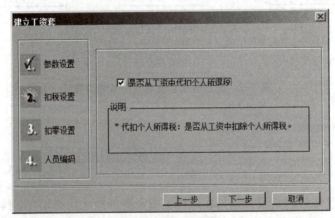

图 7-4　建立工资套 2

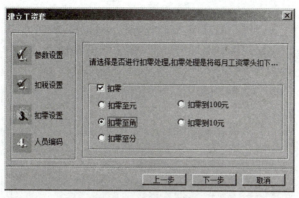

图 7-5　建立工资套 3

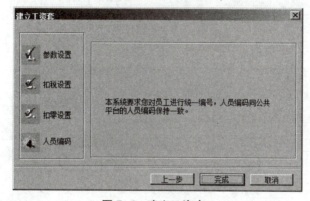

图 7-6　建立工资套 4

业务 7-2：设置上海小米电脑公司的工资账套选项。

操作路径：【业务工作】—【人力资源】—【薪资管理】—【设置】—【选项】

扣零设置如图 7-7 所示；扣税设置中勾选"从工资中代扣个人所得税"，个人所得税申报表中"收入额合计"项所对应的工资项目选择"实发合计"，如图 7-8 所示；税率设置为系统默认，如图 7-9 所示；参数设置如图 7-10 所示。

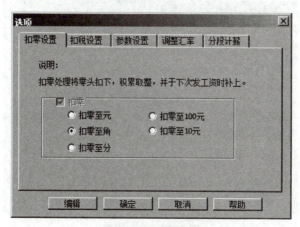

图 7-7　扣零设置

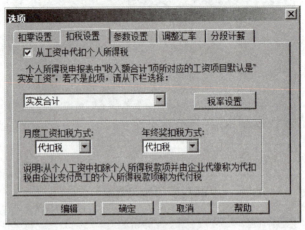

图 7-8 扣税设置

图 7-9 税率设置

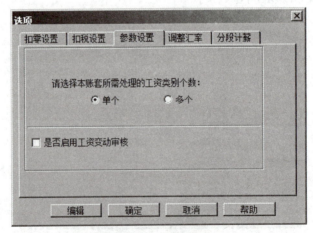

图 7-10 参数设置

业务 7-3：引入上海小米电脑公司工资账套中的人员档案。

操作路径：【业务工作】—【人力资源】—【薪资管理】—【设置】—【人员档案】

（1）在主界面中，点击【批增】按钮。然后，在"人员批量增加"窗口中，选中每个部门，点击【查询】按钮，结果如图7-11所示。

（2）点击底部的【全选】按钮，再点击【确定】按钮即可全部引入所有人员，最终结果如图7-12所示。

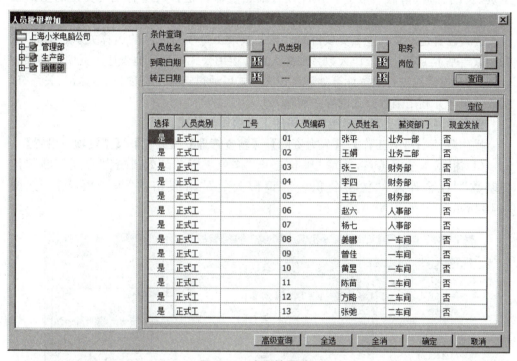

图 7-11 人员批量增加

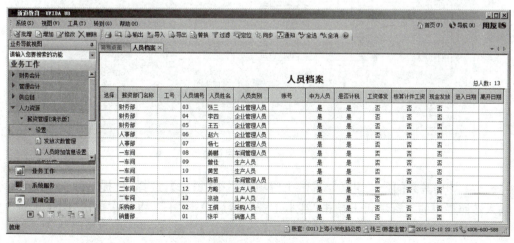

图 7-12 人员档案

二、工资项目与公式设置

工资项目设置即定义工资项目的名称、类型、宽度、小数、增减项。系统中有一些固定项目,是工资账套中必不可少的,包括"应发合计""扣款合计""实发合计",这些项目不能删除和重命名。其他项目可根据实际情况定义或参照增加,如基本工资、奖励工资、请假天数等。在此设置的工资项目是针对所有工资类别的全部工资项目。

公式设置是定义某些工资项目的计算公式及工资项目之间的运算关系。例如,缺勤扣款=基本工资÷月工作天数×缺勤天数。运用公式可直观地表达工资项目的实际运算过程,灵活地进行工资计算处理。定义公式可通过选择工资项目、运算符、关系符、函数等组合并利用函数公式向导参照输入。

业务 7-4:设置上海小米电脑公司的工资项目与公式。

操作路径:【业务工作】—【人力资源】—【薪资管理】—【设置】—【工资项目设置】

(1) 根据本公司特点,新增"基本工资""岗位工资""绩效工资""交通补贴""计提基数""社会保险""住房公积金""请假天数""请假扣款"等工资项目,如图 7-13 所示。

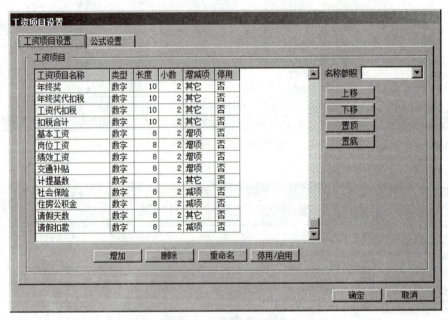

图 7-13 工资项目设置

(2) 计提基数的公式定义。单击工资项目栏中【增加】,选择"计提基数"。在公式输入参照栏中的工资项目下单击"基本工资",然后单击"+",再依次单击"岗位工资""+"和"绩效工资"。单击公式定义栏中的【公式确认】按钮,完成计提基数的公式定义,结果如图 7-14 所示。

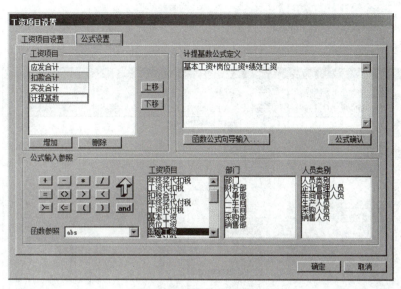

图 7-14　计提基数公式定义

【提示】

住房公积金、社会保险和工会经费等项目通常按照应发工资前几项（如基本工资、岗位工资和绩效工资）的一定比例计提，因此应设置"计提基数"工资项目。

（3）交通补贴的公式为：iff(人员类别="企业管理人员" or 人员类别="车间管理人员",500,200)。值得注意的是，公式文字在公式输入参照栏中选择，其他内容在英文输入法状态下录入，结果如图 7-15 所示。

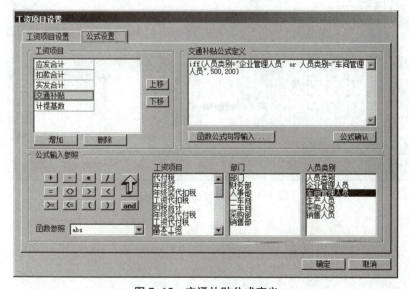

图 7-15　交通补贴公式定义

（4）"社会保险""住房公积金"和"请假扣款"项目的设置如图 7-16、图 7-17 和图 7-18 所示。

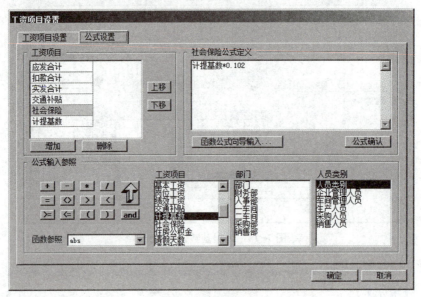

图 7-16　社会保险公式定义

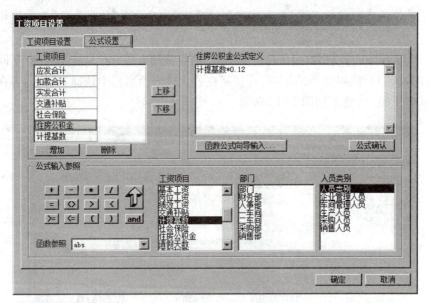

图 7-17　住房公积金公式定义

三、录入工资项目数据

薪资管理系统在初次使用时需要录入所有职工没有进行公式定义的工资项目数

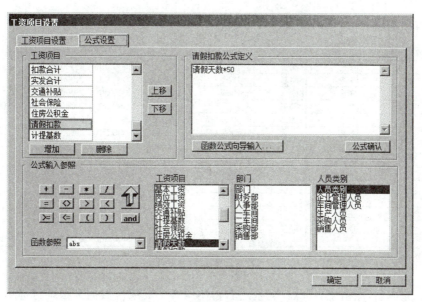

图 7-18　请假扣款公式定义

据,即每月相对固定不变的部分,如基本工资、职务工资、职称工资及各种固定补贴等。每月固定不变的数据在系统投入使用时一次输入,以后只在提职、提薪、晋级时才进行调整。每个职工的这些基本工资数据形成了薪资管理系统数据处理的基础。对于每月变动的数据部分如病事假扣款、水电费、代扣税等扣款等,则需要在每月处理工资数据前进行编辑修改。

业务 7-5:录入上海小米电脑公司工资项目的数据。

操作路径:【业务工作】—【人力资源】—【薪资管理】—【业务处理】—【工资变动】

(1) 在工资变动窗口中,点击主界面【过滤】按钮,选择"基本工资""岗位工资""绩效工资"和"请假天数"工资项目,点击【确定】按钮,如图 7-19 所示。

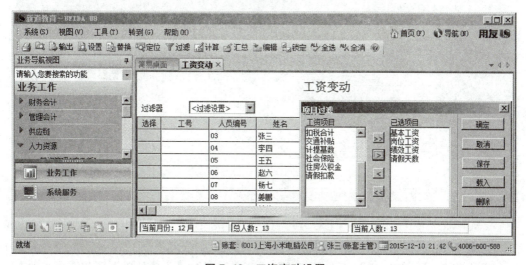

图 7-19　工资变动设置

(2) 按照图 7-20 所示内容，录入各项目数据(金额或天数)。

选择	人员编号	姓名	部门	人员类别	基本工资	岗位工资	绩效工资	请假天数
	03	张三	财务部	企业管理人员	5,000.00	1,000.00	2,000.00	
	04	李四	财务部	企业管理人员	3,500.00	1,000.00	2,000.00	
	05	王五	财务部	企业管理人员	4,000.00	1,000.00	2,000.00	
	06	赵六	人事部	企业管理人员	6,000.00	1,500.00	3,000.00	3.00
	07	杨七	人事部	企业管理人员	5,500.00	1,500.00	2,000.00	
	08	姜鹏	一车间	车间管理人员	3,500.00	1,000.00	1,000.00	
	09	曾佳	一车间	生产人员	3,000.00	800.00	500.00	
	10	黄昱	一车间	生产人员	3,000.00	800.00	500.00	
	11	陈苗	二车间	车间管理人员	3,500.00	1,000.00	1,000.00	2.00
	12	方略	二车间	生产人员	3,000.00	800.00	500.00	
	13	张弛	二车间	生产人员	3,000.00	800.00	500.00	
	02	王娟	采购部	采购人员	3,000.00	600.00	500.00	
	01	张平	销售部	销售人员	3,000.00	600.00	500.00	
合计					49,000.00	12,400.00	16,000.00	5.00

图 7-20　工资项目金额录入

(3) 完成后，点击主界面【计算】按钮，得出所有工资项目数据。系统将提示是否进行工资计算和汇总，如图 7-21 所示，点击【确定】按钮，完成计算和汇总。

图 7-21　提示

(4) 工资项目计算和汇总的最终结果如图 7-22 所示。

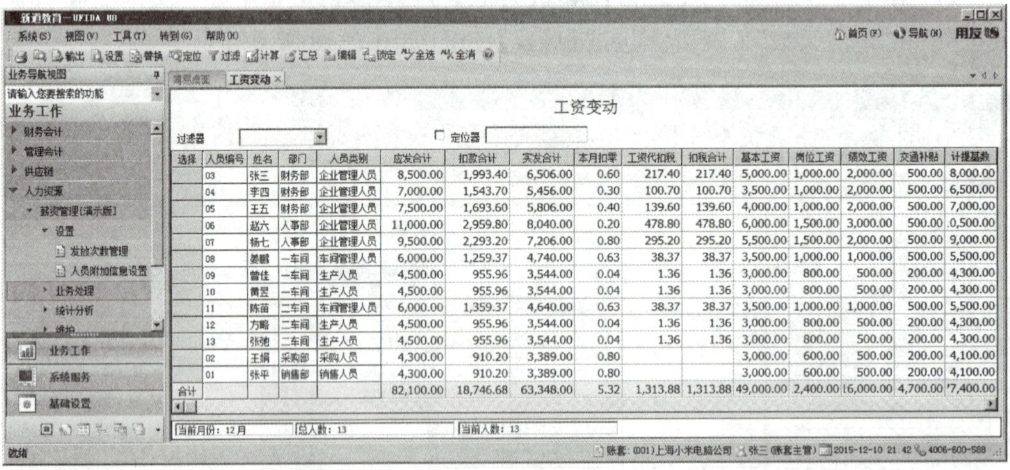

选择	人员编号	姓名	部门	人员类别	应发合计	扣款合计	实发合计	本月扣零	工资代扣税	扣税合计	基本工资	岗位工资	绩效工资	交通补贴	计提基数
	03	张三	财务部	企业管理人员	8,500.00	1,993.40	6,506.00	0.60	217.40	217.40	5,000.00	1,000.00	2,000.00	500.00	8,000.00
	04	李四	财务部	企业管理人员	7,000.00	1,543.70	5,456.00	0.30	100.70	100.70	3,500.00	1,000.00	2,000.00	500.00	6,500.00
	05	王五	财务部	企业管理人员	7,500.00	1,693.60	5,806.00	0.40	139.60	139.60	4,000.00	1,000.00	2,000.00	500.00	7,000.00
	06	赵六	人事部	企业管理人员	11,000.00	2,959.80	8,040.00	0.20	478.80	478.80	6,000.00	1,500.00	3,000.00	500.00	0,500.00
	07	杨七	人事部	企业管理人员	9,500.00	2,293.20	7,206.00	0.80	295.20	295.20	5,500.00	1,500.00	2,000.00	500.00	9,000.00
	08	姜鹏	一车间	车间管理人员	6,000.00	1,259.37	4,740.00	0.63	38.37	38.37	3,500.00	1,000.00	1,000.00	500.00	5,500.00
	09	曾佳	一车间	生产人员	4,500.00	955.96	3,544.00	0.04	1.36	1.36	3,000.00	800.00	500.00	200.00	4,300.00
	10	黄昱	一车间	生产人员	4,500.00	955.96	3,544.00	0.04	1.36	1.36	3,000.00	800.00	500.00	200.00	4,300.00
	11	陈苗	二车间	车间管理人员	6,000.00	1,359.37	4,640.00	0.63	38.37	38.37	3,500.00	1,000.00	1,000.00	500.00	5,500.00
	12	方略	二车间	生产人员	4,500.00	955.96	3,544.00	0.04	1.36	1.36	3,000.00	800.00	500.00	200.00	4,300.00
	13	张弛	二车间	生产人员	4,500.00	955.96	3,544.00	0.04	1.36	1.36	3,000.00	800.00	500.00	200.00	4,300.00
	02	王娟	采购部	采购人员	4,300.00	910.20	3,389.00	0.80			3,000.00	600.00	500.00	200.00	4,100.00
	01	张平	销售部	销售人员	4,300.00	910.20	3,389.00	0.80			3,000.00	600.00	500.00	200.00	4,100.00
合计					82,100.00	18,746.68	63,348.00	5.32	1,313.88	1,313.88	49,000.00	2,400.00	16,000.00	4,700.00	7,400.00

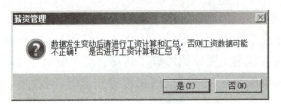

图 7-22　工资变动表

业务 7-6：选择扣缴个人所得税报表。

操作路径：【业务工作】—【人力资源】—【薪资管理】—【业务处理】—【扣缴所得税】

根据企业所在地区选择扣缴个人所得税报表,在本例中,默认"系统"自带的扣缴个人所得税报表,如图7-23所示。

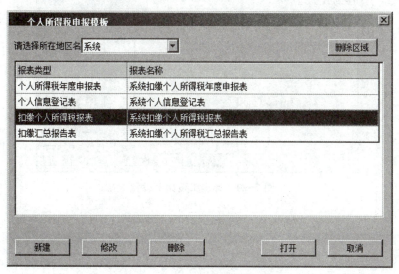

图 7-23　个人所得税申报模板

第三节　薪资管理系统业务处理

薪资管理系统日常业务主要包括工资分摊、计提五险一金、计提工会经费、计提职工教育经费、代扣个人所得税、发放上月或本月工资等。

一、工资分摊

工资是费用的一部分,也是构成产品成本的重要组成部分。工资分摊即对工资费用进行工资总额的计提计算、分配及各种经费的计提,并自动生成转账凭证,传递到总账系统。

初次进行工资分摊功能,首先要进行分摊类型的设置,即对所有与工资相关的费用均在系统中建立相应的分摊类型名称和分摊比例,而在以后阶段,只要计提方法没有发生变化则可反复使用初次的设置,由系统自动计算生成相应的记账凭证。

业务 7-7:计提上海小米电脑公司各部门的工资。

操作路径:【业务工作】—【人力资源】—【薪资管理】—【业务处理】—【工资分摊】

在"工资分摊"窗口中,单击右下角【工资分摊设置】按钮,然后点击【增加】按钮,在计提类型名称栏输入"计提工资",分摊计提比例为"100%",如图7-24所示。各部门工资项目、会计科目设置如图7-25和图7-26所示。其中,贷方科目编码221101为"应付职工薪酬—工资"。

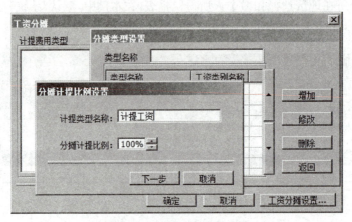

图 7-24 计提工资比例设置

部门名称	人员类别	工资项目	借方科目	借方项目大类	借方项目	贷方科目	贷方项目大类
财务部,人事部	企业管理人员	实发合计	660201			221101	
财务部,人事部,…	企业管理人员	社会保险	660201			221101	
财务部,人事部	企业管理人员	住房公积金	660201			221101	
一车间,二车间	车间管理人员	实发合计	510101			221101	
一车间,二车间	车间管理人员	社会保险	510101			221101	
一车间,二车间	车间管理人员	住房公积金	510101			221101	
一车间,二车间	生产人员	实发合计	500102			221101	
一车间,二车间	生产人员	社会保险	500102			221101	
一车间,二车间	生产人员	住房公积金	500102			221101	
采购部	采购人员	实发合计	660201			221101	

图 7-25 计提工资的分摊构成设置 1

部门名称	人员类别	工资项目	借方科目	借方项目大类	借方项目	贷方科目	贷方项目大类
一车间,二车间	生产人员	社会保险	500102			221101	
一车间,二车间	生产人员	住房公积金	500102			221101	
采购部	采购人员	实发合计	660201			221101	
采购部	采购人员	社会保险	660201			221101	
采购部	采购人员	住房公积金	660201			221101	
销售部	销售人员	实发合计	660101			221101	
销售部	销售人员	社会保险	660101			221101	
销售部	企业管理人员	住房公积金	660101			221101	

图 7-26 计提工资的分摊构成设置 2

业务 7-8：按应发工资的 **32.8%** 计提单位承担的社会保险,其中计提比例分别为养老保险 **20%**、医疗保险 **10%**、失业保险 **1%**、工伤保险 **1%**、生育保险 **0.8%**。

操作路径:【业务工作】—【人力资源】—【薪资管理】—【业务处理】—【工资分摊】

在"工资分摊"窗口中,单击右下角【工资分摊设置】按钮,然后点击【增加】按钮,在计提类型名称栏输入"提取单位社会保险",分摊计提比例为"32.8%",如图 7-27 所示。各部门工资项目、会计科目设置如图 7-28 所示。其中,贷方科目编码 221102 为"应付职工薪酬—社会保险费"。

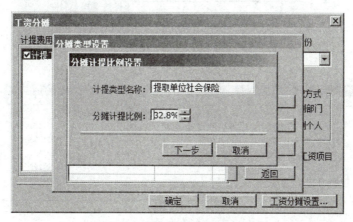

图 7-27 提取单位社会保险比例

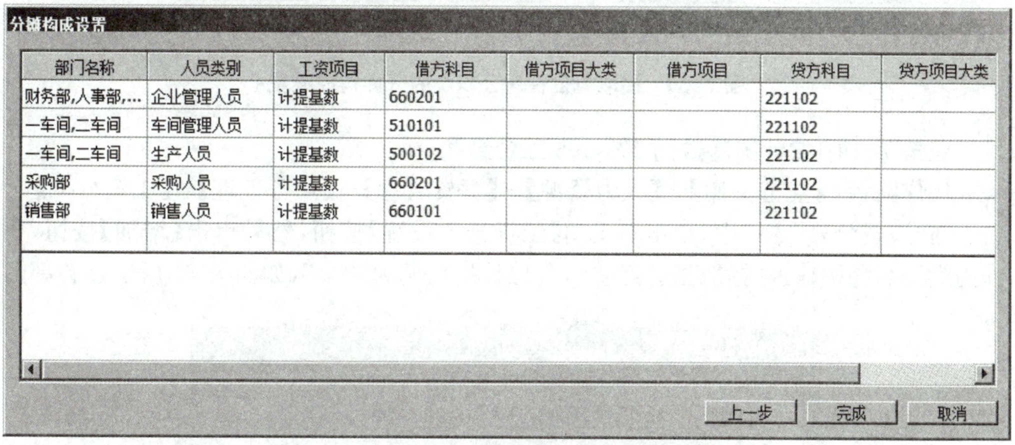

部门名称	人员类别	工资项目	借方科目	借方项目大类	借方项目	贷方科目	贷方项目大类
财务部,人事部,…	企业管理人员	计提基数	660201			221102	
一车间,二车间	车间管理人员	计提基数	510101			221102	
一车间,二车间	生产人员	计提基数	500102			221102	
采购部	采购人员	计提基数	660201			221102	
销售部	销售人员	计提基数	660101			221102	

图 7-28 提取单位社会保险的分摊构成设置

业务 7-9：按计提基数的 **12%** 提取单位住房公积金。

操作路径:【业务工作】—【人力资源】—【薪资管理】—【业务处理】—【工资分摊】

在"工资分摊"窗口中,单击右下角【工资分摊设置】按钮,然后点击【增加】按钮,在计提类型名称栏输入"提取单位住房公积金",分摊计提比例为"12%",如图 7-29 所示。各部门工资项目、会计科目设置如图 7-30 所示。其中,贷方科目编码 221103 为"应付职工薪酬—住房公积金"。

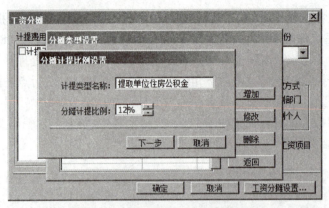

图 7-29　提取单位住房公积金比例

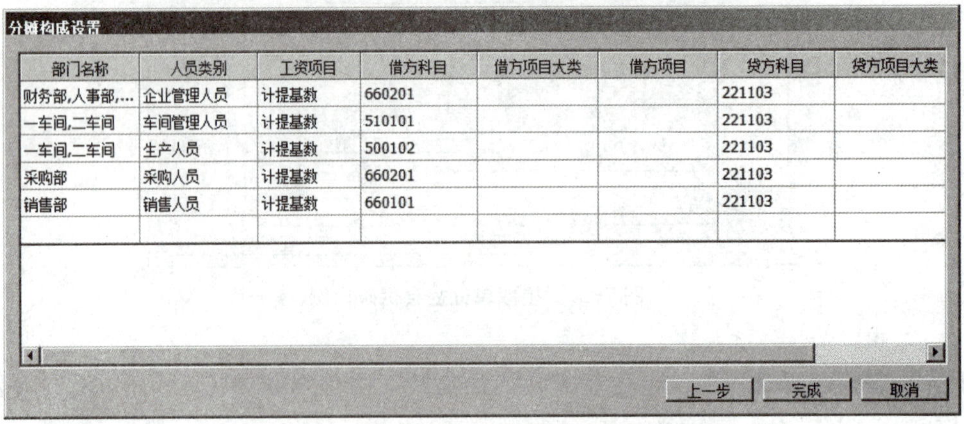

图 7-30　提取单位住房公积金的分摊构成设置

业务 7-10：按计提基数的 2%提取工会经费。

操作路径：【业务工作】—【人力资源】—【薪资管理】—【业务处理】—【工资分摊】

在"工资分摊"窗口中，单击右下角【工资分摊设置】按钮，然后点击【增加】按钮，在计提类型名称栏输入"提取工会经费"，分摊计提比例为"2%"，如图 7-31 所示。各部门

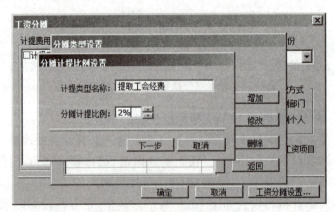

图 7-31　提取工会经费比例

工资项目、会计科目设置如图 7-32 所示。其中,贷方科目编码 221104 为"应付职工薪酬—工会经费"。

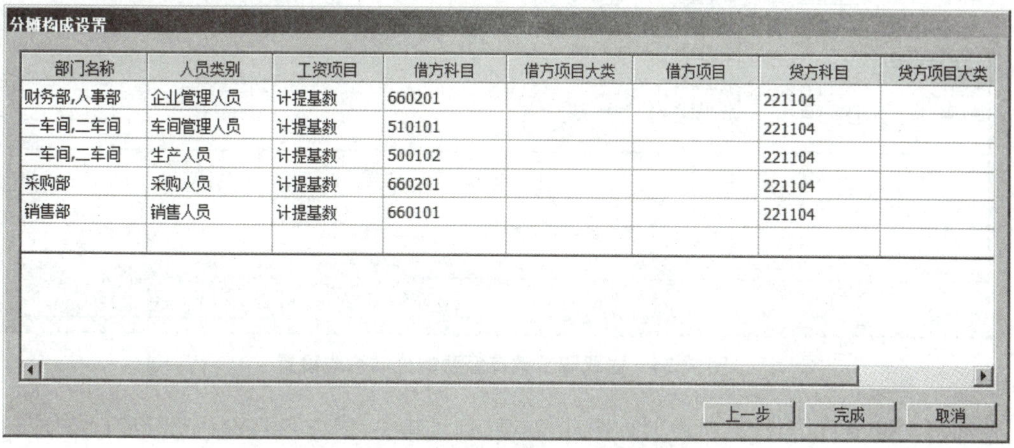

图 7-32 提取工会经费的分摊构成设置

业务 7-11:按计提基数的 1%提取职工教育经费。

操作路径:【业务工作】—【人力资源】—【薪资管理】—【业务处理】—【工资分摊】

在"工资分摊"窗口中,单击右下角【工资分摊设置】按钮,然后点击【增加】按钮,在计提类型名称栏输入"提取职工教育经费",分摊计提比例为"1%",如图 7-33 所示。各部门工资项目、会计科目设置如图 7-34 所示。其中,贷方科目编码 221105 为"应付职工薪酬—职工教育经费"。

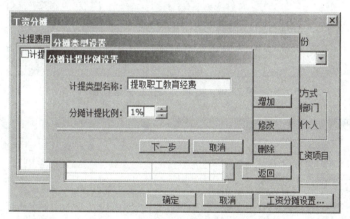

图 7-33 提取职工教育经费比例

业务 7-12:按应计提基数的 10.2%计提个人承担的社会保险,其中计提比例分别为养老保险 8%、医疗保险 2%、失业保险 0.2%。

操作路径:【业务工作】【人力资源】—【薪资管理】—【业务处理】—【工资分摊】

在"工资分摊"窗口中,单击右下角【工资分摊设置】按钮,然后点击【增加】按钮,在计提类型名称栏输入"提取个人社会保险",分摊计提比例为"10.2%",如图 7-35 所示。

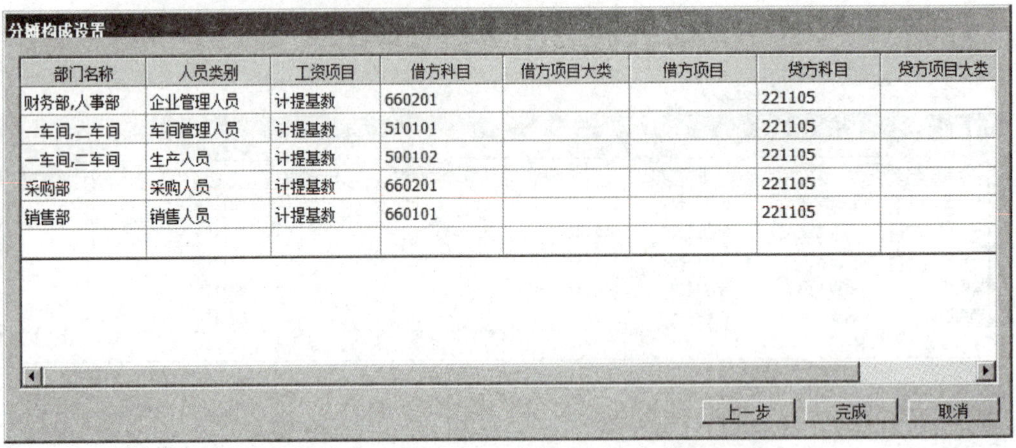

分摊构成设置

部门名称	人员类别	工资项目	借方科目	借方项目大类	借方项目	贷方科目	贷方项目大类
财务部,人事部	企业管理人员	计提基数	660201			221105	
一车间,二车间	车间管理人员	计提基数	510101			221105	
一车间,二车间	生产人员	计提基数	500102			221105	
采购部	采购人员	计提基数	660201			221105	
销售部	销售人员	计提基数	660101			221105	

上一步 完成 取消

图 7-34　提取职工教育经费的分摊构成设置

各部门工资项目、会计科目设置如图 7-36 所示。其中,借方科目编码 221101 为“应付职工薪酬—工资”,贷方科目编码 224101 为“其他应付款—社会保险费”。

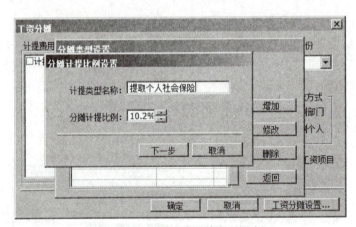

图 7-35　提取个人社会保险比例

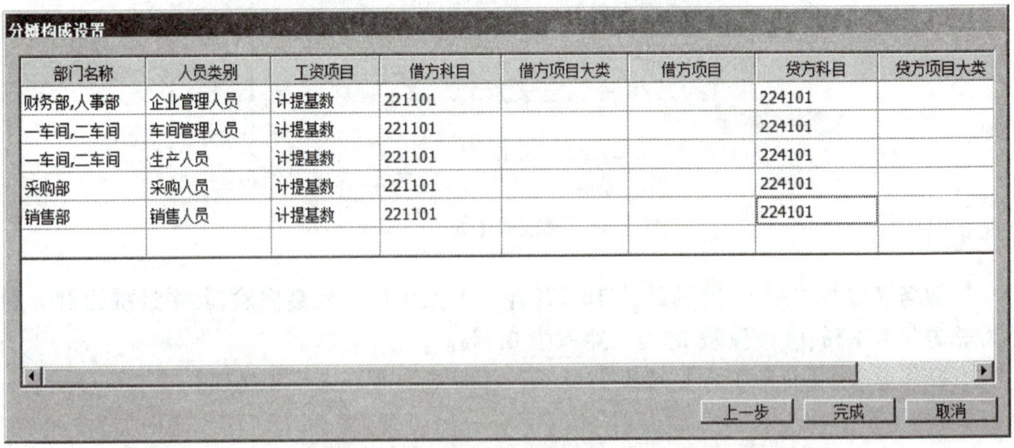

分摊构成设置

部门名称	人员类别	工资项目	借方科目	借方项目大类	借方项目	贷方科目	贷方项目大类
财务部,人事部	企业管理人员	计提基数	221101			224101	
一车间,二车间	车间管理人员	计提基数	221101			224101	
一车间,二车间	生产人员	计提基数	221101			224101	
采购部	采购人员	计提基数	221101			224101	
销售部	销售人员	计提基数	221101			224101	

上一步 完成 取消

图 7-36　提取个人社会保险的分摊构成设置

业务 7-13：按应计提基数的 **12%** 计提个人承担的住房公积金。

操作路径：【业务工作】—【人力资源】—【薪资管理】—【业务处理】—【工资分摊】

在"工资分摊"窗口中，单击右下角【工资分摊设置】按钮，然后点击【增加】按钮，在计提类型名称栏输入"提取个人住房公积金"，分摊计提比例为"12%"，如图 7-37 所示。各部门工资项目、会计科目设置如图 7-38 所示。其中，借方科目编码 221101 为"应付职工薪酬—工资"，贷方科目编码 224102 为"其他应付款—住房公积金"。

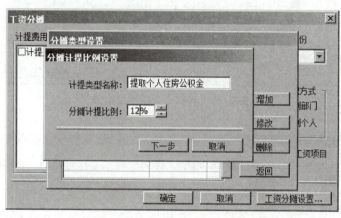

图 7-37　提取个人住房公积金比例

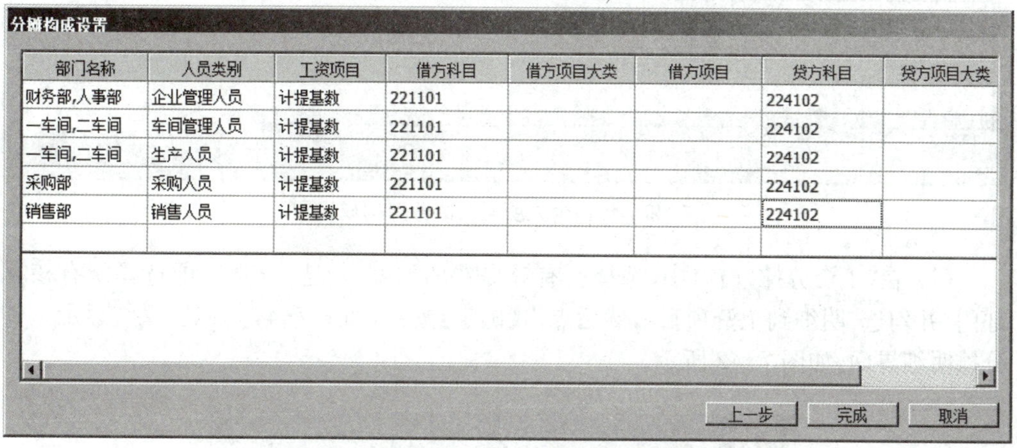

部门名称	人员类别	工资项目	借方科目	借方项目大类	借方项目	贷方科目	贷方项目大类
财务部,人事部	企业管理人员	计提基数	221101			224102	
一车间,二车间	车间管理人员	计提基数	221101			224102	
一车间,二车间	生产人员	计提基数	221101			224102	
采购部	采购人员	计提基数	221101			224102	
销售部	销售人员	计提基数	221101			224102	

图 7-38　提取个人住房公积金的分摊构成设置

业务 7-14：代扣员工的个人所得税。

操作路径：【业务工作】—【人力资源】—【薪资管理】—【业务处理】—【工资分摊】

在"工资分摊"窗口中，单击右下角【工资分摊设置】按钮，然后点击【增加】按钮，在计提类型名称栏输入"代扣个人所得税"，分摊计提比例为"100%"，如图 7-39 所示。各部门工资项目、会计科目设置如图 7-40 所示。

业务 7-15：生成计提各工资项目的记账凭证。

操作路径：【业务工作】—【人力资源】—【薪资管理】—【业务处理】—【工资分摊】

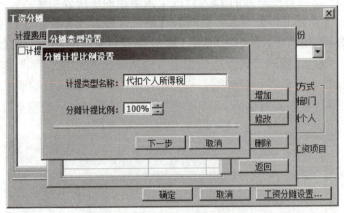

图 7-39 代扣个人所得税比例

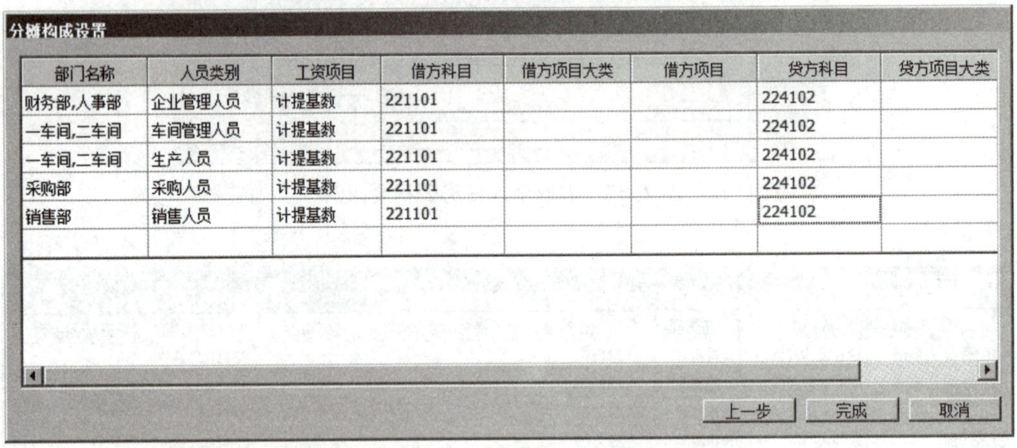

部门名称	人员类别	工资项目	借方科目	借方项目大类	借方项目	贷方科目	贷方项目大类
财务部,人事部	企业管理人员	计提基数	221101			224102	
一车间,二车间	车间管理人员	计提基数	221101			224102	
一车间,二车间	生产人员	计提基数	221101			224102	
采购部	采购人员	计提基数	221101			224102	
销售部	销售人员	计提基数	221101			224102	

图 7-40 代扣个人所得税的分摊构成设置

(1)在"工资分摊"窗口中，选择所有计提费用类型，勾选"全选"，即选择所有核算部门，并勾选"明细到工资项目"，然后点击【确定】按钮，如图 7-41 所示。系统显示工资分摊明细界面，如图 7-42 所示。

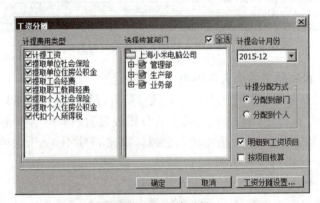

图 7-41 工资分摊

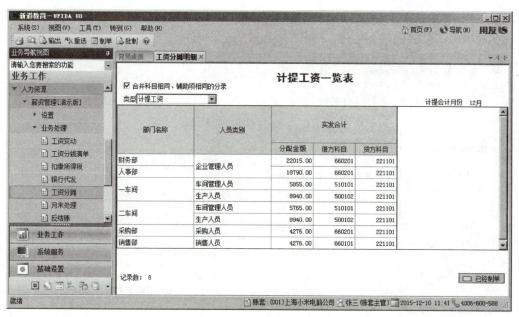

图 7-42 计提工资一览表

（2）在工资分摊明细界面，勾选"合并科目相同、辅助项相同的分录"，在类型下拉框中选择"计提工资"，然后点击主界面【制单】按钮。系统将合并生成记账凭证，如图 7-43 所示，【保存】并【审核】该凭证。

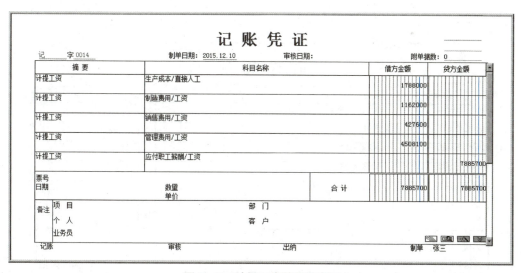

图 7-43 计提工资的记账凭证

（3）在类型下拉框中选择"提取单位社会保险"，点击主界面【制单】按钮，如图 7-44 所示，系统生成记账凭证，如图 7-45 所示，【保存】并【审核】该凭证。

（4）在类型下拉框中选择"提取单位住房公积金"，点击主界面【制单】按钮，如图 7-46 所示，系统生成记账凭证，如图 7-47 所示，【保存】并【审核】该凭证。

部门名称	人员类别	计提基数				
		计提基数	计提比例	计提金额	借方科目	贷方科目
财务部	企业管理人员	21500.00	32.80%	7052.00	660201	221102
人事部		19500.00	32.80%	6396.00	660201	221102
一车间	车间管理人员	5500.00	32.80%	1804.00	510101	221102
	生产人员	8600.00	32.80%	2820.80	500102	221102
二车间	车间管理人员	5500.00	32.80%	1804.00	510101	221102
	生产人员	8600.00	32.80%	2820.80	500102	221102
采购部	采购人员	4100.00	32.80%	1344.80	660201	221102
销售部	销售人员	4100.00	32.80%	1344.80	660101	221102

图 7-44 提取单位社会保险一览表

摘要	科目名称	借方金额	贷方金额
提取单位社会保险	生产成本/直接人工	564160	
提取单位社会保险	制造费用/工资	360800	
提取单位社会保险	销售费用/工资	134480	
提取单位社会保险	管理费用/工资	1479280	
提取单位社会保险	应付职工薪酬/社会保险费		2538720
合计		2538720	2538720

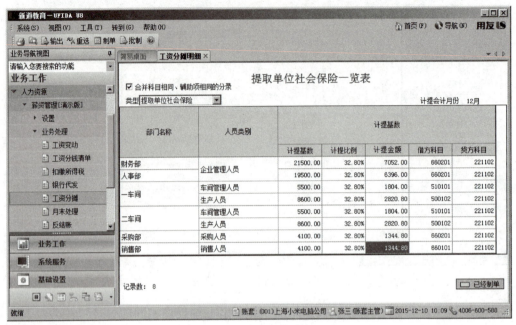

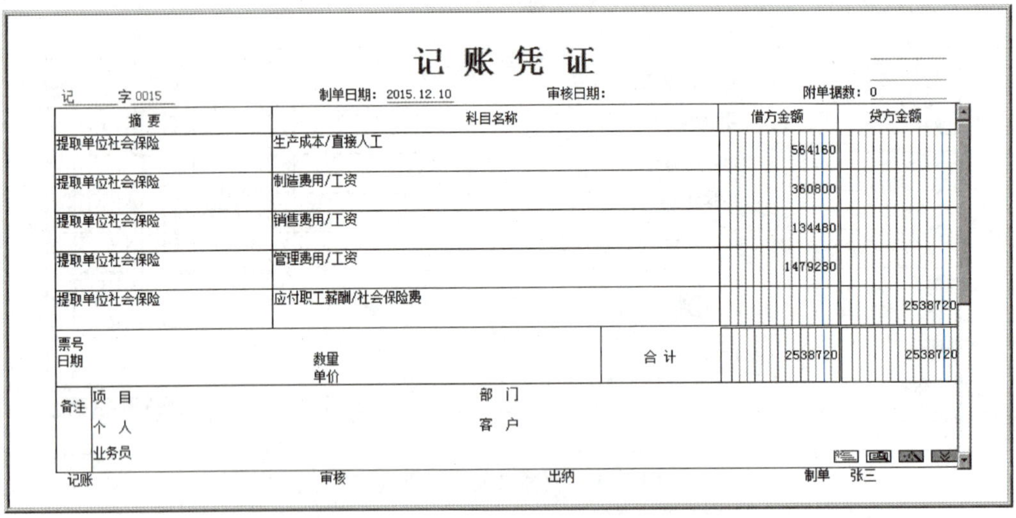

图 7-45 提取单位社会保险的记账凭证

部门名称	人员类别	计提基数				
		计提基数	计提比例	计提金额	借方科目	贷方科目
财务部	企业管理人员	21500.00	12.00%	2580.00	660201	221103
人事部		19500.00	12.00%	2340.00	660201	221103
一车间	车间管理人员	5500.00	12.00%	660.00	510101	221103
	生产人员	8600.00	12.00%	1032.00	500102	221103
二车间	车间管理人员	5500.00	12.00%	660.00	510101	221103
	生产人员	8600.00	12.00%	1032.00	500102	221103
采购部	采购人员	4100.00	12.00%	492.00	660201	221103
销售部	销售人员	4100.00	12.00%	492.00	660101	221103

图 7-46　提取单位住房公积金一览表

记 账 凭 证

记　字 0016　　制单日期：2015.12.10　　审核日期：　　附单据数：0

摘要	科目名称	借方金额	贷方金额
提取单位住房公积金	生产成本/直接人工	206400	
提取单位住房公积金	制造费用/工资	132000	
提取单位住房公积金	销售费用/工资	49200	
提取单位住房公积金	管理费用/工资	541200	
提取单位住房公积金	应付职工薪酬/住房公积金		928800
票号 日期	数量 单价　　合计	928800	928800

备注　项目　　部门
　　　个人　　客户
　　　业务员

记账　　审核　　出纳　　制单　张三

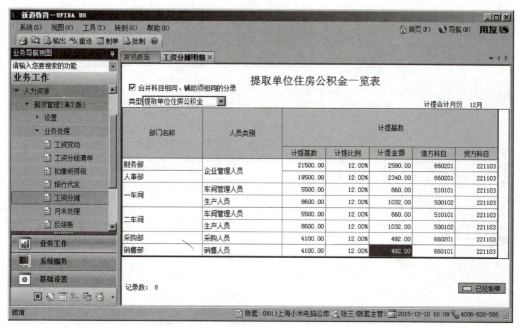

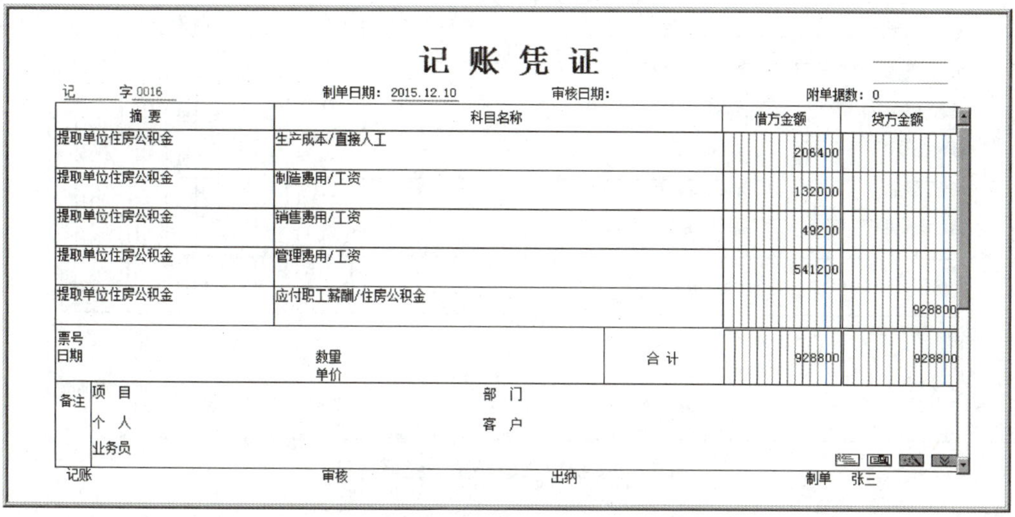

图 7-47　提取单位住房公积金的记账凭证

（5）在类型下拉框中选择"提取工会经费"，点击主界面【制单】按钮，如图 7-48 所示，系统生成记账凭证，如图 7-49 所示，【保存】并【审核】该凭证。

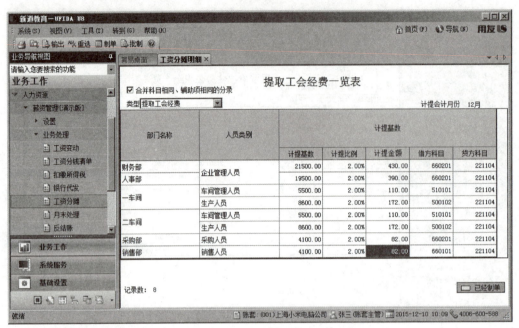

图 7-48 提取工会经费一览表

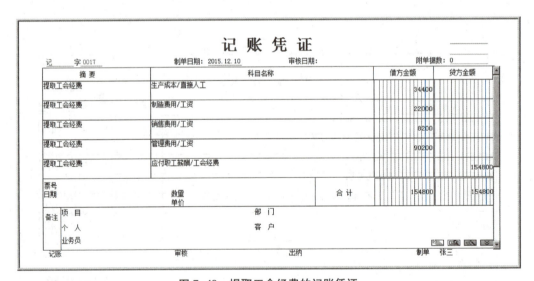

图 7-49 提取工会经费的记账凭证

（6）在类型下拉框中选择"提取职工教育经费"，点击主界面【制单】按钮，如图 7-50 所示，系统生成记账凭证，如图 7-51 所示，【保存】并【审核】该凭证。

（7）在类型下拉框中选择"提取个人社会保险"，点击主界面【制单】按钮，如图 7-52 所示，系统生成记账凭证，如图 7-53 所示，【保存】并【审核】该凭证。

第七章 薪资核算业务

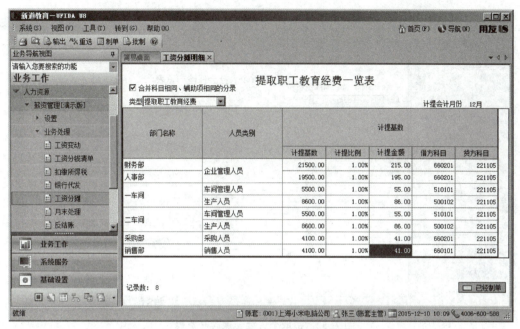

图 7-50 提取职工教育经费一览表

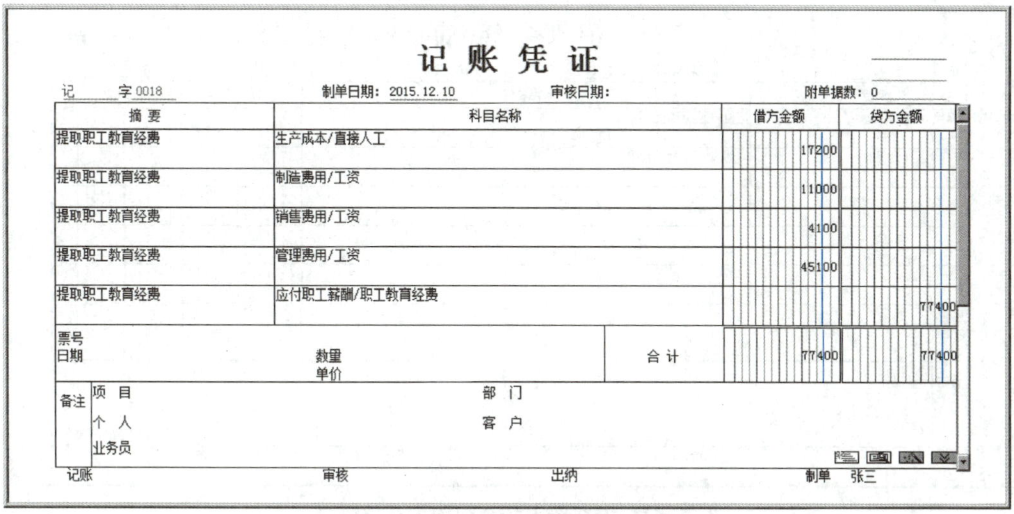

图 7-51 提取职工教育经费的记账凭证

提取个人社会保险一览表

☑ 合并科目相同、辅助项相同的分录

类型 提取个人社会保险　　计提会计月份 12月

部门名称	人员类别	计提基数	计提比例	计提金额	借方科目	贷方科目
财务部	企业管理人员	21500.00	10.20%	2193.00	221101	224101
人事部		19500.00	10.20%	1989.00	221101	224101
一车间	车间管理人员	5500.00	10.20%	561.00	221101	224101
	生产人员	8600.00	10.20%	877.20	221101	224101
二车间	车间管理人员	5500.00	10.20%	561.00	221101	224101
	生产人员	8600.00	10.20%	877.20	221101	224101
采购部	采购人员	4100.00	10.20%	418.20	221101	224101
销售部	销售人员	4100.00	10.20%	418.20	221101	224101

记录数：8

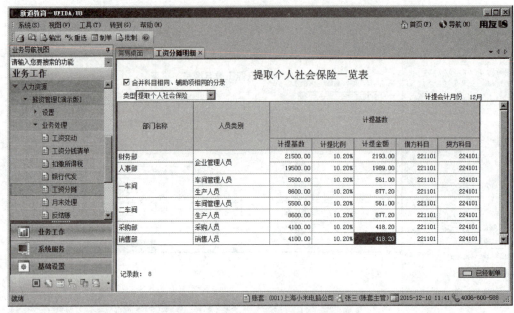

图 7-52　提取个人社会保险一览表

记 账 凭 证

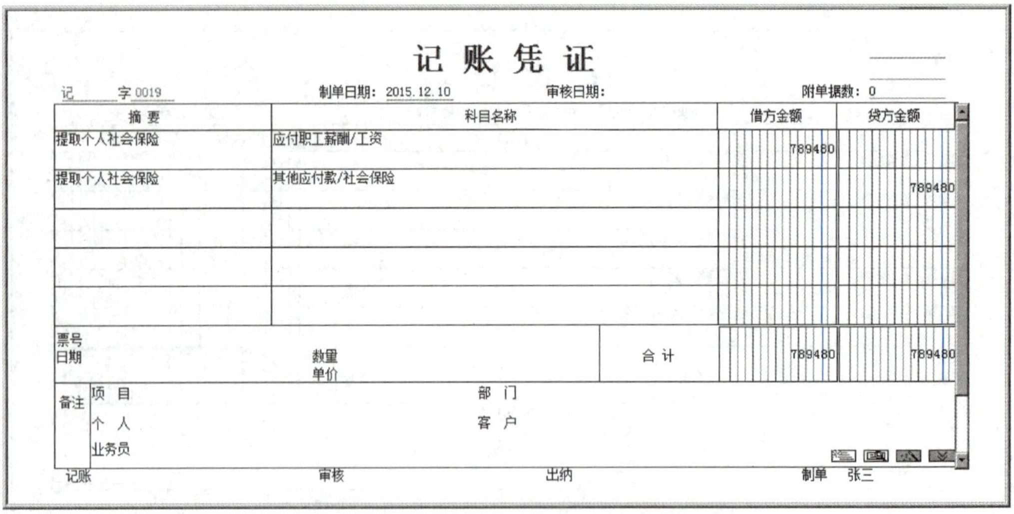

记 字 0019　　制单日期：2015.12.10　　审核日期：　　附单据数：0

摘要	科目名称	借方金额	贷方金额
提取个人社会保险	应付职工薪酬/工资	789480	
提取个人社会保险	其他应付款/社会保险		789480
合计		789480	789480

记账　审核　出纳　制单 张三

图 7-53　提取个人社会保险的记账凭证

(8) 在类型下拉框中选择"提取个人住房公积金",点击主界面【制单】按钮,如图 7-54 所示,系统生成记账凭证,如图 7-55 所示,【保存】并【审核】该凭证。

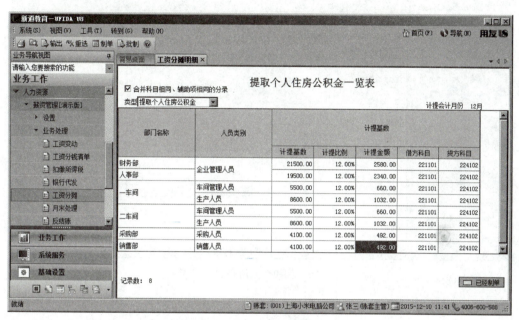

图 7-54　提取个人住房公积金一览表

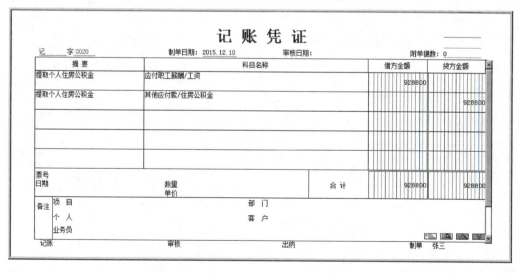

图 7-55　提取个人住房公积金记账凭证

(9) 在类型下拉框中选择"代扣个人所得税",点击主界面【制单】按钮,如图 7-56 所示,系统生成记账凭证,如图 7-57 所示,【保存】并【审核】该凭证。

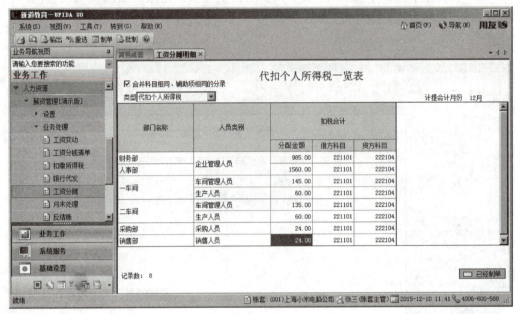

图 7-56 代扣个人所得税一览表

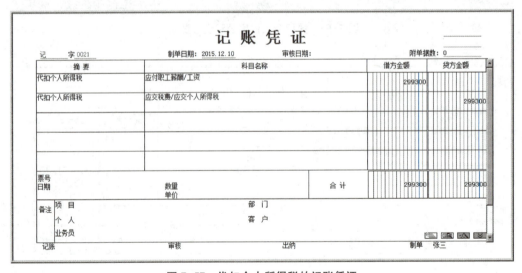

图 7-57 代扣个人所得税的记账凭证

二、发放工资

工资的发放具有周期性、连续性和规律性,通常在发放工资之前先设置自定义转账凭证,然后通过转账生成功能生成发放工资的记账凭证。一般来说,当月发放上月工资,实务中也存在当月发放当月工资的情况。

业务 7-16：12 月 11 日，设置发放上月工资的自定义转账凭证。

操作路径：【业务工作】—【财务会计】—【总账】—【期末】—【转账定义】—【自定义转账】

（1）在自定义转账设置窗口，点击【增加】按钮，输入转账目录基本信息，如图 7-58 所示。

图 7-58　转账目录

（2）第一行会计分录设置：录入摘要"发放上月工资"，科目编码为"221101"（应付职工薪酬—工资），方向"借"，如图 7-59 所示。在金额公式下窗口，点击引导按钮，在弹出的公式引导窗口，公式名称选择"期初余额"，函数名自动对应"QC()"，点击【下一步】按钮，如图 7-60 所示。进一步选择科目为"221101"（应付职工薪酬—工资），期间为"月"，点击【完成】按钮，如图 7-61 所示。

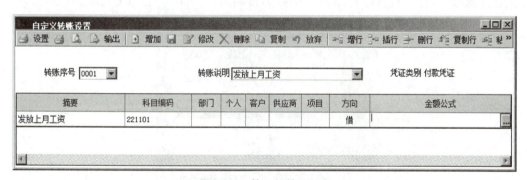

图 7-59　第一行转账信息

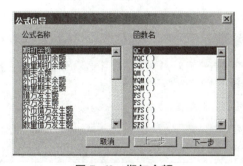

图 7-60　期初余额

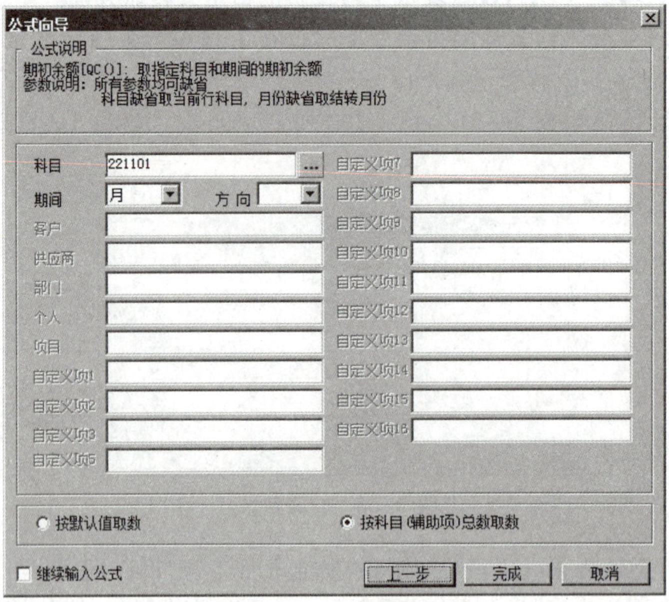

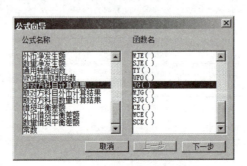

图 7-61 指定科目

（3）第二行会计分录设置：录入科目编码为"100201"（银行存款—工行），方向"贷"，如图 7-62 所示。在金额公式下窗口，点击引导按钮，在弹出的公式引导窗口，公式名称选择"取对方科目计算结果"，函数名自动对应"JG（）"，点击【完成】按钮，如图 7-63 所示。最终结果如图 7-64 所示。

图 7-62 取对方科目计算结果

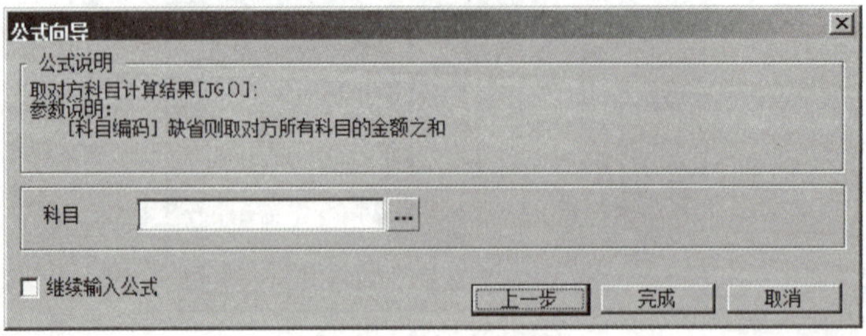

图 7-63 完成设置

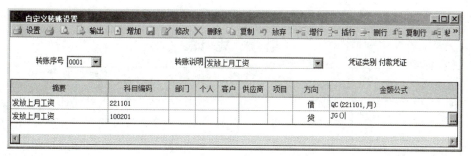

图 7-64　第二行转账设置结果

业务 7-17：12 月 11 日,通过转账支票(票号 ZZ006)支付上月工资。

前提工作：将以上工资分摊所生成的记账凭证进行审核和记账。

操作路径：【业务工作】—【财务会计】—【总账】—【期末】—【转账生成】

系统已默认选择"自定义转账"。此时,双击"是否结转"下窗口或单击【全选】按钮,使之显示"Y"选中标识,再点击【确定】按钮,如图 7-65 所示。系统生成记账凭证,其中现金流量项目编码为"05",即"支付给职工以及为职工支付的现金",如图 7-66 所示,【保存】并【审核】该凭证。

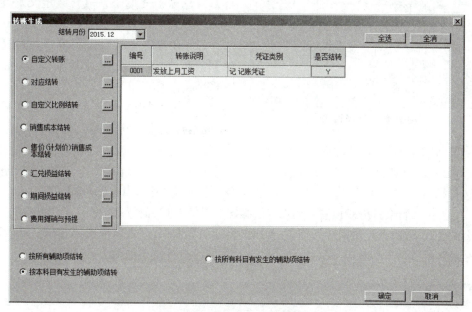

图 7-65　选择自定义转账凭证

业务 7-18：12 月 12 日,定义发放本月工资转账凭证。

【注意】

一般来说,本月发放的是上月的工资,本业务主要是为了解释在特殊情况下,本月发放本月工资的账务处理。

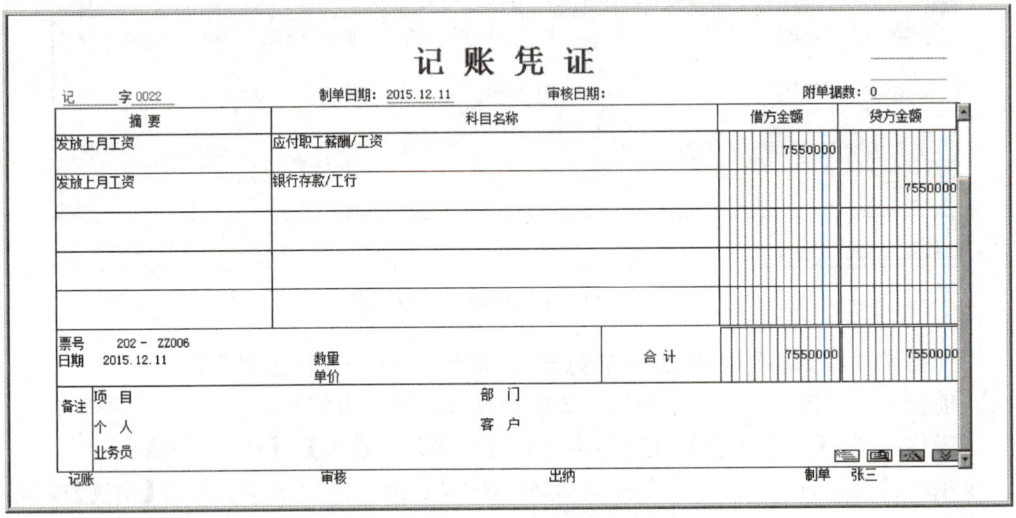

图7-66 所示的发放上月工资记账凭证

图7-66 发放上月工资记账凭证

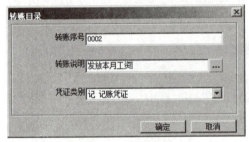

图7-67 转账目录

操作路径：【业务工作】—【财务会计】—【总账】—【期末】—【转账定义】—【自定义转账】

（1）在自定义转账设置窗口，点击【增加】按钮，输入转账目录基本信息，如图7-67所示。

（2）第一行会计分录设置：录入摘要"发放本月工资"，科目编码为"221101"（应付职工薪酬—工资），方向"借"。在金额公式下窗口，点击引导按钮，在弹出的公式引导窗口，公式名称选择"期末余额"，函数名自动对应"QM()"，点击【下一步】按钮。进一步选择科目为"221101"（应付职工薪酬—工资），期间为"月"，点击【完成】按钮。

（3）第二行会计分录设置：录入科目编码为"100201"（银行存款—工行），方向"贷"。在金额公式下窗口，点击引导按钮，在弹出的公式引导窗口，公式名称选择"取对方科目计算结果"，函数名自动对应"JG()"，点击【完成】按钮。最终结果如图7-68所示。

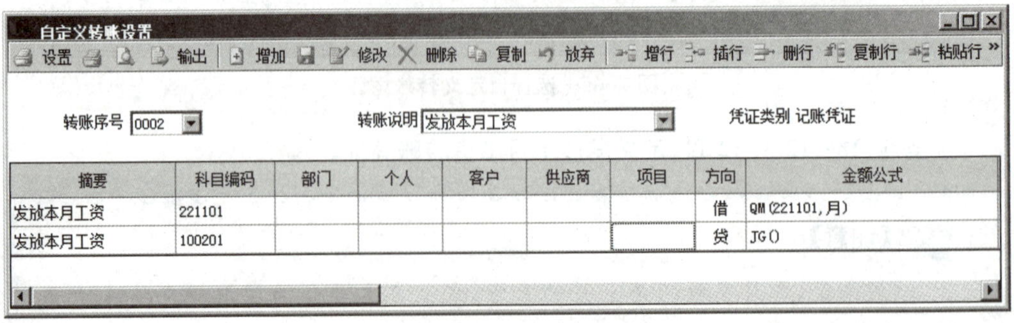

图7-68 自定义转账设置

【提示】

如果在尚未发放上月工资的情况下发放本月工资,则借方金额公式应为:"QM(221101,月)-QC(221101,月)",即"应付职工薪酬—工资"账户的期末余额减期初余额。

业务 7-19:12 月 12 日,通过转账支票(票号 ZZ007)支付本月工资。

前提工作:所有记账凭证已经审核和记账。

操作路径:【业务工作】—【财务会计】—【总账】—【期末】—【转账生成】

双击编号为"002"所在行的"是否结转"下窗口,使之显示"Y"选中标识,再点击【确定】按钮,如图 7-69 所示。系统生成记账凭证,其中现金流量项目编码为"05",即"支付给职工以及为职工支付的现金",如图 7-70 所示,【保存】并【审核】该凭证。

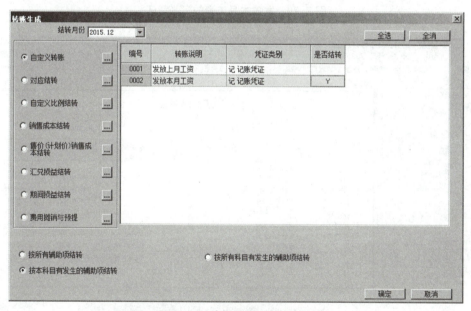

图 7-69 选择自定义转账凭证

业务 7-20:查询 2015 年 12 月份应付职工薪酬明细账。

前提工作:所有记账凭证已经审核和记账。

操作路径:【业务工作】—【财务会计】—【总账】—【账表】—【科目账】—【明细账】

上海小米电脑公司 2015 年 12 月份工资明细账查询结果如图 7-71 所示。

业务 7-21:查看 2015 年 12 月份的工资条。

操作路径:【业务工作】—【人力资源】—【薪资管理】—【统计分析】—【账表】—【工资表】

在工资表窗口中单击选中"工资发放条",点击【查看】按钮,如图 7-72 所示。系统进一步提示"选择分析部门",选中所有部门,如图 7-73 所示。查询结果如图 7-74 所示。

会计信息系统应用

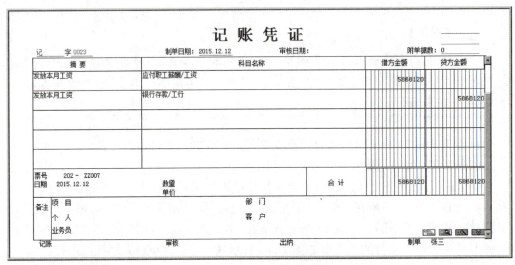

图 7-70 发放本月工资的记账凭证

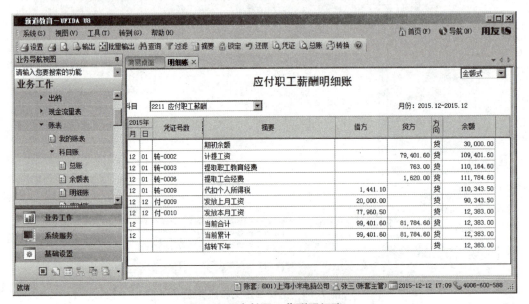

图 7-71 应付职工薪酬明细账

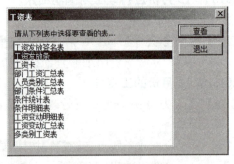

图 7-72 选择工资表

图 7-73 选择分析部门

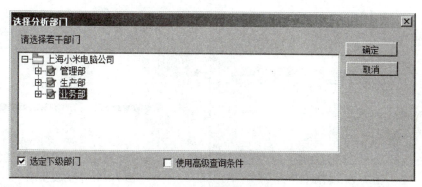

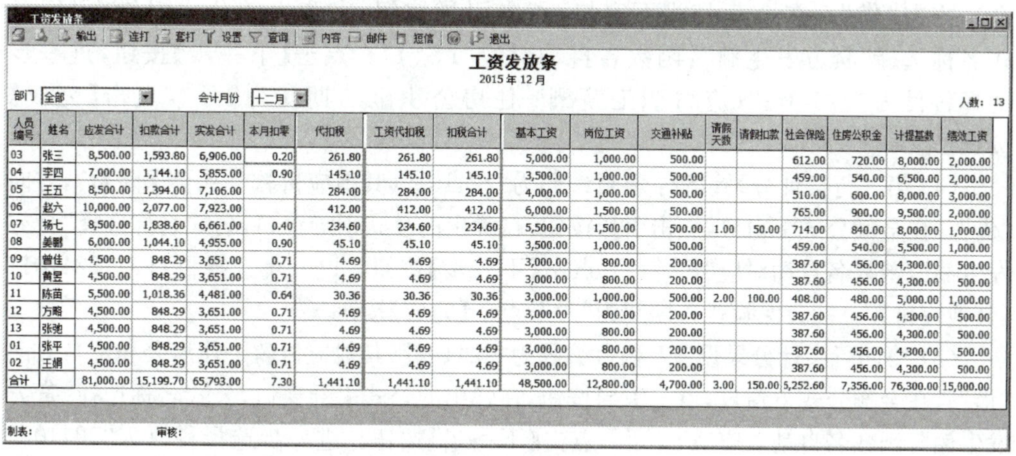

图 7-74 工资发放条

三、交纳税金

交纳税金在这里仅指交纳社会保险、住房公积金和代交个人所得税。

业务 7-22：12 月 13 日，设置交纳社会保险和住房公积金的自定义转账凭证。

操作路径：【业务工作】—【财务会计】—【总账】—【期末】—【转账定义】—【自定义转账】。

（1）在自定义转账设置窗口，点击【增加】按钮，输入转账目录基本信息，如图 7-75 所示。

（2）第一行会计分录设置：录入摘要"交纳社会保险和住房公积金"，科目编码为"221102"（应付职工薪酬—社会保险费），方向"借"。在金额公式下窗口，点击引导按钮，在弹出的公式引导窗口，公式名称选择"贷方发生额"，函数名自动对应"FS()"，如图 7-76 所示。点击【下一步】按钮，进一步选择科目为"221102"（应付职工薪酬—社会保险费），期间为"月"，点击【完成】按钮。

155

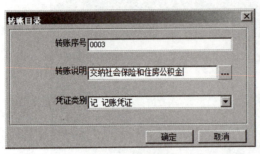

图 7-75 转账目录

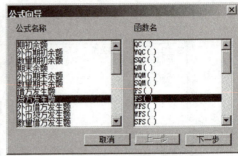

图 7-76 贷方发生额

(3) 第二行会计分录设置：科目编码为"221103"（应付职工薪酬——住房公积金），方向"借"。在金额公式下窗口，点击引导按钮，在弹出的公式引导窗口，公式名称选择"贷方发生额"，函数名自动对应"FS()"。点击【下一步】按钮，进一步选择科目为"221103"（应付职工薪酬——住房公积金），期间为"月"，点击【完成】按钮。

(4) 第三行会计分录设置：科目编码为"224101"（其他应付款——社会保险费），方向"借"。在金额公式下窗口，点击引导按钮，在弹出的公式引导窗口，公式名称选择"贷方发生额"，函数名自动对应"FS()"。点击【下一步】按钮。进一步选择科目为"224101"（其他应付款——社会保险费），期间为"月"，点击【完成】按钮。

(5) 第四行会计分录设置：科目编码为"224102"（其他应付款——住房公积金），方向"借"。在金额公式下窗口，点击引导按钮，在弹出的公式引导窗口，公式名称选择"贷方发生额"，函数名自动对应"FS()"。点击【下一步】按钮。进一步选择科目为"224102"（其他应付款——住房公积金），期间为"月"，点击【完成】按钮。

(6) 第五行会计分录设置：录入科目编码为"100201"（银行存款——工行），方向"贷"。在金额公式下窗口，点击引导按钮，在弹出的公式引导窗口，公式名称选择"取对方科目计算结果"，函数名自动对应"JG()"，点击【完成】按钮。最终结果如图 7-77 所示。

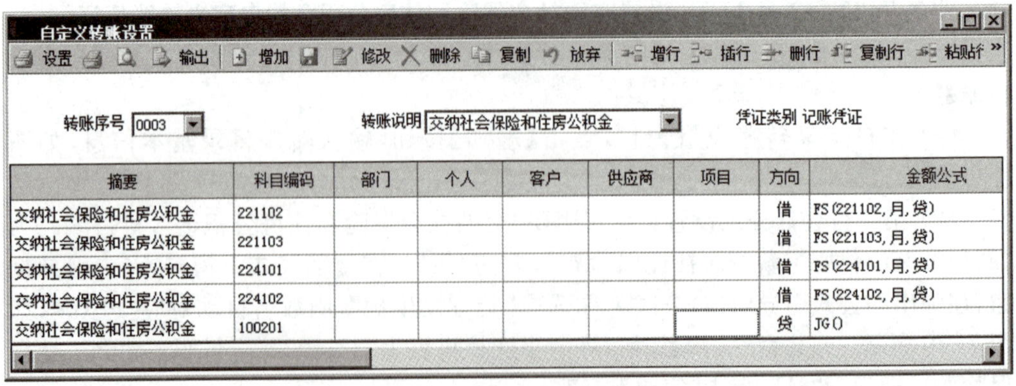

摘要	科目编码	部门	个人	客户	供应商	项目	方向	金额公式
交纳社会保险和住房公积金	221102						借	FS(221102,月,贷)
交纳社会保险和住房公积金	221103						借	FS(221103,月,贷)
交纳社会保险和住房公积金	224101						借	FS(224101,月,贷)
交纳社会保险和住房公积金	224102						借	FS(224102,月,贷)
交纳社会保险和住房公积金	100201						贷	JG()

图 7-77 自定义转账设置

业务 7-23: 12 月 13 日,通过转账支票(票号 ZZ008)交纳社会保险和住房公积金。

前提工作:所有记账凭证已经审核和记账。

操作路径:【业务工作】—【财务会计】—【总账】—【期末】—【转账生成】

双击编号为"003"所在行的"是否结转"下窗口,使之显示"Y"选中标识,再点击【确定】按钮,如图 7-78 所示。系统生成记账凭证,其中现金流量项目编码为"05",即"支付给职工以及为职工支付的现金",如图 7-79 所示,【保存】并【审核】该凭证。

图 7-78 选择自定义转账凭证

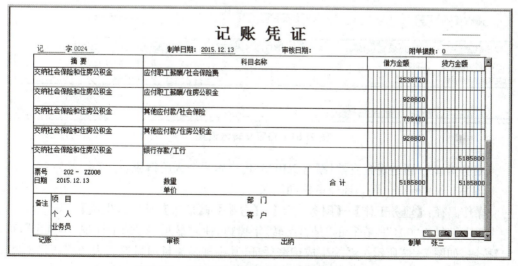

图 7-79 交纳社会保险和住房公积金的记账凭证

业务7-24：12月14日，设置代交本月个人所得税的自定义转账凭证。

操作路径：【业务工作】—【财务会计】—【总账】—【期末】—【转账定义】—【自定义转账】

（1）在自定义转账设置窗口，点击【增加】按钮，输入转账目录基本信息，如图7-80所示。

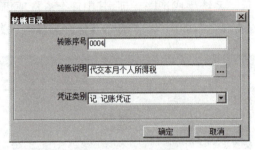

图7-80 转账目录

（2）第一行会计分录设置：录入摘要"代交本月个人所得税"，科目编码为"222104"（应交税费—应交个人所得税），方向"借"。在金额公式下窗口，点击引导按钮，在弹出的公式引导窗口，公式名称选择"贷方发生"，函数名自动对应"FS()"，点击【下一步】按钮。进一步选择科目为"222104"（应交税费—应交个人所得税），期间为"月"，点击【完成】按钮。

（3）第二行会计分录设置：录入科目编码为"100201"（银行存款—工行），方向"贷"，如图所示。在金额公式下窗口，点击引导按钮，在弹出的公式引导窗口，公式名称选择"取对方科目计算结果"，函数名自动对应"JG()"，点击【完成】按钮。最终结果如图7-81所示。

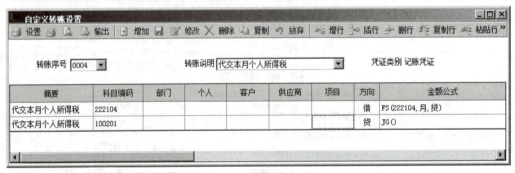

图7-81 自定义转账设置

业务7-25：通过现金支票（票号XJ003）代交本月个人所得税。

前提工作：所有记账凭证经审核和记账。

操作路径：【业务工作】—【财务会计】—【总账】—【期末】—【转账生成】

双击编号为"004"所在行的"是否结转"下窗口，使之显示"Y"选中标识，再点击【确定】按钮，如图7-82所示。系统生成记账凭证，其中现金流量项目编码为"05"，即"支付给职工以及为职工支付的现金"，如图7-83所示，【保存】并【审核】该凭证。

图 7-82 选择自定义转账凭证

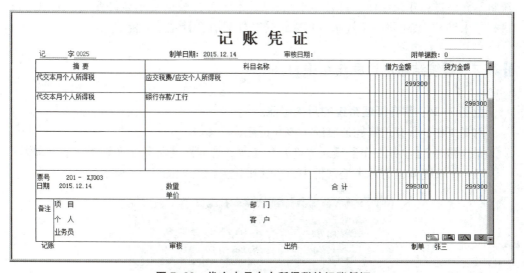

图 7-83 代交本月个人所得税的记账凭证

159

第四节 薪资管理系统结账

一、系统结账的含义与前提

1. 月末结转

月末结转是将当月数据经过处理后结转至下月。每月工资数据处理完毕后均可进行月末结转。由于在工资项目中,有的项目是变动的,即每月的数据均不相同,因此在每月工资处理时,均需将数据清为零,此后输入当月的数据,此类项目即为清零项目。如果不进行清零操作,则下月项目将完全继承当前月数据。

月末结账只在会计年度的 1 月至 11 月进行,且只有在当月工资数据处理完毕后方可进行。若为处理多个工资类别,则应打开工资类别,分别进行月末结转。若本月工资数据未汇总,系统将不允许进行月末结转。进行期末处理后,当月数据将不允许变动。此外,如果当前工资类别启用审核控制,则所有数据都审核后才允许进行月末处理。

2. 年末结转

年末结转是将工资数据经过处理后结转至下年。进行年末结转后,新年度账将自动建立,只有处理完所有工资类别的工资数据,对多工资类别,应关闭所有工资类别,然后在系统管理中选择"年度账"菜单,进行上年数据结转。其他操作与月末处理类似。

年末结转只有在当月工资数据处理完毕后才能进行。若当月工资数据未汇总,系统将不允许进行年末结转。进行年末结转后,本年各月数据将不允许变动。如果跨月进行年末结转,系统将给予提示。年末结转功能只有会计主管才能进行。

二、系统结账的过程与结果

业务 7-26:薪资管理系统的月末结账。

前提工作:所有记账凭证已经审核和记账。

操作路径:【业务工作】—【人力资源】—【薪资管理】—【业务处理】—【月末处理】

(1) 在系统弹出的月末处理框中,点击【确定】按钮,如图 7-84 所示。

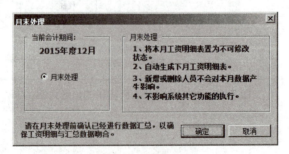

图 7-84 确认信息

（2）系统进一步提示："月末处理后，本月工资将不许变动！继续月末处理吗？"选择【是】，如图 7-85 所示。

（3）系统询问："是否选择清零项？"选择【否】，如图 7-86 所示，最后系统提示结账成功。

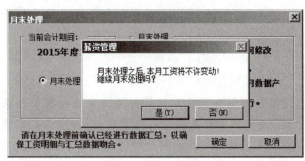

图 7-85　提示信息 1　　　　　图 7-86　提示信息 2

> 【说明】
> 由于后续的成本核算系统在计算产品成本时，需要从薪资管理系统提取人工成本等信息，因此薪资管理系统应在此时进行结账处理。

复习思考题

1. 简述用友 ERP-U8 薪资管理系统的处理流程。
2. 设置工资类别和工资项目分别有何意义？
3. 工资分摊的功能是什么？试分析其原理。

第八章 采购与付款业务

[**教学目的和要求**]

通过本章的学习,学生应了解和熟悉采购管理系统与应付款管理系统的功能,明确采购管理系统、应付款管理系统与其他系统之间的关系,掌握普通采购业务、采购现付业务以及采购退货业务的处理过程和要求,掌握应付款管理系统的应付单据处理、付款单据处理。

第一节 采购与付款系统概述

一、采购与付款系统功能概述

采购管理系统帮助企业对采购业务的全部流程进行管理,提供请购、订货、到货、检验、入库、开票、采购结算的完整采购流程,支持普通采购、受托代销、直运等多种类型的采购业务,支持按询价比价方式选择供应商,支持以订单为核心的业务模式。企业还可以根据实际情况进行采购流程的定制,既可选择按规范的标准流程操作,又可按最简约的流程来处理实际业务,方便企业构建自己的采购业务管理平台。

应付款管理系统主要实现企业与供应商之间业务往来账款的核算与管理。在应付款管理系统中,以采购发票、其他应付单等原始单据为依据,记录采购业务及其他业务所形成的往来款项,处理应付款项的支付、转账等业务,同时提供票据处理功能以实现对应付款的管理。

二、与其他系统的关系

当采购管理系统与应付款管理系统集成应用时,采购发票在采购管理系统中录入,然后传递到应付款系统进行审核,登记应付款明细账、制单并传递到总账系统;在应付款管理系统中进行付款,并核销相应应付单据后,将向采购管理系统提供付款核销信息。

采购与付款管理系统与其他系统的关系如图8-1所示。

在上述关系中,最主要的是采购管理系统与库存管理系统、应付款管理系统的关系,可以反映普通采购业务的物流和资金流。采购管理系统与销售管理系统、存货核算系统的关系一般是针对直运业务等特殊业务或者只是信息参照。

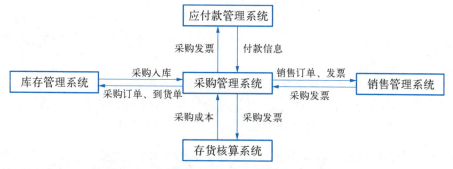

图 8-1 采购与付款管理系统与其他系统的关系

第二节 采购与付款系统初始设置

▶ 一、采购管理系统初始设置

采购管理系统的初始设置主要包括系统参数设置、基础信息设置以及期初数据录入。

业务 8-1：对上海小米电脑公司采购管理系统进行初始设置。

操作路径：【业务工作】—【供应链】—【采购管理】—【设置】—【采购选项】

上海小米电脑公司采购管理系统的初始设置如图 8-2 所示。

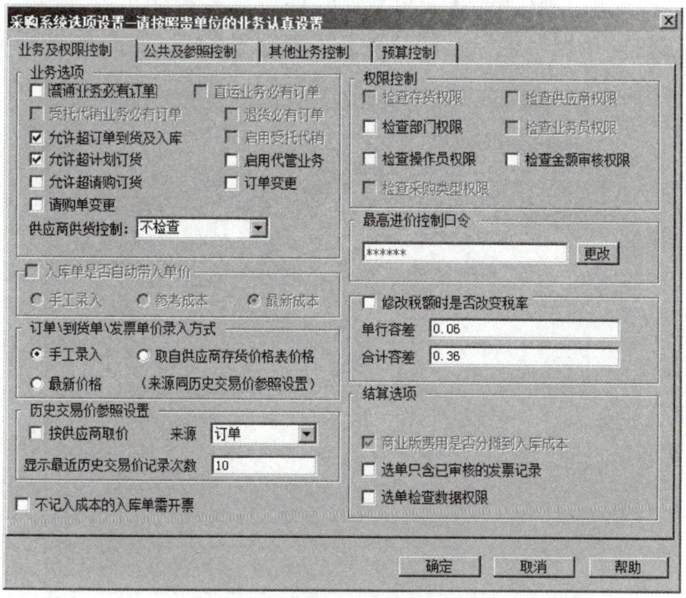

图 8-2 采购系统选项设置

二、应付款管理系统初始设置

应付管理系统的初始设置主要包括会计科目设置、账期内账龄区间设置、逾期账龄区间设置、单据类型设置等。

业务 8-2：设置上海小米电脑公司应付款管理涉及的基本科目。

操作路径：【业务工作】—【财务会计】—【应付款管理】—【设置】—【初始设置】

上海小米电脑公司应付款管理涉及的基本科目设置如图 8-3 所示。

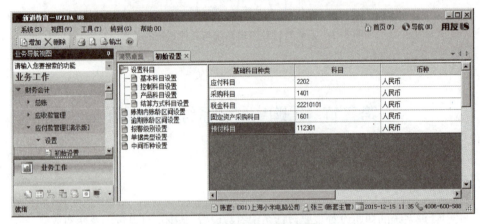

图 8-3 应付款管理初始设置

业务 8-3：设置应付款管理系统的账套参数。

操作路径：【业务工作】—【财务会计】—【应付款管理】—【设置】—【选项】

（1）在"常规"选项卡中，单击【编辑】按钮，使所有参数处于可修改状态，其中"单据审核日期依据"选择"单据日期"，其他选项按系统默认设置，如图 8-4 所示。

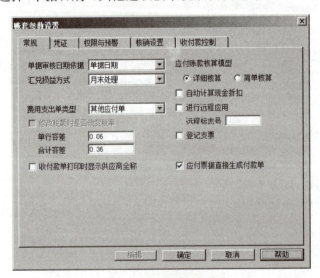

图 8-4 "常规"选项卡

(2) 在"凭证"选项卡中,"受控科目制单方式"选项修改为"明细到单据",这样可以按单据而不是按供应商核销应付账款,避免不能生成核销的记账凭证。其他选项按系统默认设置,结果如图 8-5 所示。单击【确定】按钮,保存系统参数设置。以上内容设置需重新注册后生效。

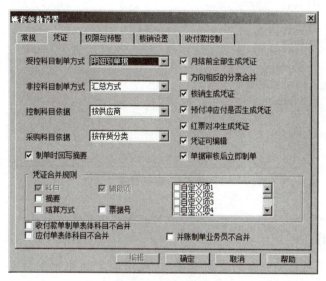

图 8-5 "凭证"选项卡

第三节 采购与付款系统业务处理

从业务环节来看,采购管理子系统的日常业务处理主要包括请购、订货、到货、入库、采购发票、采购结算等环节;从业务类型来看,一个完善的采购管理子系统不但可以处理普通采购业务,还可以处理现付业务、采购退货业务、直运业务、受托代销业务等特殊业务类型。

一、普通采购与付款业务

普通采购业务是指适合于大多数企业的日常采购业务,与其他系统协同提供对采购请购、采购订货、采购入库、采购发票、采购结算、采购付款等全程管理。

业务 8-4:12 月 15 日,采购 8 核 CPU,填制采购订单。

操作路径:【业务工作】—【供应链】—【采购管理】—【采购订货】—【采购订单】

(1) 单击主界面中【增加】按钮,按图 8-6 所示内容录入采购订单,完成后单击主界面中【保存】按钮,保存该采购订单。

(2) 点击主界面【审核】按钮,对采购订单进行审核。

会计信息系统应用

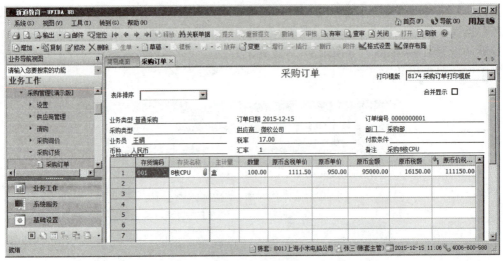

图 8-6　采购订单

【说明】

为了便于对相关业务的分析和查验,我们假定相关业务的发生日期相同。后续经济业务的发生日期仅作标示某类经济业务之用,没有实际意义。下同。

业务 8-5：12 月 15 日,采购 8 核 CPU 到货,根据采购订单生成到货单。

操作路径：【业务工作】—【供应链】—【采购管理】—【采购到货】—【到货单】

（1）单击主界面中【增加】按钮,新增一张空白到货单。

（2）单击主界面【生单】按钮,并选择"采购订单",如图 8-7 所示。

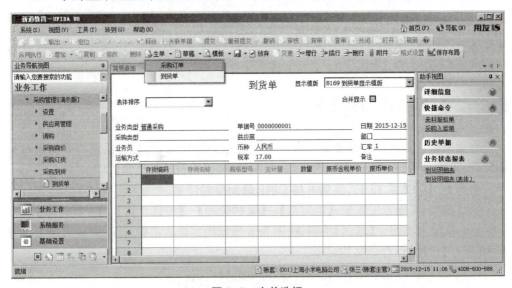

图 8-7　生单选择

166

(3) 在弹出的"拷贝并执行"窗口中,选中要生成的订单,并单击【OK 确定】按钮,如图 8-8 所示。

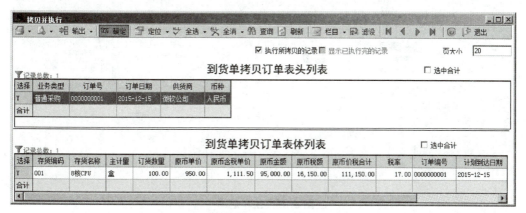

图 8-8 到货单列表

(4) 返回"到货单"界面,【保存】以上到货单,并进行【审核】,结果如图 8-9 所示。

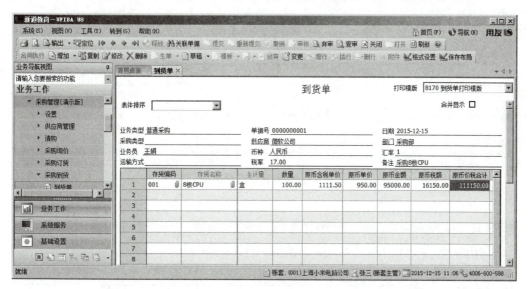

图 8-9 到货单

业务 8-6:12 月 15 日,采购 8 核 CPU 入库,根据采购到货单生成采购入库单。
操作路径:【业务工作】—【供应链】—【库存管理】—【入库业务】—【采购入库单】
(1) 单击主界面【生单】按钮,选择"采购到货单(蓝字)",如图 8-10 所示。
(2) 在筛选后弹出的"到货单生单列表"窗口中,选中要生成的到货单,并单击【OK 确定】按钮,如图 8-11 所示。
(3) 返回"采购入库单"界面,增加仓库为"原材料仓库",结果如图 8-12 所示。
(4)【保存】该采购入库单,并进行【审核】。

图 8-10 生单选择

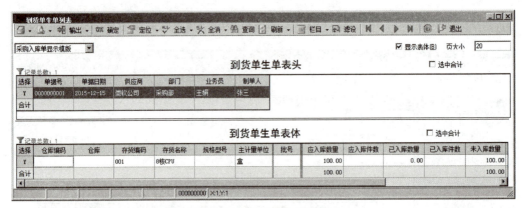

图 8-11 到货单生单列表

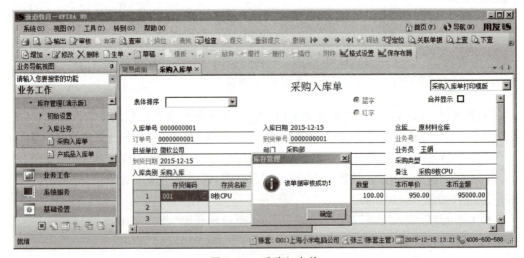

图 8-12 采购入库单

业务 8-7：12 月 15 日，开具采购 8 核 CPU 货款的专用发票。

操作路径：【业务工作】—【供应链】—【采购管理】—【采购发票】—【专用采购发票】

（1）单击主界面【生单】按钮，选择"入库单"，如图 8-13 所示。

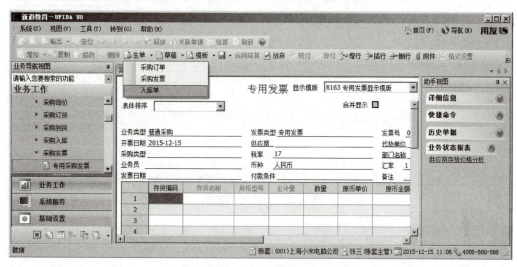

图 8-13　生单选择

（2）在筛选后弹出的"入库单生单列表"窗口中，选中要生成的入库单，并单击【OK 确定】按钮，如图 8-14 所示。

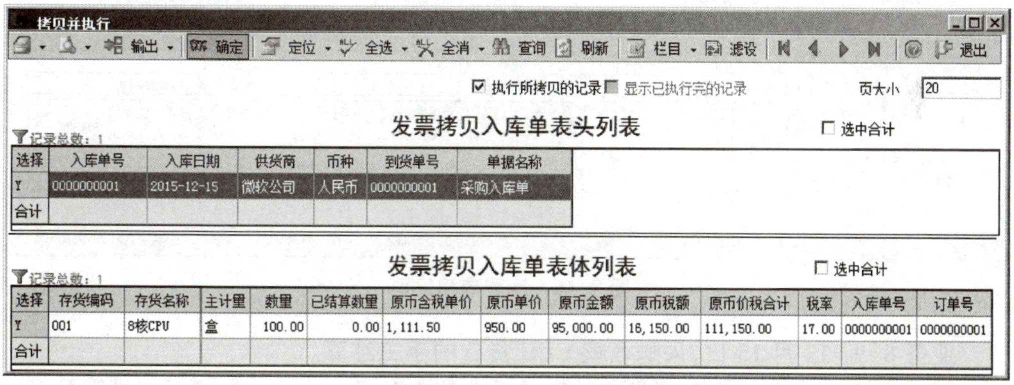

图 8-14　入库单生单列表

（3）返回"专用发票"界面，单击【保存】按钮，结果如图 8-15 所示。

业务 8-8：12 月 15 日，开具采购 8 核 CPU 运费的专用发票。

操作路径：【业务工作】—【供应链】—【采购管理】—【采购发票】—【专用采购发票】

（1）在主界面中，单击工具栏【增加】按钮。

（2）按图 8-16 所示内容，录入发票表头相关信息，表体中数量为"1.00"，原币金额为"600"，税率为"11.00"。

（3）【保存】该专用发票。

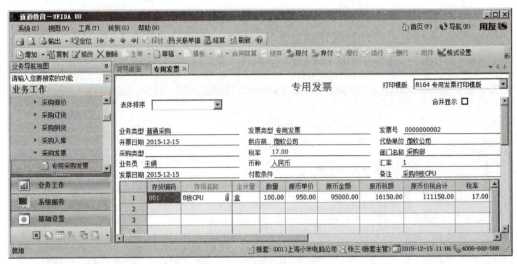

图 8-15 采购专用发票

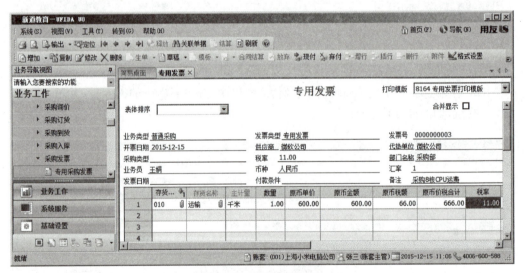

图 8-16 运费专用发票

业务 8-9：12 月 15 日，采购 8 核 CPU 货款的手工结算。

操作路径：【业务工作】—【供应链】—【采购管理】—【采购结算】—【手工结算】

（1）单击主界面工具栏中的【选单】按钮，如图 8-17 所示。

（2）在结算选单窗口先单击【查询】按钮，系统将显示两张发票，再依次单击【全选】和【OK 确定】按钮，如图 8-18 所示。

（3）返回手工结算窗口，选择费用分摊方式"按数量"，单击工具栏中"分摊"按钮，再单击【结算】按钮，结果如图 8-19 所示。

业务 8-10：12 月 15 日，审核应付单据。

操作路径：【业务工作】—【财务会计】—【应付款管理】—【应付单据处理】—【应付单据审核】

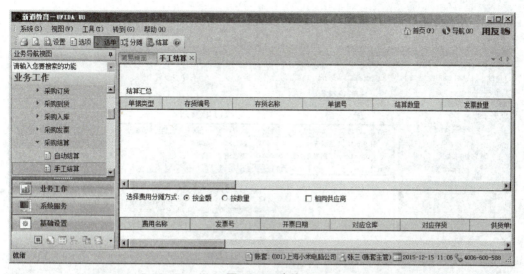

图 8-17 选单

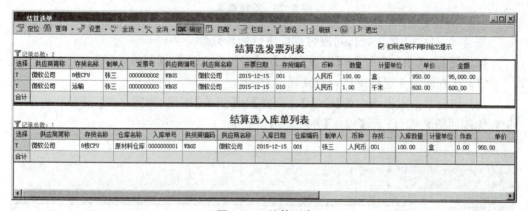

图 8-18 结算列表

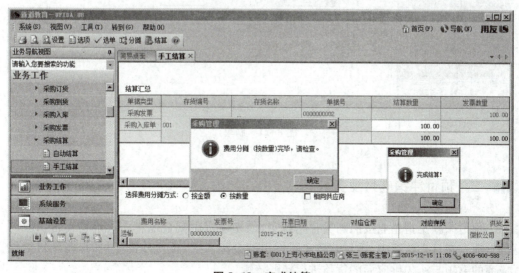

图 8-19 完成结算

依次单击主界面中的【全选】和【审核】按钮,审核结果如图 8-20 所示。

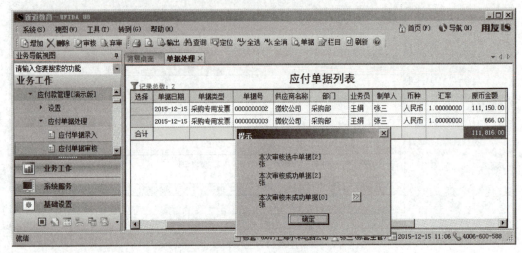

图 8-20　审核结果

业务 8-11：12 月 15 日,对应付单据进行制单处理。

操作路径：【业务工作】—【财务会计】—【应付款管理】—【制单处理】

(1) 在查询条件选择窗口,单击【确定】按钮。

(2) 依次单击主界面中的【全选】、【合并】和【制单】按钮,如图 8-21 所示。生成的记账凭证如图 8-22 所示,【保存】并【审核】该凭证。

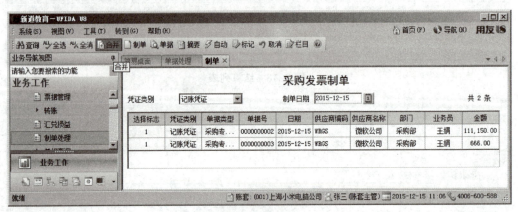

图 8-21　制单

二、预付冲销应付业务

预付账款是指企业按照购货合同规定,预先以货币资金或货币等价物支付供应商的款项。在日常核算中,预付款按实际付出的金额入账,预付冲销应付时,将预付给供应商的款项与所欠供应商的货款进行转账核销。

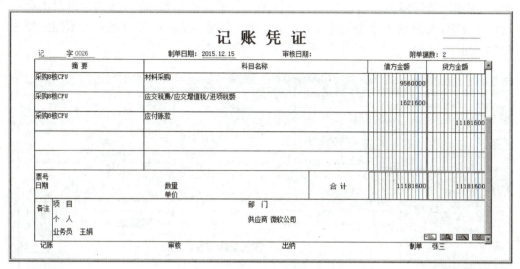

图 8-22 采购 8 核 CUP 的记账凭证

业务 8-12：12 月 15 日，采用预付账款冲销应付微软公司 12 月 11 日采购 8 核 CPU 的账款。

操作路径：【业务工作】—【财务会计】—【应付款管理】—【转账】—【预付冲应付】

（1）在预付冲应付窗口的"预付款"选项卡中，选择供应商"微软公司"，单击【过滤】按钮，再单击【全选】按钮，此时转账金额自动填入，如图 8-23 所示。

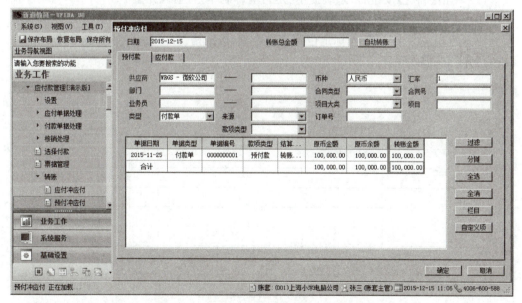

图 8-23 预付冲应付业务中录入相关信息

（2）在预付冲应付窗口的"应付款"选项卡中，单击【过滤】按钮。

（3）由于预付金额 10 000 元小于应付总金额 111 816 元（111 150 元＋666 元），因此,先冲销运费(666元)。首先,双击表体第二行的转账金额,输入"666",再双击第一行转账金额,无须输入金额;然后,双击合计行转账金额,系统自动得出结果,如图8-24所示。

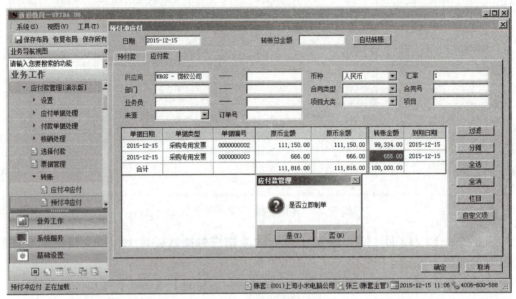

图 8-24　冲销结果

(4) 单击【确定】按钮后,系统提示"是否立即制单",选择【是】。

(5) 在生成的记账凭证中,将分录第一行"预付账款/预付单位款"由借方的红字调整为贷方的蓝字(黑字),将光标定位到借方金额,按空格键即可。结果如图8-25所示,【保存】并【审核】该凭证。

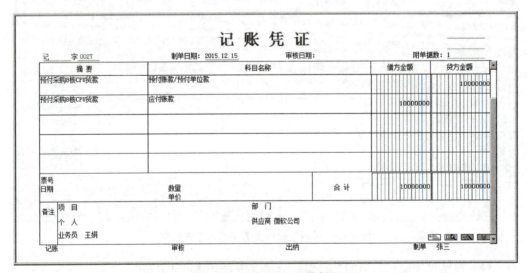

图 8-25　业务 8-12 记账凭证

业务 8-13： 12 月 15 日，以转账支票向微软公司支付采购 8 核 CPU 的尾款 11 816 元。

操作路径：【业务工作】—【财务会计】—【应付款管理】—【付款单据处理】—【付款单据录入】

（1）单击工具栏中【增加】按钮，输入表头和表体相关数据，单击【保存】图标按钮，如图 8-26 所示。

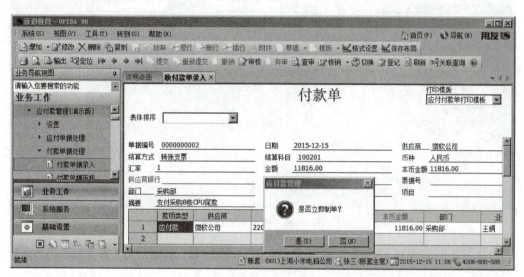

图 8-26　付款单

（2）单击工具栏中【审核】按钮，系统提示"是否立即制单"，选择【是】。

（3）生成记账凭证，结果如图 8-27 所示，【保存】并【审核】该凭证。

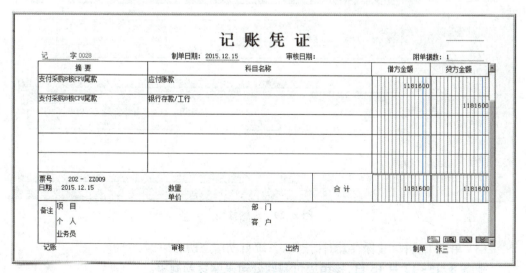

图 8-27　支付采购 8 核 CPU 的记账凭证

业务 8-14：12 月 15 日，核销应付微软公司采购货款。

操作路径：【业务工作】—【财务会计】—【应付款管理】—【核销处理】—【手工核销】

(1) 在弹出的核销条件窗口中，选择供应商为"微软公司"，如图 8-28 所示。

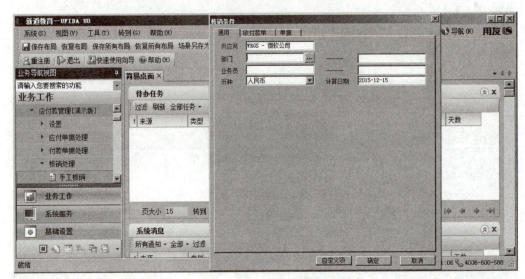

图 8-28　核销条件选择

(2) 双击下窗格单据任一单元格，使其"本次结算"金额与"原币金额"一致，为"11 816"，如图 8-29 所示。

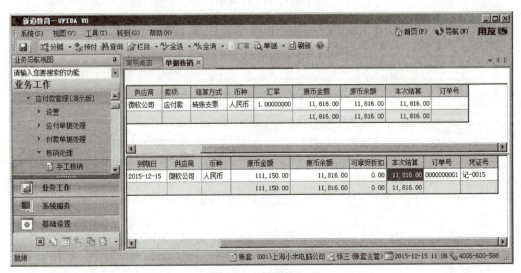

图 8-29　单据核销

(3) 单击工具栏中【保存】图标按钮，系统自动清空所有单据。

业务 8-15：12 月 15 日，核销应付微软公司采购货款制单。

前提工作：所有记账凭证已经审核并记账。

操作路径：【业务工作】—【财务会计】—【应付款管理】—【制单处理】

(1) 在弹出的制单查询窗口,勾选"核销制单",如图 8-30 所示。

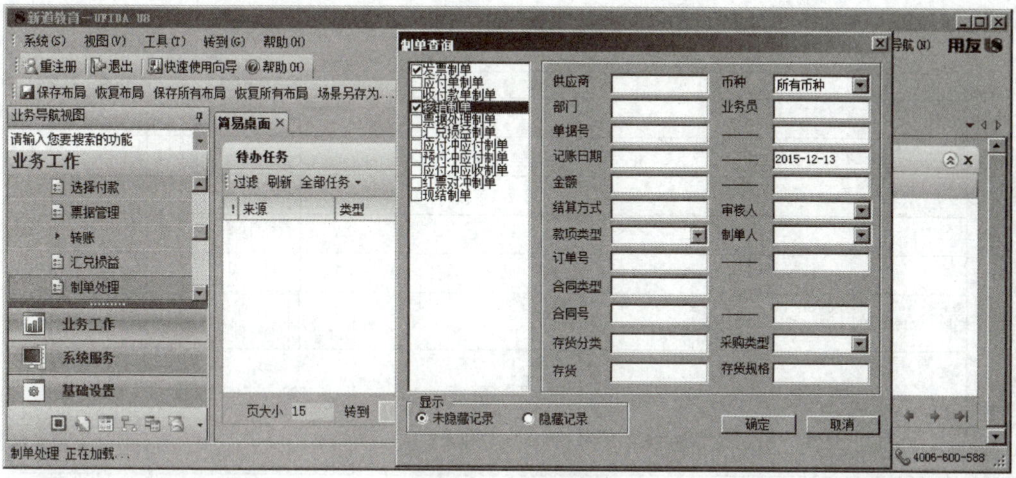

图 8-30 制单查询

(2) 在制单窗口,依次单击工具栏【全选】和【制单】按钮,如图 8-31 所示。

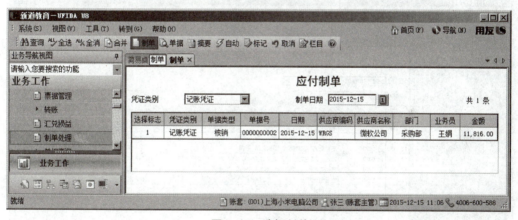

图 8-31 选择制单

(3) 在生成的记账凭证中,将分录"应付账款"金额为红字的一方调整为蓝字(黑字),具体操作为将光标定位到红字金额,按空格键即可,结果如图 8-32 所示,【保存】并【审核】该凭证。

(4) 查询应付账款明细账,结果如图 8-33 所示。

【说明】

核销所生成记账凭证的会计分录"应付账款"的一借一贷,分录按照科目合并后并不存在。所以,一般来说,核销不用制单,除非涉及现金折扣或者预付单和应付单核销才需要生成凭证。因此,本章节后续应付的核销和应收的核销将不作处理。

图 8-32 核销应付账款的记账凭证

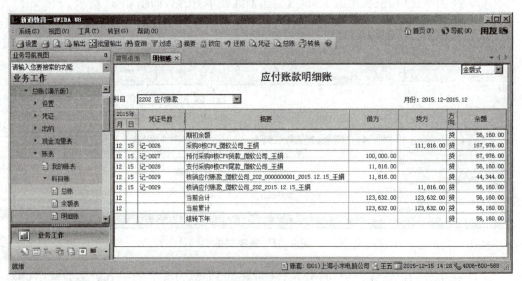

图 8-33 应付账款明细账

业务 8-16：12 月 15 日，采购业务在存货核算系统记账。

操作路径：【业务工作】—【供应链】—【存货核算】—【业务核算】—【正常单据记账】

(1) 在查询条件选择窗口，单击【确定】按钮，进入正常单据记账列表。

(2) 依次单击工具栏【全选】、【记账】按钮，系统提示"记账成功"，如图 8-34 所示。

业务 8-17：12 月 15 日，采购业务在存货核算系统中生成凭证。

操作路径：【业务工作】—【供应链】—【存货核算】—【财务核算】—【生成凭证】

(1) 单击工具栏中【选择】图标按钮，进入未生成凭证单据一览表。

(2) 依次单击工具栏中【全选】和【确定】按钮，如图 8-35 所示。

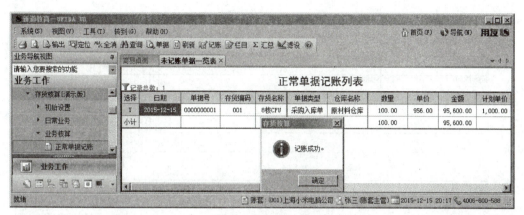

图 8-34　记账成功

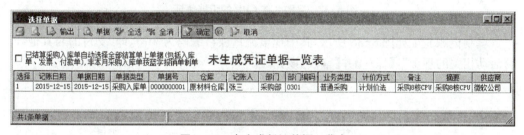

图 8-35　未生成凭证单据一览表

(3) 在生成凭证窗口,单击工具栏中【生成】按钮,如图 8-36 所示。系统生成凭证如图 8-37 所示,【保存】并【审核】该凭证。

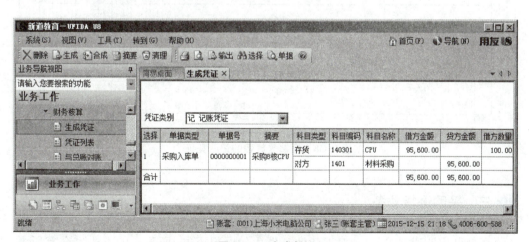

图 8-36　生成凭证

业务 8-18：12 月 15 日,采购员王娟报销差旅费 685 元,以转账支票(票号 XJ004)支付。

操作路径:【业务工作】—【总账】—【凭证】—【填制凭证】

记账凭证

记 字 0030　制单日期：2015.12.15　审核日期：　附单据数：1

摘要	科目名称	借方金额	贷方金额
采购8核CPU	原材料/CPU	9560000	
采购8核CPU	材料采购		9560000
票号 日期　数量 100.00盒　单价 956.00	合计	9560000	9560000

备注　项目　部门　个人　客户　业务员

记账　审核　出纳　制单 张三

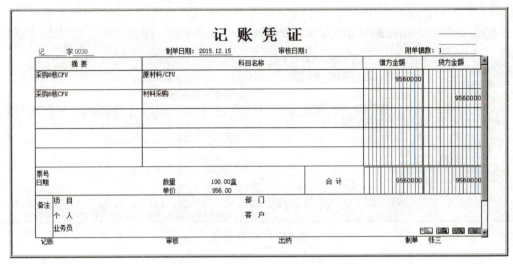

图 8-37　采购 8 核 CPU 的记账凭证

填制记账凭证如图 8-38 所示，其中现金流量项目编码为“07”，即“支付的与其他经营活动相关的现金”，【保存】并【审核】该凭证。

记账凭证

记 字 0031　制单日期：2015.12.15　审核日期：　附单据数：

摘要	科目名称	借方金额	贷方金额
采购部王娟报销差旅费	管理费用/差旅费	68500	
采购部王娟报销差旅费	银行存款/工行		68500
票号 201 - XJ004 日期 2015.12.15　数量　单价	合计	68500	68500

备注　项目　部门　个人　客户　业务员

记账　审核　出纳　制单 张三

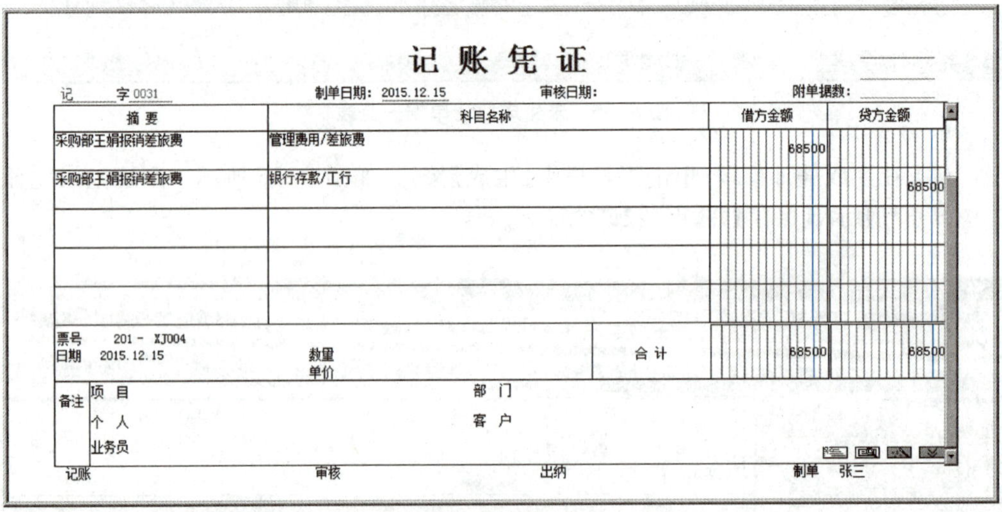

图 8-38　报销差旅费的记账凭证

三、采购退货业务

在信息化处理方式下，针对退货业务发生的时机不同，所采取的方法也会有所不同。如果收到货物但尚未办理入库手续，只要将货物直接退给供应商即可，而系统中不必进行处理；如果采购业务在系统中尚未完全处理完毕，如入库单尚未记账、发票尚未付款，则可以采取“无痕迹修改”，即通过一系列逆操作和删改操作完成全部或部分退货业务；如果采购业务已完全处理完毕，即已采购结算、入库单已记账、发票已付款，此时应该采取"有痕迹修改",即通过录入退货单和红字发票来处理。

业务 8-19：12 月 16 日,上期(说明采购业务已完全处理完毕)向华硕公司采购的内存条由于质量问题退货 10 个。

操作路径：【业务工作】—【供应链】—【库存管理】—【入库业务】—【采购入库】

(1) 单击工具栏中【增加】按钮,在表头选择"红字"。

(2) 输入表头和表体信息数据,数量为"-10",本币单价为"800",如图 8-39 所示。

(3)【保存】并【审核】该采购入库单。

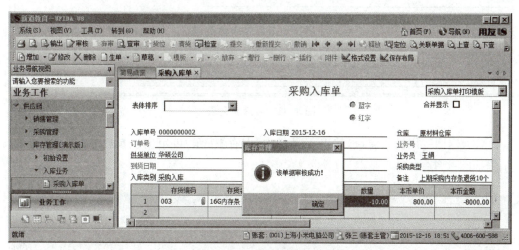

图 8-39　采购入库单审核

业务 8-20：12 月 16 日,开具退货红字专用采购发票。

操作路径：【业务工作】—【供应链】—【采购管理】—【采购发票】—【红字专用采购发票】

(1) 单击工具栏中【增加】按钮,在【生单】按钮下选择"入库单",如图 8-40 所示。

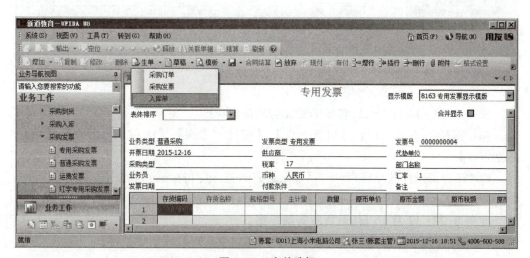

图 8-40　生单选择

(2) 在拷贝并执行窗口中,单击【全选】和【OK 确定】按钮,如图 8-41 所示。

图 8-41　入库单列表

(3) 返回专用发票窗口,单击工具栏中【保存】按钮,再单击工具栏中【结算】按钮,结果如图 8-42 所示。

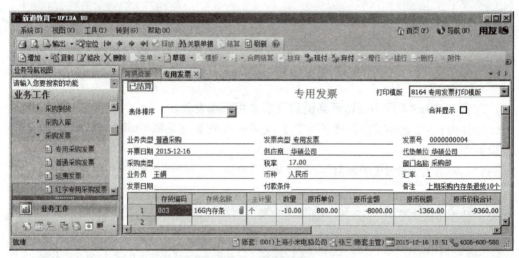

图 8-42　已结算专用发票

业务 8-21:12 月 16 日,审核退货业务的应付单据。

操作路径:【业务工作】—【财务会计】—【应付款管理】—【应付单据处理】—【应付单据审核】

(1) 在查询条件选择窗口,单击【确定】按钮,进入应付单据列表。

(2) 单击工具栏【全选】,再单击【审核】按钮,系统提示审核成功,如图 8-43 所示。

业务 8-22:12 月 16 日,退货业务制单据。

操作路径:【业务工作】—【财务会计】—【应付款管理】—【制单处理】

(1) 在查询条件选择窗口,单击【确定】按钮,进入采购发票制单列表。

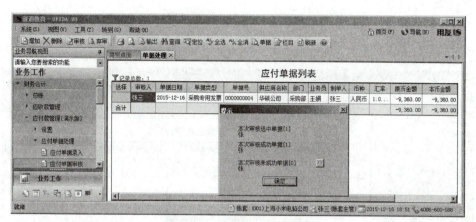

图 8-43 应付单据审核提示

（2）单击工具栏【全选】，再单击【制单】按钮，如图 8-44 所示。生成记账凭证如图 8-45 所示，【保存】并【审核】该凭证。

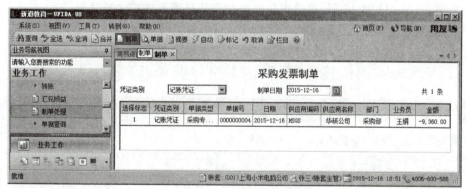

图 8-44 采购发票制单

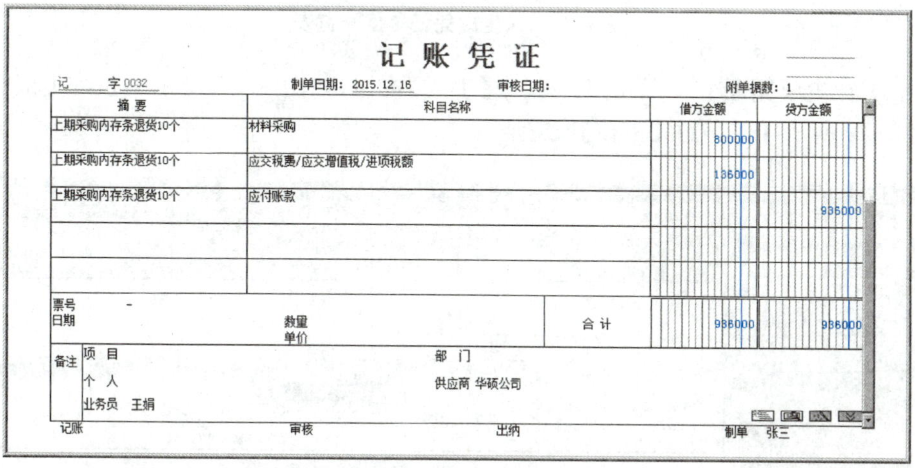

图 8-45 上期采购退货的记账凭证（金额红字）

业务 8-23：12 月 16 日，采购退货业务在存货核算系统中记账。

操作路径：【业务工作】—【供应链】—【存货核算】—【业务核算】—【正常单据记账】

(1) 在查询条件选择窗口，单击【确定】按钮，进入正常单据记账列表。
(2) 依次单击工具栏【全选】和【记账】按钮，系统提示"记账成功"，如图 8-46 所示。

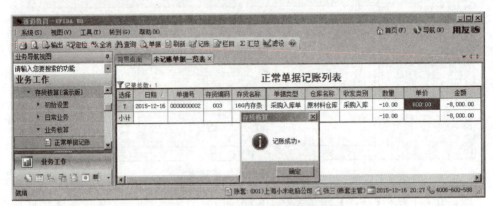

图 8-46　正常单据记账成功提示

业务 8-24：12 月 16 日，采购退货业务在存货核算系统中生成凭证。

操作路径：【业务工作】—【供应链】—【存货核算】—【财务核算】—【生成凭证】

(1) 单击工具栏中【选择】图标按钮，进入未生成凭证单据一览表。
(2) 依次单击工具栏中【全选】和【确定】按钮，如图 8-47 所示，返回生成凭证窗口。

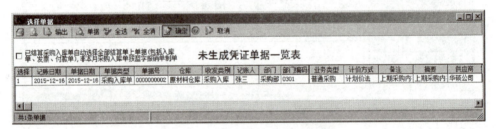

图 8-47　未生成凭证单据一览表

(3) 在生成凭证窗口，单击工具栏中【生成】按钮，如图 8-48 所示。系统生成凭证如图 8-49 所示，【保存】并【审核】该凭证。

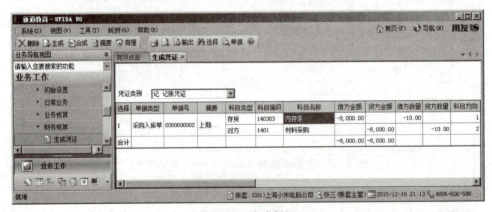

图 8-48　生成凭证

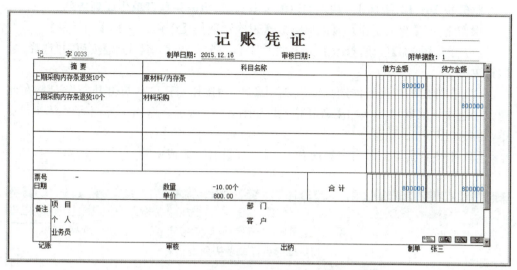

图 8-49 结转采购退货的记账凭证（金额红字）

四、固定资产采购业务

购置固定资产业务也应当遵循采购管理的基本流程，进行固定资产的采购、到货、入库，填写采购专用发票，进行固定资产的新增业务和制单处理。

业务 8-25：12 月 16 日，本公司采购部拟购入一辆运输卡车，填制采购订单。

操作路径：【业务工作】—【供应链】—【采购管理】—【采购订货】—【采购订单】

(1) 按图 8-50 所示的内容，录入采购订单信息，然后单击【保存】按钮。

(2) 审核采购订单。单击主界面右上角【审核】按钮，完成采购订单审核。

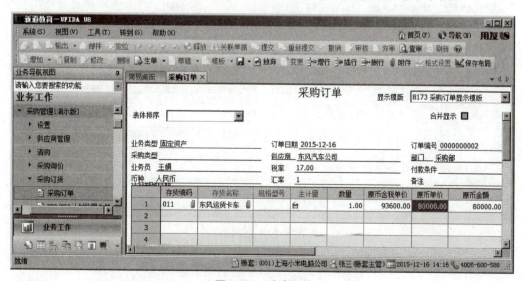

图 8-50 采购订单

业务 8-26：12 月 16 日，购入的运输卡车到货，根据采购订单生成到货单。

操作路径：【业务工作】—【供应链】—【采购管理】—【采购到货】—【到货单】

（1）单击【增加】按钮，修改业务类型为"固定资产"，再单击【生单】按钮，并选择"采购订单"。

（2）在弹出的查询条件选择窗口，单击【确定】按钮，打开"拷贝并执行"窗口，在此窗口中选中该采购订单，单击【确定】按钮，如图 8-51 所示。返回主界面后保存该到货单，结果如图 8-52 所示。

（3）审核到货单。单击主界面右上角【审核】按钮，完成审核。

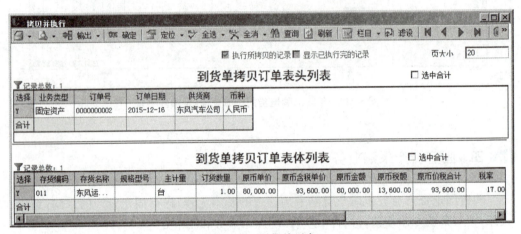

图 8-51 到货单列表

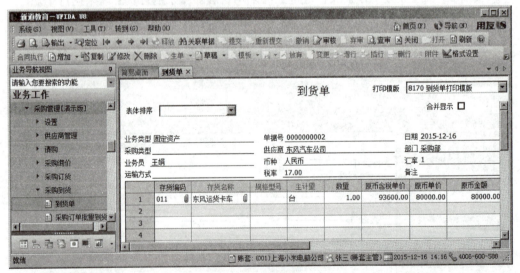

图 8-52 到货单

业务 8-27：12 月 16 日，运输卡车入库，根据到货单生成采购入库单。

操作路径：【业务工作】—【供应链】—【库存管理】—【入库业务】—【采购入库单】

(1) 单击主界面【生单】按钮,并选择"采购到货单(蓝字)"。

(2) 在筛选后弹出的"到货单生单列表"窗口中,选中要生成的到货单,并单击【OK 确定】按钮,如图 8-53 所示。

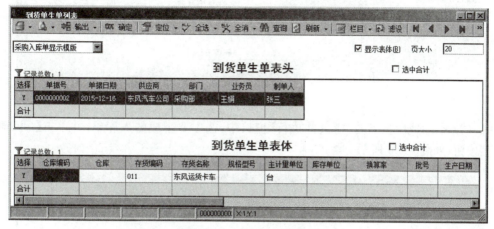

图 8-53　到货单生单列表

(3) 返回"采购入库单"界面,选择仓库为"固定资产仓库",选择入库类型为"采购入库"。

(4)【保存】以上采购入库单,并进行【审核】,结果如图 8-54 所示。

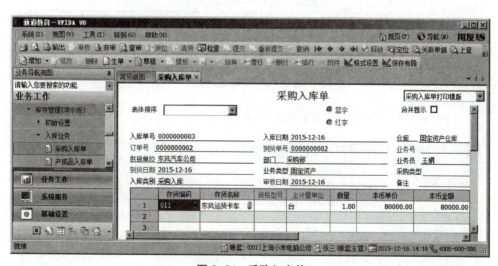

图 8-54　采购入库单

业务 8-28:12 月 16 日,开具购入运输卡车的采购专用发票。

操作路径:【业务工作】—【供应链】—【采购管理】—【采购发票】—【专用采购发票】

(1) 在专用发票窗口,单击【增加】按钮,修改业务类型为"固定资产",再单击【生单】按钮,并选择"入库单",如图 8-55 所示。

(2) 在弹出的"查询条件选择-采购入库单列表过滤"窗口,点击【确定】按钮。

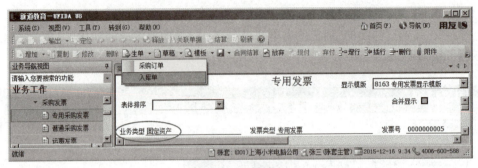

图 8-55 生单选择

（3）在筛选后弹出的"拷贝并执行"窗口中，选中要生成的入库单，并单击【OK 确定】按钮，如图 8-56 所示。

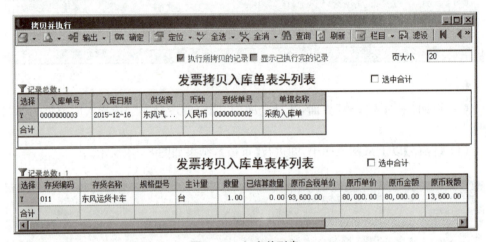

图 8-56 入库单列表

（4）返回专用发票界面，单击【保存】按钮，如图 8-57 所示。

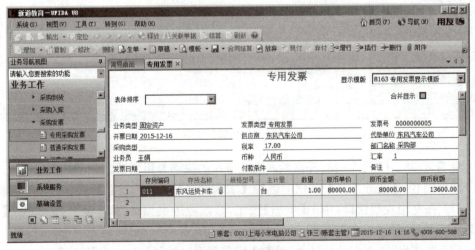

图 8-57 专用发票

（5）单击专用发票界面中的【现付】按钮，在弹出的采购现付窗口，选择"结算方式"为"201-现金支票"，输入"原币金额"为"93 600"，票据号为"XJ005"，如图 8-58 所示，单击【确定】按钮，完成该发票的现付处理。

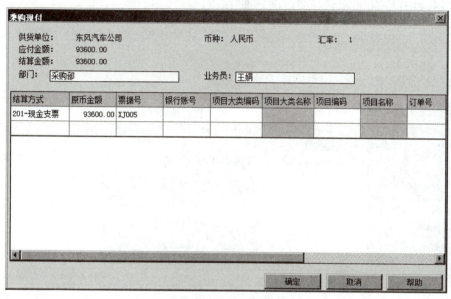

图 8-58　采购现付

（6）单击专用发票界面中的【结算】按钮，完成该发票的结算，结果如图 8-59 所示。

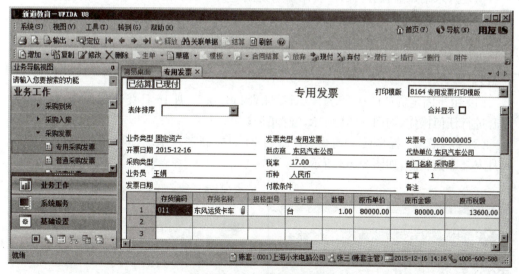

图 8-59　已结算的专用发票

业务 8-29：12 月 16 日，购入固定资产的应付单据审核。

操作路径：【业务工作】—【财务会计】—【应付款管理】—【应付单据处理】—【应付单据审核】

(1) 在弹出的"应付单查询条件"窗口,勾选"未完全报销"和"包含已现结发票"两个复选框,单击【确定】按钮,进入"单据处理"窗口。

(2) 依次单击【全选】和【审核】按钮,系统提示"本次审核成功单据1张",单击【确定】按钮,如图8-60所示,返回"单据处理"窗口。

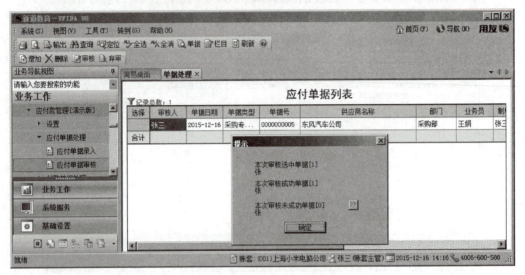

图8-60 应付单据处理

业务8-30:12月16日,恢复固定资产系统月末结账前状态。

恢复月末结账前状态,又称"反结账",是固定资产系统提供的一个纠错功能。如果由于某种原因,在结账后发现结账前的操作有误,而结账后不能修改结账前的数据,因此可使用此功能恢复到结账前状态对错误进行修改。

操作路径:【业务工作】—【财务会计】—【固定资产】—【处理】—【恢复月末结账前状态】

(1) 由于固定资产已在12月10日结账,因此,在12月16日登录时,会提示不能对账套进行任何操作,如图8-61所示,选择【是】。

(2) 以"张三"(操作员1)身份,在12月31日重新登录系统,即可恢复固定资产系统月末结账前状态,如图8-62所示。

图8-61 提示1

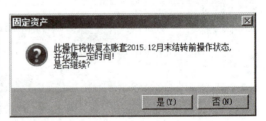

图8-62 提示2

业务8-31:12月16日,生成固定资产卡片。

操作路径:【业务工作】—【财务会计】—【固定资产】—【卡片】—【采购资产】

(1) 在"采购资产"窗口,选中该行固定资产,点击主界面左上角【增加】按钮,如图 8-63 所示。

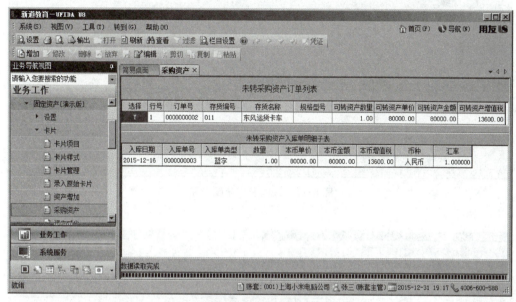

图 8-63 选择固定资产

(2) 在弹出的"采购资产分配设置"窗口中,点击左上角【栏目】按钮,勾选"工作总量""累计工作量"和"工作量单位"项目,如图 8-64 所示。

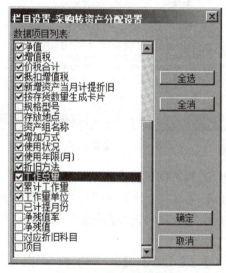

图 8-64 数据项目过滤

(3) 返回"采购资产分配设置"窗口,补充其他相关信息,结果如图 8-65 所示。
(4) 点击【保存】按钮,系统弹出"固定资产卡片"界面,在该界面点击【保存】按钮,系统提示数据保存成功,如图 8-66 所示。

会计信息系统应用

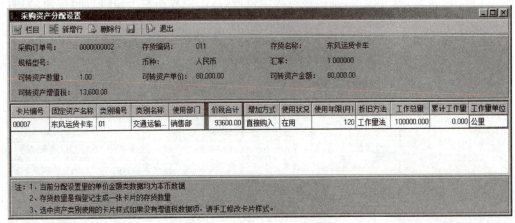

图 8-65 采购资产分配设置

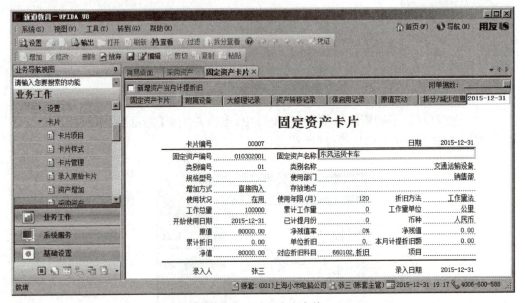

图 8-66 固定资产卡片

业务 8-32：12 月 16 日，新增固定资产制单处理。

操作路径：【业务工作】—【财务会计】—【应付款管理】—【制单处理】

（1）在弹出的"制单查询"窗口，勾选"现结制单"复选框，单击【确定】按钮，进入制单窗口。

（2）在制单窗口，依次单击【全选】和【制单】按钮，如图 8-67 所示，进入填制凭证窗口。

（3）将记账凭证现金流量等信息补充完整，结果如图 8-68 所示，【保存】并【审核】该凭证。

第八章 采购与付款业务

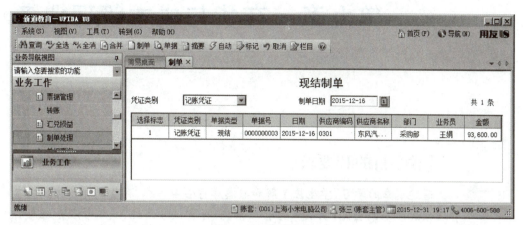

图 8-67 现结制单

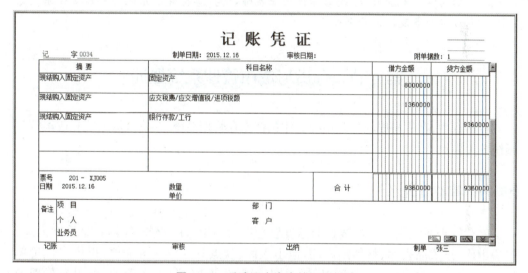

图 8-68 采购固定资产的记账凭证

复习思考题

1. 简述企业采购业务的主要功能和基本流程。
2. 简述企业采购退货业务的处理流程。
3. 什么是现付业务？现付业务与普通采购业务在处理上有何不同？

第九章 存货与成本管理业务

[**教学目的和要求**]

通过本章的学习，学生应了解和熟悉库存管理系统、存货核算系统和成本管理系统的基本功能；明确库存管理系统、存货核算系统、成本管理系统与其他系统之间的关系；掌握入库和出库的业务处理；理解实际成本核算体系的基本功能和处理流程；能够结合企业实际，进行库存管理系统与成本管理系统的日常业务及期末业务处理。

第一节 存货与成本管理系统概述

在本章中，存货与成本管理系统具体包括库存管理系统、存货核算系统和成本管理系统三大模块。

一、库存管理系统

库存管理系统主要是从数量的角度管理存货的出入库业务，能够满足采购入库、销售出库、产成品入库、材料出库、其他出入库、盘点管理等业务需要，提供多计量单位使用、仓库货位管理、批次管理、保质期管理、出库跟踪、入库管理、可用量管理等全面的业务应用。通过对存货的收发存业务处理，及时动态地掌握各种库存存货信息，对库存安全性进行控制，提供各种储备分析，避免库存积压占用资金或材料短缺影响生产经营。

二、存货核算系统

存货核算系统主要针对企业收发业务，核算企业存货的入库成本、出库成本和结存成本，反映和监督存货的收发、领退和保管情况，反映和监督存货资金的占用情况。存货核算系统的主要功能分为两大部分：一是针对各种出入库单据进行记账、制单，生成有关存货出入库的会计凭证；二是对已复核的客户、供应商单据如采购发票、销售发票、核销单据等进行制单，生成有关的往来业务凭证。

库存管理系统、存货核算系统与其他系统的关系如图9-1所示。

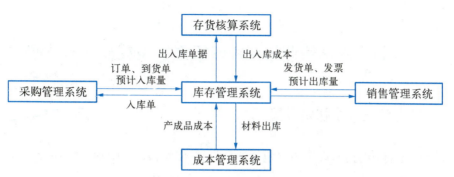

图 9-1 库存管理系统、存货核算系统与其他系统的关系

三、成本管理系统

成本管理系统主要功能是成本核算以及成本计划、预测和分析功能。成本管理系统根据企业定义的产品结构(或物料清单),选择成本的核算方法和各种费用的分配方法、自动对其他系统读取的数据或企业手工录入的数据进行汇总计算,输出用户需要成本核算的结果及其他统计资料。成本管理系统支持品种法(分步法)、完全分批法、部分分批法、分类法等多种成本计算方法,提供多级成本核算,提供成本预测功能,加强成本分析,促使企业不断降低成本。

成本管理系统与其他系统的关系如图 9-2 所示。

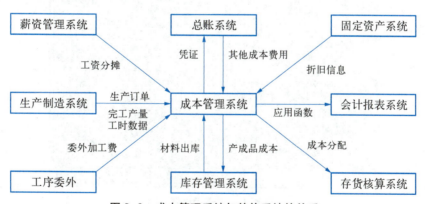

图 9-2 成本管理系统与其他系统的关系

在上述关系中,成本管理系统引用总账系统提供的应计入生产成本的间接费用(制造费用)或其他费用数据;引用固定资产系统提供按部门和会计期间汇总的折旧费用分配表;引用薪酬管理系统提供的、以人员类别划分并按部门和会计期间汇总的应计入生产成本的直接工人费用和间接人工费用;引用存货核算系统提供的各部门的材料消耗数据和产成品入库数据。而存货核算系统则可以从成本管理系统中提取产品单位成本数据。

第二节 库存管理与存货核算系统设置及业务处理

一、库存管理系统初始设置

库存管理系统的初始设置主要包括通用设置、专用设置、预计可用量控制与设置以及其他设置等。

业务 9-1：对上海小米电脑公司库存管理系统进行初始设置。

操作路径：【业务工作】—【供应链】—【库存管理】—【初始设置】—【选项】

上海小米电脑公司库存管理系统的初始设置如图 9-3 所示。

图 9-3 通用设置

二、存货核算系统初始设置

存货核算系统的初始设置主要包括核算方式、控制方式、最高最低设置等。

业务 9-2：对上海小米电脑公司的存货核算系统进行初始设置。

操作路径：【业务工作】—【供应链】—【存货核算】—【初始设置】—【选项】—【选项录入】

上海小米电脑公司存货核算系统的初始设置(主要是核算方式设置)如图9-4所示。

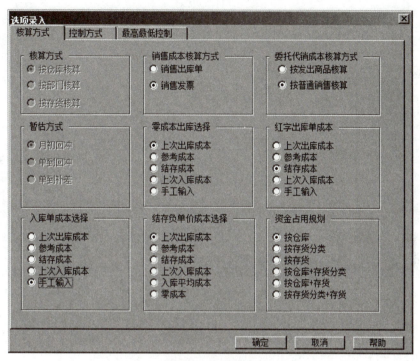

图9-4 核算方式

三、库存管理与存货核算系统业务处理

1. 生产领用原材料

生产领用原材料的业务处理涉及填制材料出库单、领用原材料记账、生成领用原材料的记账凭证三项工作。

业务9-3：12月17日，一车间和二车间分别领用原材料用于生产。

操作路径：【业务工作】—【供应链】—【库存管理】—【出库业务】—【材料出库单】

（1）一车间领用原材料的具体信息如图9-5所示，单击【保存】按钮后，对其进行【审核】。

（2）二车间领用原材料的具体信息如图9-6所示，单击【保存】按钮后，对其进行【审核】。

业务9-4：12月17日，领用原材料的记账。

操作路径：【业务工作】—【供应链】—【存货核算】—【业务核算】—【正常单据记账】

（1）在查询条件选择窗口，单击【确定】按钮，进入正常单据记账列表。

（2）依次单击工具栏中【全选】和【记账】按钮，系统提示"记账成功"，如图9-7所示。

会计信息系统应用

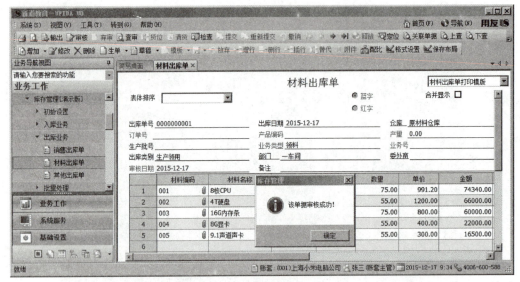

图 9-5 一车间材料出库单

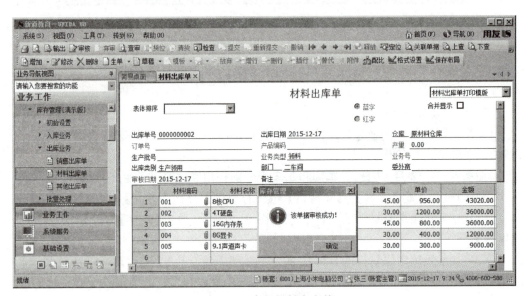

图 9-6 二车间材料出库单

图 9-7　正常单据记账成功

业务 9-5：12 月 17 日，生成领用原材料的记账凭证。

操作路径：【业务工作】—【供应链】—【存货核算】—【财务核算】—【生成凭证】

（1）单击主界面中的【选择】按钮，在弹出的查询条件窗口中单击【确定】按钮，如图 9-8 所示。

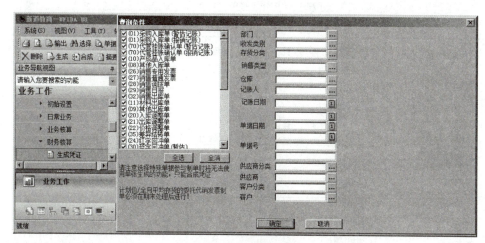

图 9-8　查询条件窗口

（2）在弹出的选择单据窗口分别单击【全选】和【确定】按钮，如图 9-9 所示。

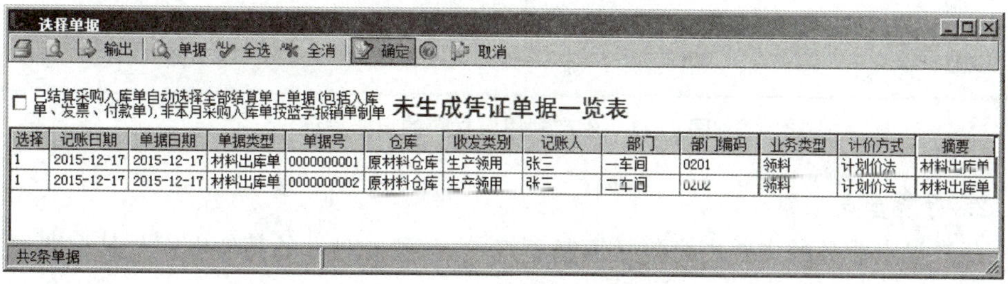

图 9-9　未生成凭证单据一览表

(3)完成转账凭证中对方和存货科目的填写,如图 9-10 所示,单击主界面的【合成】按钮,生成记账凭证,结果如图 9-11 所示,【保存】并【审核】该凭证。

选择	单据类型	单据号	摘要	科目类型	科目编码	科目名称	借方金额	贷方金额	借方数量	贷方数量	科目方向	存货编码	存货名称
1	材料出库单	0000000001	材料出库单	对方	500101	直接材料	60,000.00		60.00		1	001	8核CPU
				存货	140301	CPU		60,000.00		60.00	2	001	8核CPU
				对方	500101	直接材料	14,340.00		15.00		1	001	8核CPU
				存货	140301	CPU		14,340.00		15.00	2	001	8核CPU
				对方	500101	直接材料	66,000.00		55.00		1	002	4T硬盘
				存货	140302	硬盘		66,000.00		55.00	2	002	4T硬盘
				对方	500101	直接材料	60,000.00		75.00		1	003	16G内存条
				存货	140303	内存条		60,000.00		75.00	2	003	16G内存条
				对方	500101	直接材料	22,000.00		55.00		1	004	8G显卡
				存货	140304	显卡		22,000.00		55.00	2	004	8G显卡
				对方	500101	直接材料	16,500.00		55.00		1	005	9.1声道声卡
				存货	140305	声卡		16,500.00		55.00	2	005	9.1声道声卡
		0000000002		对方	500101	直接材料	43,020.00		45.00		1	001	8核CPU
				存货	140301	CPU		43,020.00		45.00	2	001	8核CPU
				对方	500101	直接材料	36,000.00		30.00		1	002	4T硬盘
				存货	140302	硬盘		36,000.00		30.00	2	002	4T硬盘
				对方	500101	直接材料	36,000.00		45.00		1	003	16G内存条
				存货	140303	内存条		36,000.00		45.00	2	003	16G内存条
				对方	500101	直接材料	12,000.00		30.00		1	004	8G显卡
				存货	140304	显卡		12,000.00		30.00	2	004	8G显卡
				对方	500101	直接材料	9,000.00		30.00		1	005	9.1声道声卡

图 9-10 补充记账凭证信息

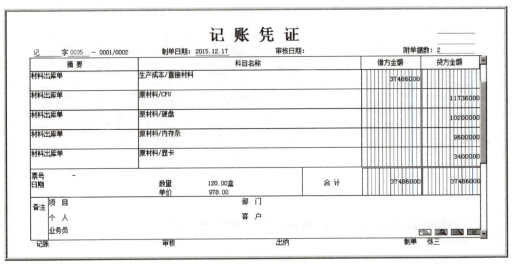

图 9-11 生产领用原材料的记账凭证

2. 存货盘点业务

存货盘点业务的主要内容包括填制盘点单、盘盈或盘亏的其他出库及其记账、生成并结转相应记账凭证。

业务 9-6：12 月 18 日，上海小米电脑公司进行存货的日常盘点，发现 16G 内存条短缺 2 个，其他存货实存数量与账面数量一致。

操作路径：【业务工作】—【供应链】—【库存管理】—【盘点业务】

按图 9-12 录入相关信息，先单击【保存】按钮，再单击【审核】按钮。

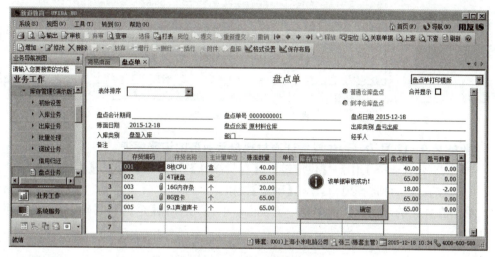

图 9-12　审核盘点单

业务 9-7：12 月 18 日，审核因盘点短缺的出库单。

操作路径：【业务工作】—【供应链】—【库存管理】—【出库业务】—【其他出库单】

（1）单击工具栏中的【末张】图标按钮，显示最近的出库单。

（2）单击工具栏中的【审核】按钮，对其进行审核，系统提示审核成功，如图 9-13 所示。

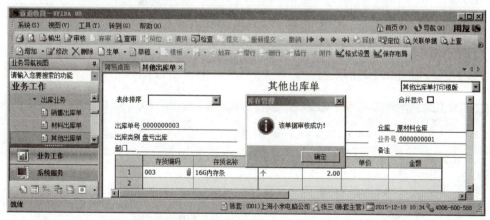

图 9-13　其他出库单审核

业务 9-8：12 月 18 日，盘点出库业务记账。

操作路径：【业务工作】—【供应链】—【存货核算】—【业务核算】—【正常单据记账】

在未记账单据一览表窗口中，选双击需要记账的单据，再单击主界面中【记账】按钮，系统提示"记账成功"，如图 9-14 所示。

201

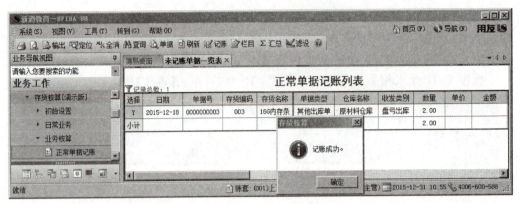

图 9-14　正常单据记账

业务 9-9：12 月 18 日，生成凭证原材料盘亏业务的记账凭证。

操作路径：【业务工作】—【供应链】—【存货核算】—【财务核算】—【生成凭证】

(1) 在查询条件选择窗口，单击【确定】按钮。

(2) 在弹出的未生成凭证单据一览表窗口中，依次单击【全选】和【确定】按钮，如图 9-15 所示。

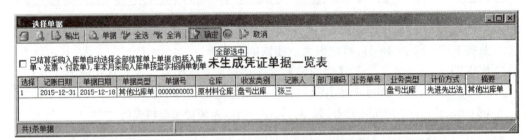

图 9-15　未生成凭证单据一览表

(3) 返回主界面后，先补充记账凭证相关信息，然后双击选择该行记录，最后单击【生成】按钮，如图 9-16 所示。

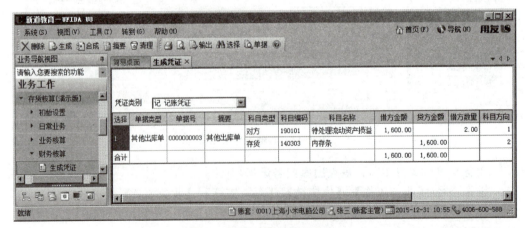

图 9-16　补充记账凭证信息

(4) 由于盘亏原材料进项税额不得抵扣,因此,系统所生成的记账凭证的贷方须增加一行增值税进项税额转出(若事先在存货核算系统设置增值税进项税额转出科目,则此时会自动显示)。修改后的记账凭证如图 9-17 所示,【保存】并【审核】该凭证。

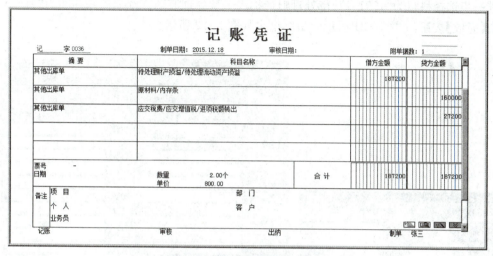

图 9-17 原材料盘亏的记账凭证

业务 9-10: 12 月 19 日,定义结转原材料盘亏损失的转账凭证。

操作路径:【业务工作】—【财务会计】—【总账】—【期末】—【转账定义】—【自定义转账】

(1) 在自定义转账设置窗口,点击【增加】按钮,在弹出的转账目录窗口输入转账目录基本信息,转账序号"0005",转账说明"结转原材料盘亏损失",单击【确定】按钮,进入会计分录设置。

(2) 第一行会计分录设置:录入科目编码为"660206"(管理费用—其他),方向"借"。在金额公式下窗口,点击引导按钮,在弹出的公式引导窗口,单击选择"取对方科目计算结果",函数名自动对应"JG()",点击【下一步】按钮,如图 9-18 所示。在弹出的公式引导窗口中,公式名称选择,点击【完成】按钮,如图 9-19 所示。

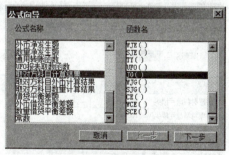

图 9-18 公式向导 1

图 9-19 公式向导 2

（3）第二行会计分录设置：录入科目编码为"190101"（待处理财产损溢—待处理流动资产损溢），方向"贷"。在金额公式下窗口，点击引导按钮，在弹出的公式引导窗口，单击选择"借方发生额"，函数名自动对应"FS()"，点击【下一步】按钮，如图 9-20 所示。进一步选择科目为"190101"（待处理财产损溢—待处理流动资产损溢），期间为"月"，点击【完成】按钮，如图 9-21 所示。最终结果如图 9-22 所示。

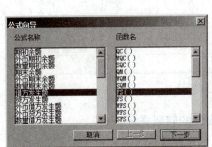

图 9-20　公式向导 3

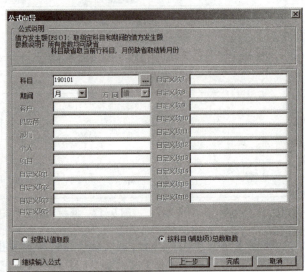

图 9-21　公式向导 4

图 9-22　自定义转账设置

业务 9-11：12 月 19 日，生成结转原材料盘亏损失的转账凭证。

前提工作：上述业务涉及的记账凭证均已经审核并记账。

操作路径：【业务工作】—【财务会计】—【总账】—【期末】—【转账生成】

双击编号为"0005"所在行的"是否结转"下窗口，使之显示"Y"选中标识，再点击【确定】按钮，如图 9-23 所示。系统生成记账凭证，结果如图 9-24 所示，【保存】并【审核】该凭证。

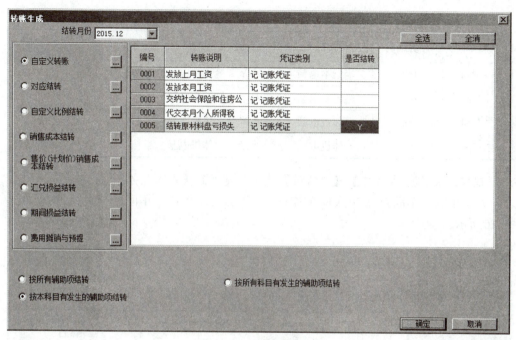

图 9-23 选择转账生成

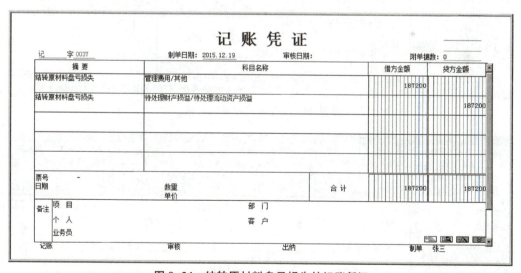

图 9-24 结转原材料盘亏损失的记账凭证

3. 产成品完工入库

产成品完工入库业务内容主要包括填制和审核产成品入库单。

业务 9-12：12 月 20 日，公司产成品完工入库，各车间完工数量如表 9-1 所示。

表 9-1　各车间产品完工数量

所属车间	存货编码	存货分类	存 货 名 称	计量单位	完工数量
一车间	006	笔记本电脑	小米 2 笔记本电脑	台	30
一车间	007	笔记本电脑	小米 4 笔记本电脑	台	20
二车间	008	一体机电脑	小米 2 一体机电脑	台	15
二车间	009	一体机电脑	小米 4 一体机电脑	台	15

操作路径：【业务工作】—【供应链】—【库存管理】—【入库业务】—【产成品入库单】

（1）填制一车间产成品入库单如图 9-25 所示，填制二车间产成品入库单如图 9-26 所示。

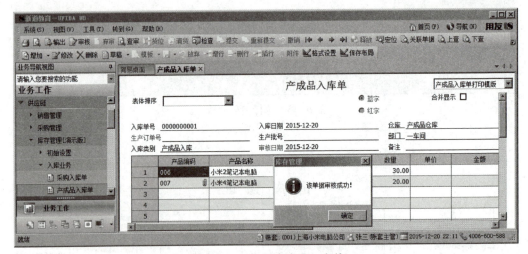

图 9-25　一车间产成品入库单

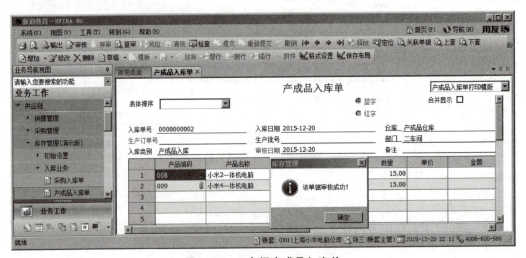

图 9-26　二车间产成品入库单

（2）针对每一张入库单，单击主界面的【保存】图标按钮，再单击【审核】按钮。

> 【提示】
> 因为目前无法获取产成品的成本数据，所以产成品入库单中产成品的单价和金额无须填写。当在成本管理系统完成成本计算后，我们可以通过存货核算系统中的"产成品成本分配"功能自动分配入库产成品的单价和金额。

第三节 成本管理系统设置及业务处理

一、成本管理系统初始设置

本教材启用了管理会计模块中的成本管理系统进行产品成本核算。成本管理系统的初始设置主要涉及成本取数、定义产品属性、费用明细与总账接口、相关费用（共用材料、直接人工、制造费用和在产品成本等）分配率、定额分配标准的设置等。

业务 9-13：12 月 20 日，首次启用管理会计模块，对成本管理系统进行初始设置。

操作路径：【业务工作】—【管理会计】—【成本管理】—【设置】—【选项】

（1）首次启动成本管理系统，应进行成本核算体系的选择，如图 9-27 所示，选择"实际成本核算体系"，单击【确定】按钮，系统提示确认，选择【是】，如图 9-28 所示。

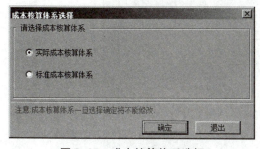

图 9-27 成本核算体系选择   图 9-28 确认提示

（2）在成本核算方法选项卡中，选择核算方法为"全部统一"，具体方法为"品种法或分步法"，如图 9-29 所示。

（3）在存货数据来源选项卡中，选择"来源于存货核算系统"，将出库类别中的"生产领用"选中，单击【＞】按钮，移至记入直接材料费用窗口下。同理，将入库类别中的"产成品入库"，移至记入入库数量窗口下，结果如图 9-30 所示。

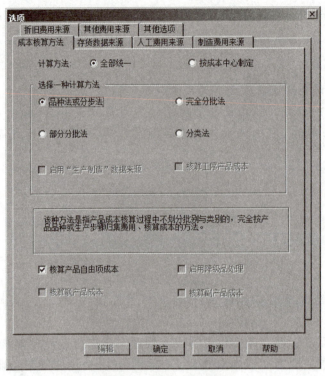

图 9-29　成本核算方法

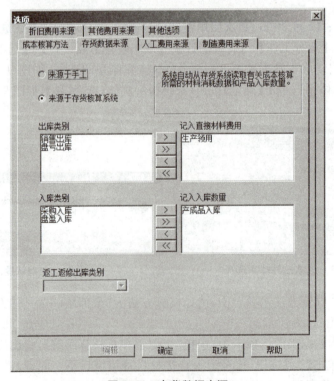

图 9-30　存货数据来源

(4)在人工费用来源选项卡中,因实行单一工资类别核算,系统已自动选择工资类别为"上海小米电脑公司"。接下来,首先选择"来源于存货核算系统",然后勾选工资分摊类型窗口下的"计提工资"至"提取职工教育经费"五种类型,最后将人员类别窗口下的"车间管理人员"移至"记入制造费用"窗口下,将人员类别窗口下的"生产人员"移至记入"直接人工费"窗口下,结果如图 9-31 所示。

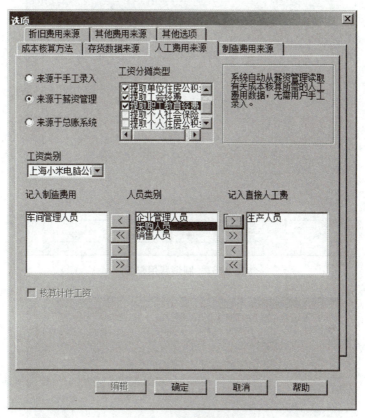

图 9-31 人工费用来源

【提示】

由于工资分摊类型中的"提取个人社会保险"等业务处理只冲减应付职工薪酬(借方)和增加其他应付款(贷方),不涉及生产成本、制造费用等人工费用,因此不用勾选。

(5)在制造费用来源选项卡中,选择"来源于总账系统",如图 9-32 所示。
(6)在折旧费用来源选项卡中,选择"来源于固定资产系统",如图 9-33 所示。
(7)在其他费用来源选项卡中,选择"来源于总账系统",如图 9-34 所示。

业务 9-14:12 月 20 日,定义上海小米电脑公司的产品属性。
操作路径:【业务工作】—【管理会计】—【成本管理】—【设置】—【定义产品属性】

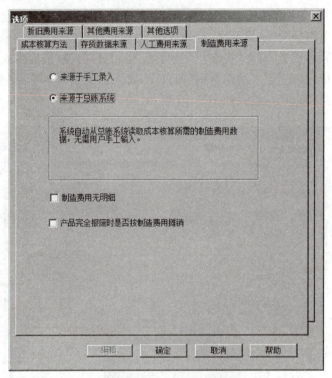

图 9-32　制造费用来源

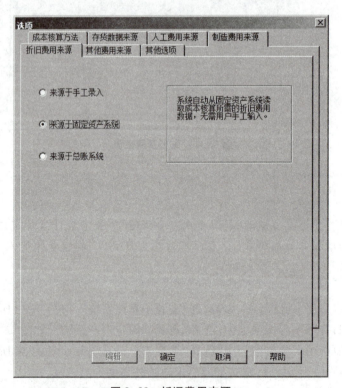

图 9-33　折旧费用来源

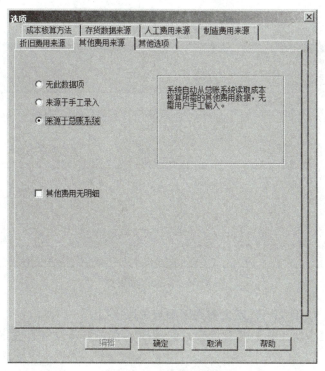

图 9-34　其他费用来源

（1）在弹出的查询条件选择窗口，默认选择成本对象类型为"实际成本对象"，启用状态为"启用"，单击【确定】按钮，如图 9-35 所示。

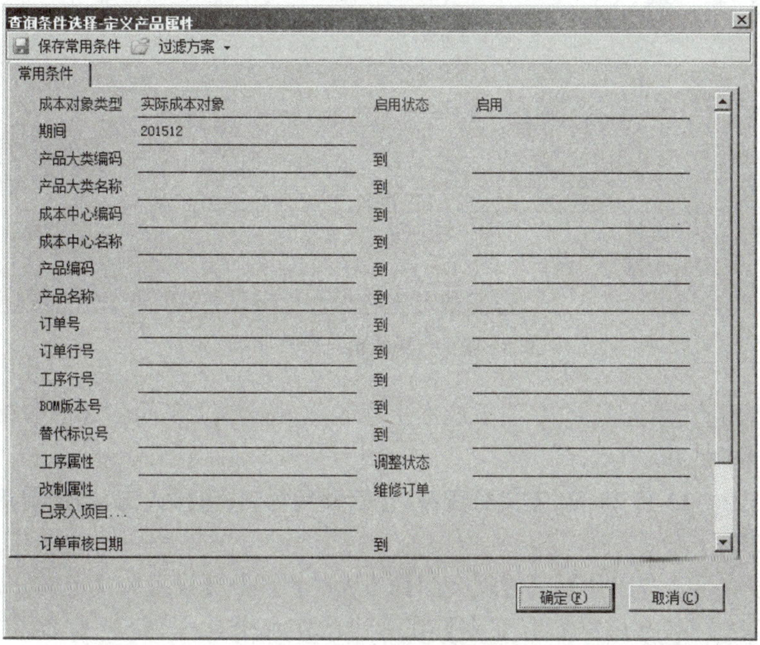

图 9-35　查询条件选择

(2)在工具栏中单击【刷新】按钮,结果如图9-36所示。

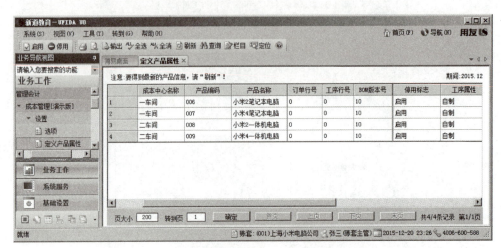

图9-36 定义产品属性

业务9-15:12月20日,定义费用明细与总账接口。

操作路径:【业务工作】—【管理会计】—【成本管理】—【设置】—【定义费用明细与总账接口】

(1)在制造费用选项卡中,下拉成本中心名称,选择"一车间(0201)",相关费用明细的定义如图9-37所示。

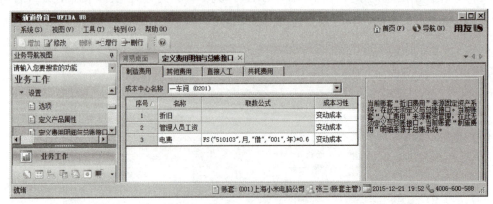

图9-37 一车间相关费用明细

(2)在制造费用选项卡中,下拉成本中心名称,选择"二车间(0202)",相关费用明细的定义如图9-38所示。

业务9-16:12月20日,定义分配率,包括共用材料、直接人工、制造费用和在产品成本分配率等。

操作路径:【业务工作】—【管理会计】—【成本管理】—【设置】—【定义分配率】

(1)双击左侧【共用材料分配率】,在弹出的定义分配率窗口中,选择"按材料定额",单击【确定】按钮后退出,如图9-39所示。

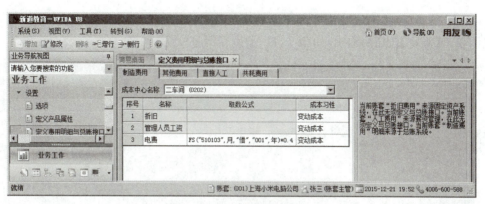

图 9-38　二车间相关费用明细

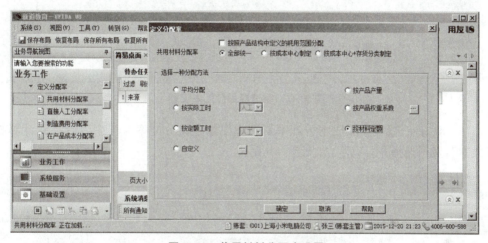

图 9-39　共用材料分配率设置

（2）双击左侧【直接人工分配率】，在弹出的定义分配率窗口中，选择"按产品产量"，单击【确定】按钮后退出，如图 9-40 所示。

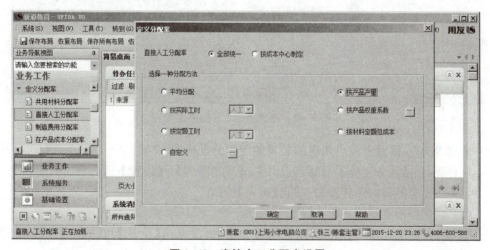

图 9-40　直接人工分配率设置

(3) 双击左侧【制造费用分配率】,在弹出的定义分配率窗口中,选择"按产品产量",单击【确定】按钮后退出,如图 9-41 所示。

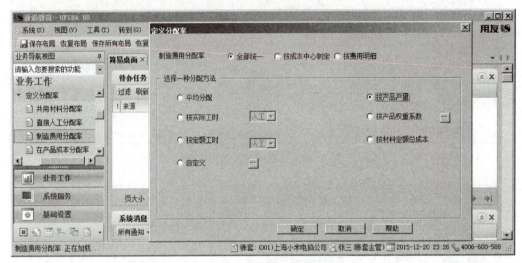

图 9-41 制造费用分配率设置

(4) 双击左侧【在产品成本分配率】,在弹出的定义分配率窗口中,选择"只计算材料成本",费用选择"不计算",如图 9-42 所示。

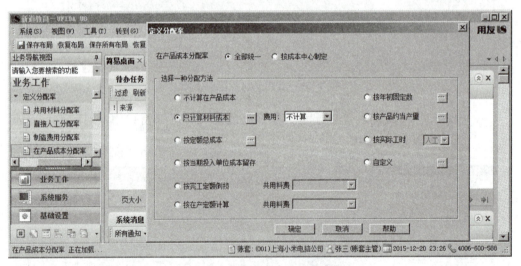

图 9-42 在产品成本分配率设置

业务 9-17:设置上海小米电脑公司的定额分配标准。

操作路径:【业务工作】—【管理会计】—【成本管理】—【设置】—【定额分配标准】

(1) 在弹出的查询条件窗口,单击【确定】按钮。

(2) 在主界面工具栏中单击【取数】按钮。

(3) 在弹出的选项窗口范围设定选项卡中,依次单击【全选】和【执行】按钮,如图 9-43 所示。

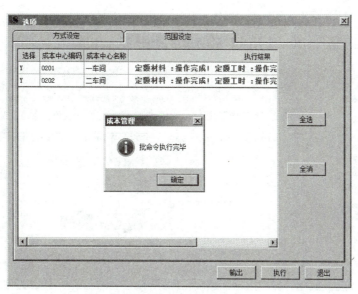

图 9-43　范围设定

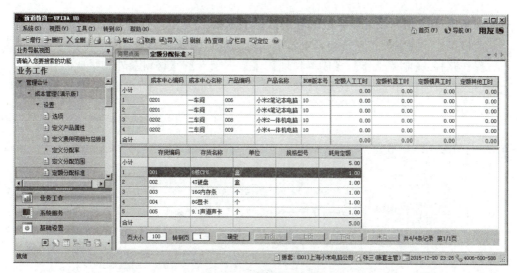

图 9-44　定额分配标准

（4）单击选项窗口中的【退出】按钮，返回定额分配标准窗口，结果如图 9-44 所示。

二、成本管理系统日常业务处理

成本管理系统的日常业务主要包括期初余额调整记账、相关数据（材料及外购半成品耗用、人工费用、折旧费用、制造费用等）录入、完工产品和月末在产品产量数据录入、产品成本计算、会计科目设置和制造费用结转、完工产品成本分配与记账凭证的生成等内容。

业务 9-18：12 月 20 日，对期初余额调整进行记账。

操作路径：【业务工作】—【管理会计】—【成本管理】—【设置】—【期初余额调整】

(1) 在弹出的查询条件选择窗口，单击【确定】按钮，进入期初余额调整。
(2) 单击工具栏中【记账】按钮，对期初余额调整进行记账，结果如图9-45所示。

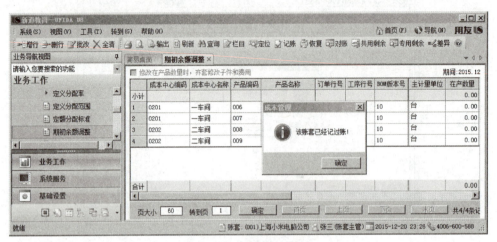

图 9-45　期初余额记账

业务 9-19：材料及外购半成品耗用数据的取数。

前提工作：固定资产系统与薪资管理系统已进行结账。

操作路径：【业务工作】—【成本管理】—【数据录入】—【材料及外购半成品耗用】

(1) 在筛选框中选择"共用材料"，因为本公司所有产品没有专用材料，如图9-46所示。

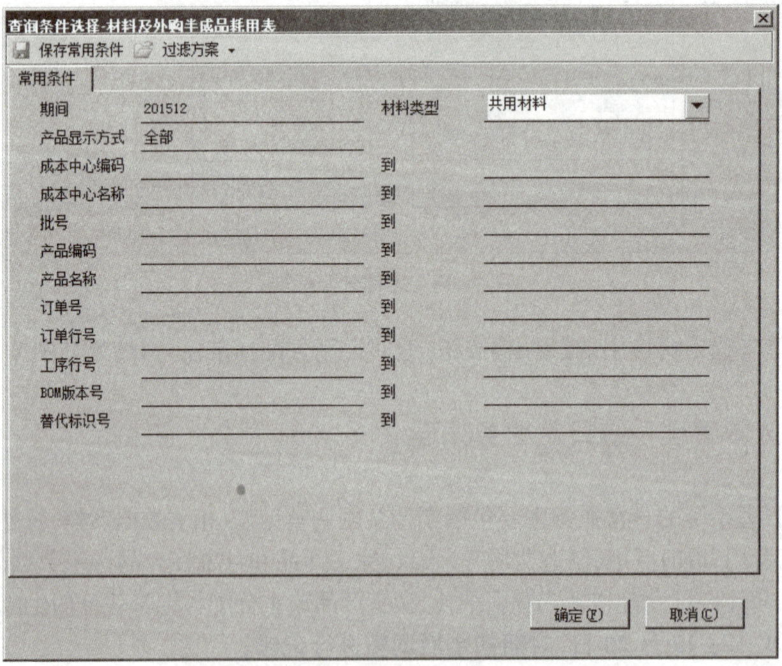

图 9-46　选择材料类型

（2）在主界面工具栏中单击【取数】按钮。
（3）在弹出的选项窗口"范围设定"选项卡中，依次单击【全选】和【执行】按钮，如图9-47所示。

图 9-47　范围设定

（4）单击选项窗口中的【退出】按钮，返回定额分配标准窗口，一车间的录入结果如图 9-48 所示，二车间的录入结果如图 9-49 所示。

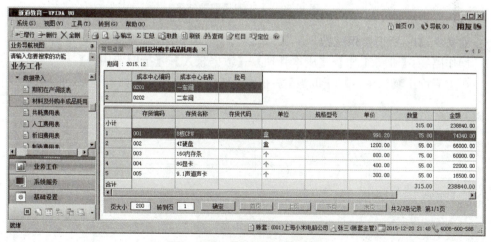

图 9-48　一车间材料取数结果

业务 9-20：人工费用取数。

操作路径：【业务工作】—【成本管理】—【数据录入】—【人工费用表】

在主界面工具栏中，单击【取数】按钮，人工费用的取数结果如图 9-50 所示。

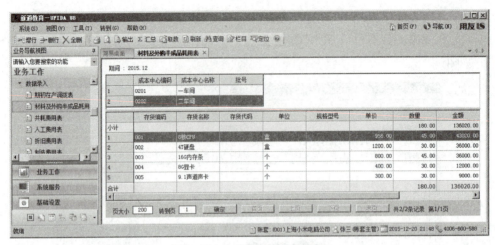

图 9-49 二车间材料取数结果

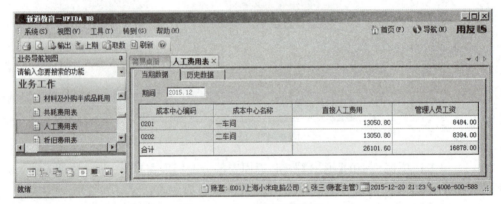

图 9-50 人工费用取数结果

业务 9-21：折旧费用取数。

操作路径：【业务工作】—【成本管理】—【数据录入】—【折旧费用表】

在主界面工具栏中，单击【取数】按钮，折旧费用的取数结果如图 9-51 所示。

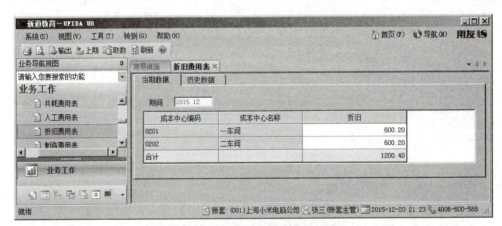

图 9-51 折旧费用取数结果

业务 9-22：制造费用取数。

操作路径：【业务工作】—【成本管理】—【数据录入】—【制造费用表】

在主界面工具栏中，单击【取数】按钮，一车间制造费用的取数结果如图 9-52 所示，二车间制造费用的取数结果如图 9-53 所示。

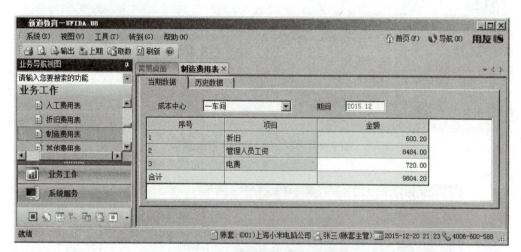

图 9-52　一车间制造费用取数结果

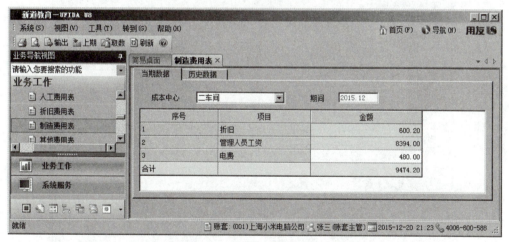

图 9-53　二间制造费用取数结果

业务 9-23：完工产品产量取数。

操作路径：【业务工作】—【成本管理】—【数据录入】—【完工产品日报表】

（1）在弹出的查询条件选择窗口，单击【确定】按钮，进入完工产品日报表窗口。

（2）在主界面窗口中，单击【取数】按钮，完工产品产量取数结果如图 9-54 所示。

业务 9-24：月末在产品数量录入。

操作路径：【业务工作】【成本管理】—【数据录入】—【月末在产品处理表】

（1）在弹出的筛选框中选择"共用材料"，因为本公司所有产品没有专用材料，如图 9-55 所示。

图 9-54 完工产品日报表取数结果

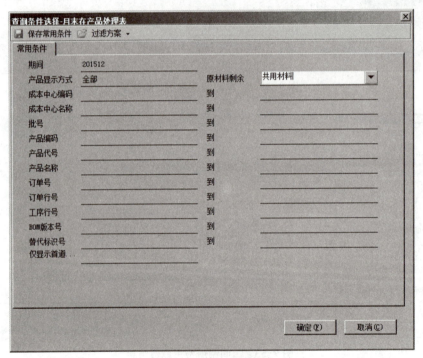

图 9-55 查询条件筛选

（2）在月末在产品处理表窗口中，录入本期一车间月末在产品的数量（二车间产品均完工），如图 9-56 所示。

【提示】

由于本公司没有启用生产制造系统，所以月末在产品不能通过【取数】功能得到，而只能手工录入。

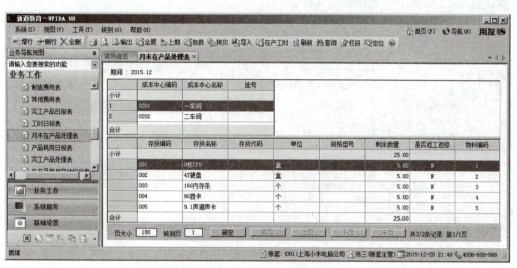

图 9-56　月末在产品数据录入

业务 9-25：完工产品处理。

操作路径：【业务工作】—【成本管理】—【数据录入】—【完工产品处理表】

(1) 在弹出的筛选框中，单击【确定】按钮，进入完工产品处理窗口。

(2) 在主界面工具栏中，单击【取数】按钮，结果如图 9-57 所示。

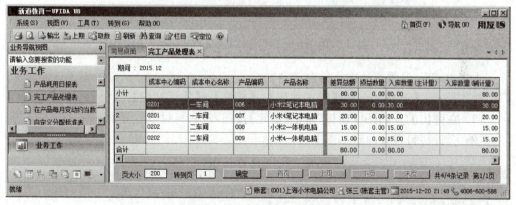

图 9-57　完工产品处理表

业务 9-26：产品成本计算前的单据检查。

操作路径：【业务工作】—【成本管理】—【核算】—【单据检查】

单击工具栏中【检查】按钮，系统提示"检查完毕，没有错误！"，如图 9-58 所示。

业务 9-27：产品成本计算。

操作路径：【业务工作】—【成本管理】—【核算】—【成本计算】

在弹出的成本计算窗口中，单击【计算】按钮，系统提示"成本计算已完成，结果到凭证与报表中查询！"，如图 9-59 所示。

图 9-58 单据检查结果

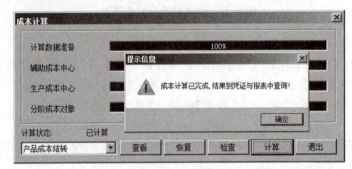

图 9-59 成本计算

业务 9-28:设置产品成本的会计科目。
操作路径:【业务工作】—【成本管理】—【核算】—【凭证处理】—【科目设置】
(1) 在弹出的查询条件窗口,单击【确定】按钮,进入科目设置界面。
(2) 会计科目设置内容如图 9-60 所示。

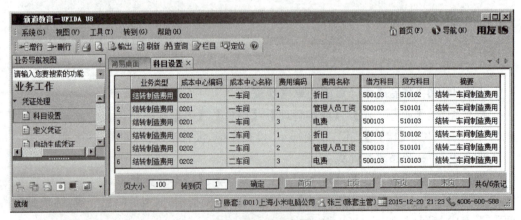

图 9-60 科目设置

【提示】

输入完第一行后关闭"科目设置"窗口,再进入输入第二行。输入完第二行后,先单击第一行,再单击工具栏中"增行"按钮,然后输入第三行,以后依此类推。

业务 9-29:定义结转制造费用的记账凭证。

操作路径:【业务工作】—【成本管理】—【核算】—【凭证处理】—【定义凭证】

(1) 结转制造费用的凭证定义如图 9-61 所示。

(2) 单击工具栏中【科目同步】按钮,完成凭证的定义。

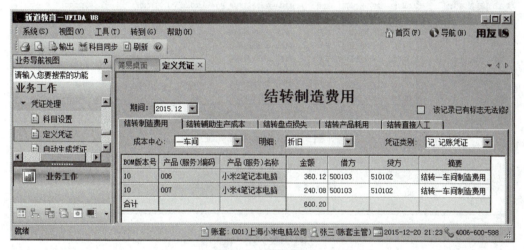

图 9-61　定义凭证

业务 9-30:自动生成制造费用结转的记账凭证。

操作路径:【业务工作】—【成本管理】—【核算】—【凭证处理】—【自动生成凭证】

(1) 在弹出的查询条件窗口中,单击【确定】按钮,进入自动生成凭证窗口。

(2) 系统根据定义凭证的结果自动定义凭证如图 9-62 所示。

(3) 单击工具栏【制单】按钮,系统生成两张记账凭证,如图 9-63 和图 9-64 所示,【保存】并【审核】该凭证。

业务 9-31:12 月 20 日,完工产品成本分配。

操作路径:【业务工作】—【供应链】—【存货核算】—【业务核算】—【产成品成本分配】

(1) 在弹出的查询条件窗口中,单击【确定】按钮,进入产成品成本分配界面。

(2) 单击工具栏【查询】按钮,在弹出的产成品成本分配表查询窗口,选择"产成品仓库",单击【确定】按钮后返回。

(3) 先单击【全取】按钮,完成金额和单价的取数,再单击【分配】按钮,系统将单价分配至存货核算系统已入库产品生产成本,以便后续进行"正常单据记账"工作。最后,系统提示"分配操作顺利完成",如图 9-65 所示。

图 9-62 自动生成凭证

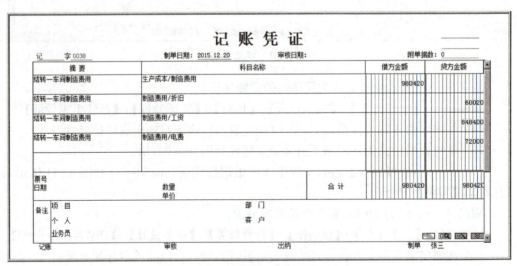

图 9-63 结转一车间制造费用的记账凭证

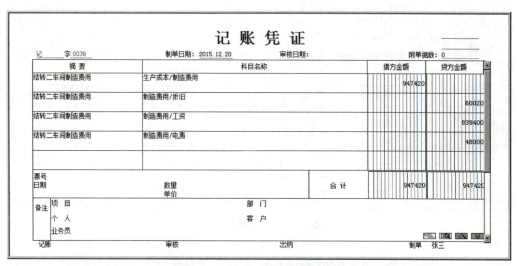

图 9-64 结转二车间制造费用的记账凭证

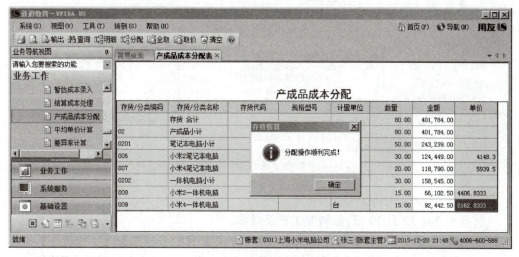

图 9-65 产成品成本分配

业务 9-32：12 月 20 日，产成品入库单据记账。

操作路径：【业务工作】—【供应链】—【存货核算】—【业务核算】—【正常单据记账】

（1）在弹出的查询条件窗口，单击【确定】按钮，进入未记账单据一览表界面。

（2）依次单击工具栏【全选】和【记账】按钮，系统提示"记账成功"，如图 9-66 所示。

业务 9-33：查询完工产品成本（材料费用、人工费用、制造费用），为结转完工产品成本做准备。

操作路径：【业务工作】—【供应链】—【成本管理】—【账表】—【成本汇总报表】—【完工产品成本汇总表】

完工产品成本计算结果如图 9-67 所示，请留意材料费用、人工费用、制造费用三项的计算结果，将用于后续生成结转完工产品成本的记账凭证中。

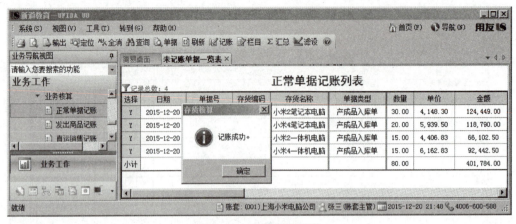

图 9-66　正常单据记账

图 9-67　完工产品成本汇总表

业务 9-34：12 月 20 日，结转完工产品成本。

操作路径：【业务工作】—【供应链】—【存货核算】—【财务核算】—【生成凭证】

(1) 在主界面中，单击【选择】按钮，在弹出的查询条件窗口中，单击【确定】按钮。

(2) 在弹出的选择单据窗口中，依次单击【全选】和【确定】按钮，如图 9-68 所示，返回主界面。

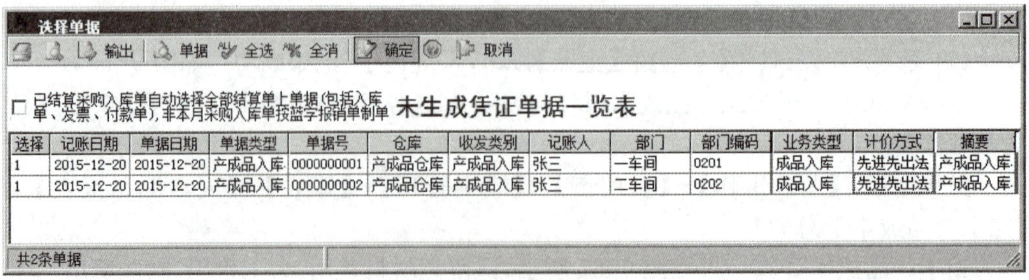

图 9-68　未生成凭证单据一览表

(3) 补充完善记账凭证项目大类等信息，结果如图 9-69 所示。

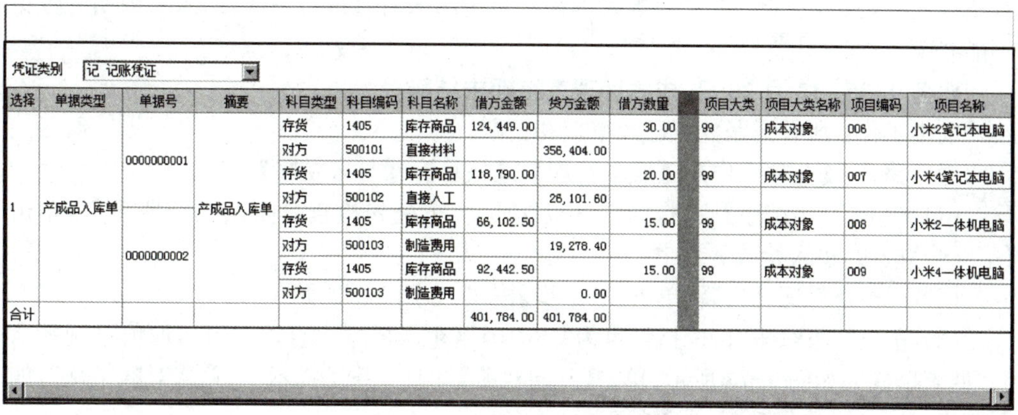

凭证类别 记 记账凭证

选择	单据类型	单据号	摘要	科目类型	科目编码	科目名称	借方金额	贷方金额	借方数量	项目大类	项目大类名称	项目编码	项目名称
1	产成品入库单	0000000001	产成品入库单	存货	1405	库存商品	124,449.00		30.00	99	成本对象	006	小米2笔记本电脑
				对方	500101	直接材料		356,404.00					
				存货	1405	库存商品	118,790.00		20.00	99	成本对象	007	小米4笔记本电脑
				对方	500102	直接人工		26,101.60					
		0000000002		存货	1405	库存商品	66,102.50		15.00	99	成本对象	008	小米2一体机电脑
				对方	500103	制造费用		19,278.40					
				存货	1405	库存商品	92,442.50		15.00	99	成本对象	009	小米4一体机电脑
				对方	500103	制造费用		0.00					
合计							401,784.00	401,784.00					

图 9-69 补充记账凭证信息

(4) 单击主界面【合成】按钮，生成的记账凭证如图 9-70 所示，【保存】并【审核】该凭证。

记账凭证

记 字 0040 - 0001/0002 制单日期：2015.12.20 审核日期： 附单据数：2

摘要	科目名称	借方金额	贷方金额
产成品入库单	库存商品	12444900	
产成品入库单	库存商品	11879000	
产成品入库单	库存商品	6610250	
产成品入库单	库存商品	9244250	
产成品入库单	生产成本/直接材料		35640400
票号 日期	数量 30.00台 单价 4148.30 合计	40178400	40178400

备注 项目 小米2笔记本电脑 部门

个人 客户

业务员

记账 审核 出纳 制单 张三

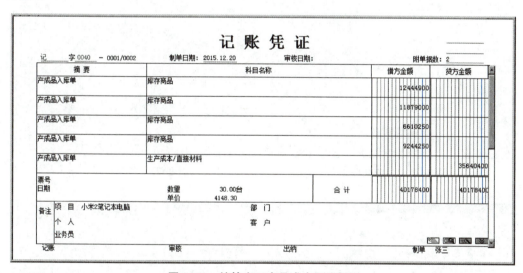

图 9-70 结转完工产品成本记账凭证

> 【提示】
>
> 记账凭证补充信息中直接材料、直接人工和制造费用的数据来自完工产品成本汇总表(详见图 9-67)。

三、成本管理系统的月末结账

当成本管理系统完成了所有成本计算与结转业务处理后，可以进行月末结账。成本管理系统在月末结账前将对结账条件和凭证进行检查,并与总账进行对账,只有当所有条件均满足后,才能结账。成本管理系统月末结账每月进行一次,结账后当期的数据不能修改。

业务9-35:12月20日,成本管理系统期末结账。

前提工作:所有记账凭证已经审核和记账。

操作路径:【业务工作】—【成本管理】—【核算】—【月末结账】

(1)单击【开始结账】按钮,如图9-71所示,系统先检查是否具备结账条件,单击【下一步】按钮,进入检查凭证。

(2)在检查凭证合格后,单击【下一步】按钮,如图9-72所示。

(3)在与总账对账时,选择科目为"500101"(生产成本—直接材料),取值系统默认为"期末余额",如图9-73所示,单击【开始对账】按钮。系统提示"与总账对账平衡",如图9-74所示,单击【完成结账】按钮。

图9-71 月末处理1　　　　　图9-72 月末处理2

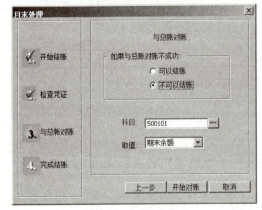

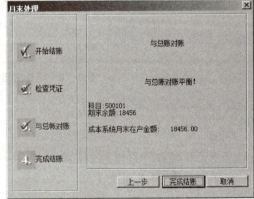

图9-73 月末处理3　　　　　图9-74 月末处理4

复习思考题

1.库存管理系统日常业务处理中入库业务和出库业务包括哪些内容?

2. 为什么库存管理系统中的某些功能与采购管理系统以及销售管理系统的某些功能是重叠的？例如，库存管理系统入库业务与采购管理系统采购入库均有"采购入库单"选项，库存管理系统出库业务与销售管理系统销售出库均有"销售出库单"选项。

3. 简述实际成本核算体系中产品成本计算的基本流程。

第十章　销售与收款业务

[教学目的和要求]

通过本章的学习，学生应了解和熟悉销售管理系统与应收款管理系统的功能，明确销售管理系统、应收款管理系统与其他系统之间的关系，掌握普通销售业务、销售现结业务、委托代销业务以及销售退货业务的处理过程和要求，掌握应收款管理系统的应收单据处理、收款单据处理。

第一节　销售与收款系统概述

一、销售管理系统

销售管理系统帮助企业对销售业务的全部流程进行管理，提供报价、订货、发货、开票的完整销售流程，支持普通销售、委托代销、分期收款、直运、零售、销售调拨等多种类型的销售业务，支持以订单为核心的业务模式，并可对销售价格和信用进行实时监控。企业可以根据实际情况进行销售流程的定制，构建适合企业自身特点的销售业务管理平台。

销售管理系统与其他系统之间的关系如图10-1所示。

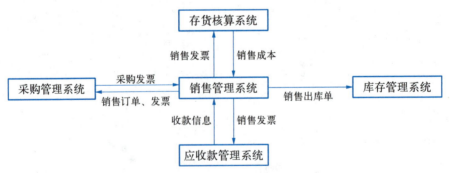

图10-1　销售管理系统与其他系统的关系

二、应收款管理系统

应收款管理系统主要是实现企业与客户之间业务往来账款的核算与管理。应收款管理系统以销售发票、费用单、其他应收单等原始单据为依据,记录销售业务及其他业务所形成的往来款项,处理应收款项的收回、还账、转账等业务,同时提供票据处理功能以实现对应收款的管理。

第二节 销售与收款系统初始设置

一、销售管理系统初始设置

销售管理系统初始设置是在启用该系统后,在进行销售业务处理前,根据核算要求和实际业务情况进行的有关初始化工作,主要包括账套参数设置、基础信息设置和期初数据录入。

业务 10-1: 12 月 21 日,对销售管理系统进行初期设置。

操作路径:【业务工作】—【供应链】—【销售管理】—【设置】—【销售选项】

(1) 业务控制选项卡中的相关设置如图 10-2 所示。注意勾选"有分期收款业务",其他按系统默认。

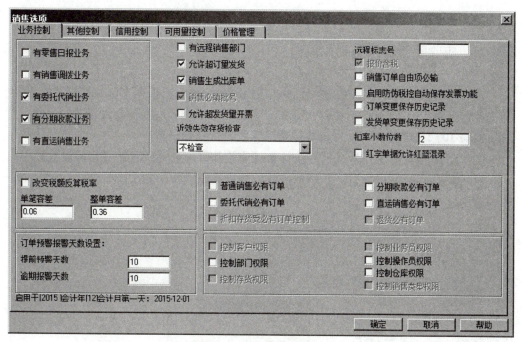

图 10-2 业务控制选项卡

(2) 其他控制选项卡中的相关设置如图 10-3 所示。值得注意的是,因已参照订单生成销售单,所以在"新增发票默认"时,勾选"参照发货"。

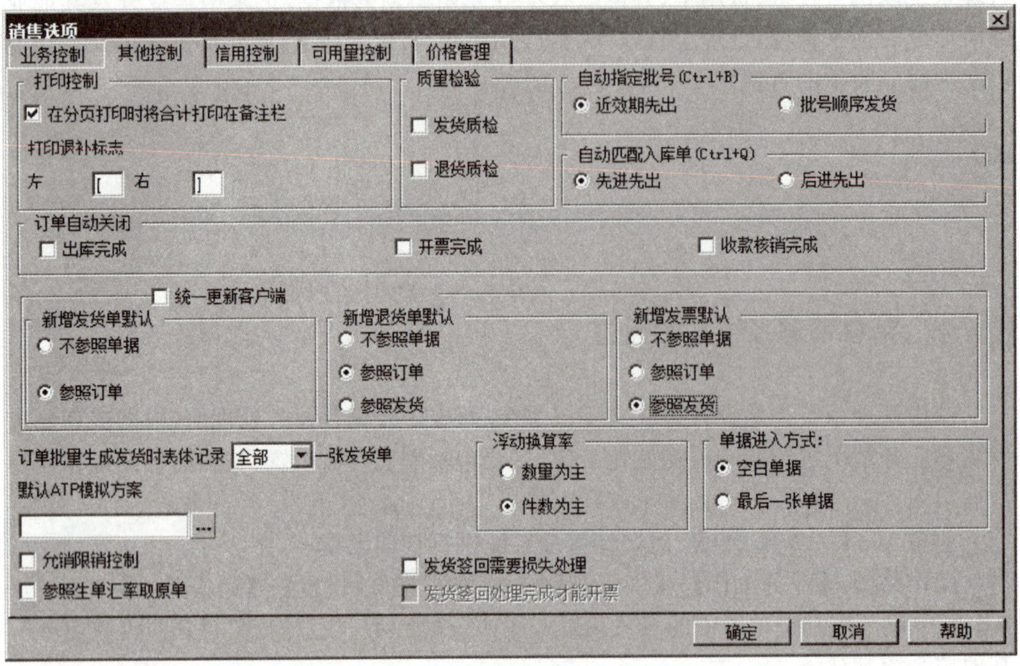

会计信息系统应用

图 10-3 其他控制选项卡

二、应收款管理系统初始设置

在启用应收款管理系统后,进行正常应收业务处理前,要根据本单位核算要求和实际业务情况进行有关的设置,主要包括账套参数设置、单据设置、初始设置等。

业务 10-2:12 月 21 日,对应收款管理系统进行初始设置。

操作路径:【业务工作】—【财务会计】—【应收款管理】—【设置】—【初始设置】

(1)单击主界面【增加】按钮,增加应收款管理系统涉及的相关会计科目,结果如图 10-4 所示。

图 10-4 基本科目设置

(2) 单击"坏账准备设置",相关具体设置如图 10-5 所示,完成后单击【确定】按钮,系统提示"储存完毕"。

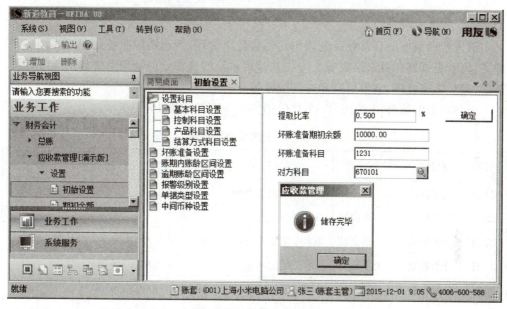

图 10-5　坏账准备设置

业务 10-3：12 月 21 日,设置应收款管理系统的账套参数。

操作路径：【业务工作】—【财务会计】—【应收款管理】—【设置】—【选项】

在弹出的账套参数设置窗口中,设置坏账处理方式为"应收余额百分比法",代垫费用类型为"其他应收单"。因本公司销售业务给予现金折扣,所以选中"自动计算现金折扣",如图 10-6 所示,其他设置按系统默认。

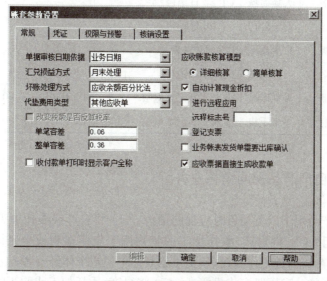

图 10-6　账套参数设置

第三节 销售与收款业务处理

销售管理系统的日常业务处理包括销售订单管理、普通销售业务处理、退货业务处理、销售账表查询和月末结账等。应收款管理系统的日常业务处理主要包括应收处理、票据管理、坏账处理、制单处理和查询统计等。

上海小米电脑公司2015年12月份销售业务明细如表10-1所示。

表10-1 销售业务明细表

日期	业务内容	客 户	产品名称	数量	单价	付款条件	定金	运费
21日	领用自产	—	小米2笔记本电脑	2	4 500	—	—	—
22日	发生坏账	京东商城	—	—	—	—	—	—
23日	普通销售	天猫商城	小米2笔记本电脑	40	12 400	n/60	—	—
24日	分期收款	天猫商城	小米2笔记本电脑	20	12 400	n/60	—	—
25日	分期收款	天猫商城	小米2笔记本电脑	15	12 400	n/60	—	—
26日	普通销售	淘宝公司	小米4笔记本电脑	20	16 500	5/10,2/20,n/30	2万	400
27日	委托代销	旗舰公司	小米2一体机电脑	15	14 200	n/60	—	—
27日	委托代销	旗舰公司	小米4一体机电脑	15	18 600	n/60	—	—
27日	第一批收款	天猫商城	(于24日销售)	—	—	—	—	—
28日	代销结算	旗舰公司	(于27日销售)	—	—	—	—	—
28日	销售收款	天猫商城	(于23日销售)	—	—	—	—	—
29日	销售收款	淘宝公司	(于26日销售)	—	—	—	—	—
29日	收回坏账	京东商城	(22日发生坏账)	—	—	—	—	—
30日	第二批收款	天猫商城	(于25日销售)	—	—	—	—	—
30日	销售退货	天猫商城	小米2笔记本电脑	1	12 400	n/60	—	—
31日	子公司销售	小米手机	小米2笔记本电脑	2	12 400	n/60	—	—

一、领用自产产品视同销售业务

领用自产产品用于以下项目时应视同销售：(1) 将自产或委托加工的货物用于非增值税应税项目；(2) 将自产、委托加工的货物用于集体福利或个人消费；(3) 将自产、委托加工或购买的货物作为投资,提供给其他单位或个体经营者；(4) 将自产、委托加工或购买的货物分配给股东或投资者；(5) 将自产、委托加工或购买的货物无偿赠送其他单位或者个人。

业务 10-4：12 月 21 日，本公司领用自产小米 2 笔记本电脑 2 台，填制其他出库单。

【说明】

领用自产产品应视同销售，在以成本转账的同时，应当按税收规定缴纳增值税。在固定资产系统已经结账的情况下，领用自产产品必须先在月末恢复固定资产系统结账前状态。之所以在此处设计该经济业务，主要出于以下考虑：一是练习固定资产系统的反结账（取消结账），二是分析存货核算先进先出法的具体运用，三是掌握特殊销售业务的处理流程。

操作路径：【业务工作】—【供应链】—【库存管理】—【出库业务】—【其他出库单】
按图 10-7 填写其他出库单，【保存】并【审核】该出库单。

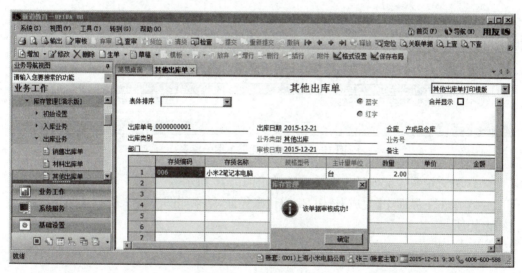

图 10-7　其他出库单

业务 10-5：12 月 21 日，本公司领用自产小米 2 笔记本电脑 2 台，其他出库单记账。

操作路径：【业务工作】—【供应链】—【存货核算】—【业务核算】—【正常单据记账】
（1）在弹出的查询条件窗口，单击【确定】按钮。
（2）在正常单据记账列表窗口，依次单击工具栏【全选】和【记账】按钮，如图 10-8 所示，系统提示"记账成功"。

业务 10-6：12 月 21 日，本公司领用自产小米 2 笔记本电脑 2 台，生成记账凭证。
操作路径：【业务工作】—【供应链】—【存货核算】—【财务核算】—【生成凭证】
（1）单击主界面【选择】按钮，在弹出的查询条件窗口，单击【确定】按钮。
（2）在弹出的未生成凭证单据一览表窗口中，依次单击工具栏【全选】和【确定】按钮,如图 10-9 所示,返回系统主界面。

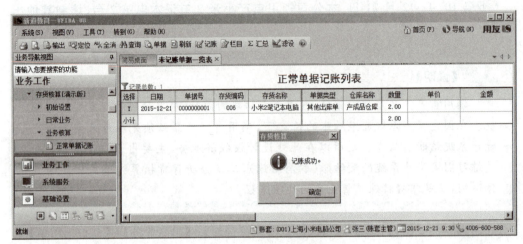

图 10-8　正常单据记账

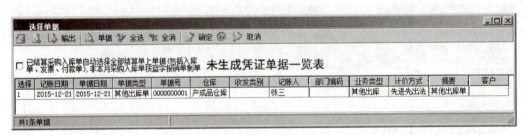

图 10-9　未生成凭证单据一览表

（3）补充记账凭证项目大类等信息,如图 10-10 所示。

（4）单击主界面中【生成】按钮,生成记账凭证,结果如图 10-11 所示,【保存】并【审核】该凭证。

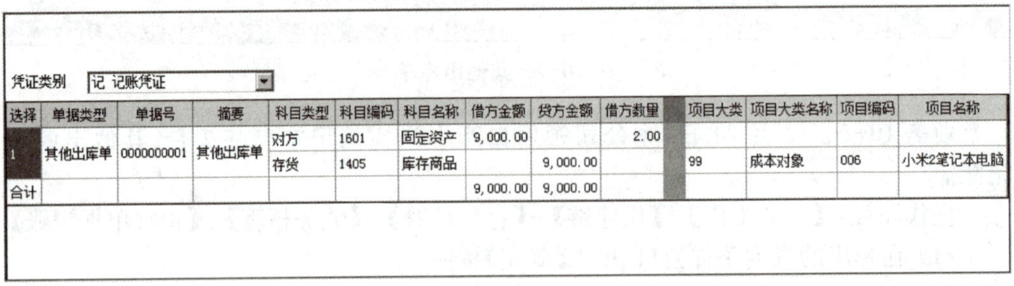

图 10-10　补充记账凭证信息

业务 10-7：12 月 21 日,因领用自产小米 2 笔记本电脑 2 台,新增固定资产。

操作路径：【业务工作】—【财务会计】—【固定资产】—【卡片】—【资产增加】

（1）系统首先提示选择新增固定资产的类别,勾选"普通电子设备",如图 10-12 所示,单击【确定】按钮。

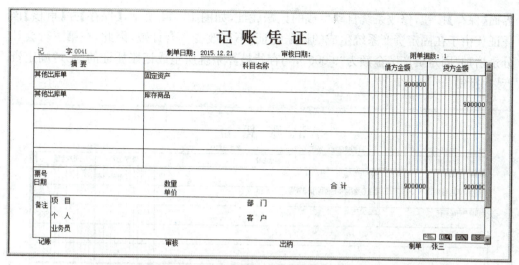

图 10-11　领用自产产品的记账凭证

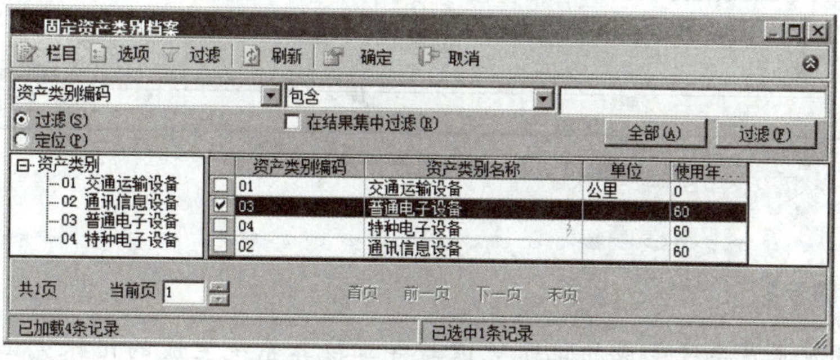

图 10-12　固定资产类别

图 10-13　固定资产卡片

（2）在弹出的固定资产卡片中补充相关信息，结果如图 10-13 所示，完成后单击主界面【保存】按钮,修改系统自动生成的记账凭证,如图10-14所示,【保存】并【审核】该凭证。由于在固定资产系统生成的记账凭证,不得改变其合计数,因此,在第三行会计分录增加"固定资产",金额为"9 000",与存货核算系统所生成记账凭证的借方"固定资产"相抵销。

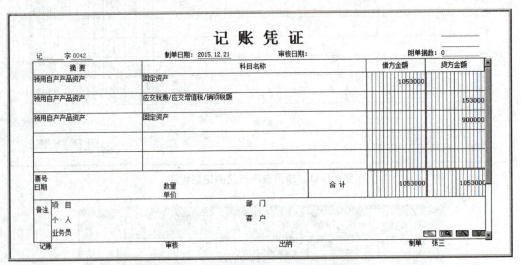

图10-14 领用自产产品记账凭证

> 【提示】
>
> 将固定资产系统生成的记账凭证与存货核算系统生成的记账凭证进行合并,即得到:
>
> 借:固定资产　　　　　　　　　　　　　　　10 530
> 　　贷:库存商品　　　　　　　　　　　　　　9 000
> 　　　　应交税费——应交增值税(销项税额)　1 530
>
> 这样处理,该经济业务的凭证既在固定资产系统生成,又在存货核算系统得到了反映。

二、发生坏账业务处理

坏账是指企业无法收回的应收账款。由于发生坏账而产生的损失,称为坏账损失。在备抵法下,企业按期估计坏账损失,形成坏账准备,当某一应收账款全部或者部分被确认为坏账时,应根据其金额冲减坏账准备,同时转销相应的应收账款金额。采用这种方法,一方面按期估计坏账损失记入管理费用;一方面设置"坏账准备"科目,待实际发生坏账时冲销坏账准备和应收账款金额,使资产负债表上的应收账款反映扣减估计坏账后的净值。

业务10-8： 12月22日，应收京东商城的货款无法收回，确认发生坏账。

操作路径：【业务工作】—【财务会计】—【应收款管理】—【坏账处理】—【坏账发生】

(1) 在弹出的坏账发生窗口中，选择客户为"JDSC-京东商城"，如图10-15所示，单击【确定】按钮。

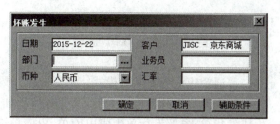

图10-15 坏账发生

(2) 在发生坏账损失窗口中，依次单击【全选】和【OK确认】按钮，如图10-16所示，系统提示"是否立即制单"，选择【是】。

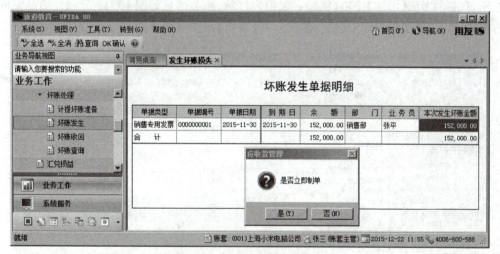

图10-16 坏账发生单据明细

(3) 生成的记账凭证如图10-17所示，【保存】并【审核】该凭证。

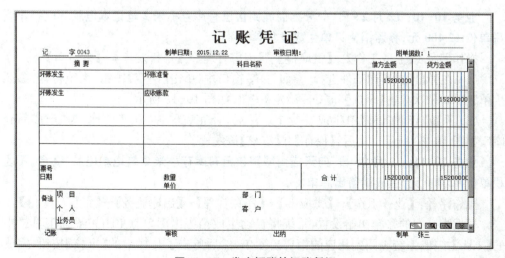

图10-17 发生坏账的记账凭证

三、普通销售与收款业务

普通销售业务有两种模式：先发货后开票模式和先开票后发货模式。

以先发货后开票模式为例，其业务流程如下：填制并审核销售订单、参照销售订单生成发货单、参照发货单生成出库单、出库单记账并审核、开具销售发票、应收单据的审核和记账、生成确认销售收入和应收款的记账凭证、生成结转销售成本的记账凭证。

业务10-9：12月23日，向天猫商城销售已有库存小米2笔记本电脑40台，不含税单价12 400元，填制销售订单。

操作路径：【业务工作】—【供应链】—【销售管理】—【销售订货】—【销售订单】

单击主界面【增加】按钮，新增一张销售订单，相关信息如图10-18所示。填制完成销售订单后，单击主界面中【保存】按钮，并【审核】该销售订单。

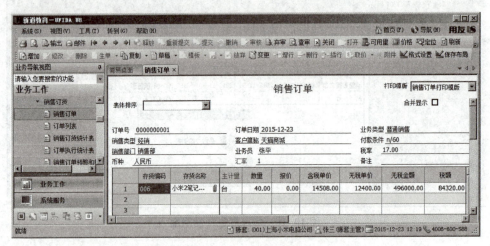

图10-18 销售订单

业务10-10：12月23日，向天猫商城销售已有库存小米2笔记本电脑40台，不含税单价12 400元，参照销售订单生成发货单。

操作路径：【业务工作】—【供应链】—【销售管理】—【销售发货】—【发货单】

（1）在弹出的"查询条件选择-参照订单"窗口中，单击【确定】按钮，系统打开"参照生单"窗口，依次单击【全选】和【OK确定】按钮，如图10-19所示。

（2）系统自动按该订单生成发货单。然后，补充表体中"仓库名称"为"产成品仓库"，如图10-20所示。最后，【保存】并【审核】该发货单。

业务10-11：12月23日，向天猫商城销售已有库存小米2笔记本电脑40台，不含税单价12 400元，生成销售出库单。

操作路径：【业务工作】—【供应链】—【库存管理】—【出库业务】—【销售出库单】

根据本公司的账套初始设置，系统将自动生成销售出库单。单击主界面工具栏中的【末张】按钮，系统查阅到相应的销售出库单，然后单击工具栏中的【审核】按钮，完成审核工作，结果如图10-21所示。

图 10-19　参照生单

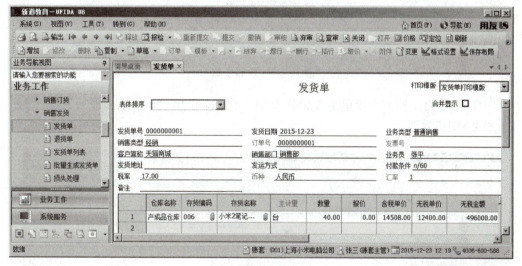

图 10-20　发货单

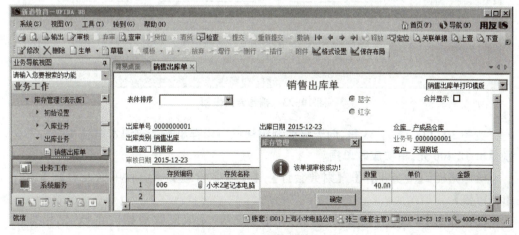

图 10-21　销售出库单

业务 10-12：12 月 23 日，向天猫商城销售已有库存小米 2 笔记本电脑 40 台，不含税单价 12 400 元，开具销售专用发票。

操作路径：【业务工作】—【供应链】—【销售管理】—【销售开票】—【销售专用发票】

（1）在弹出的"查询条件选择-参照订单"窗口中，单击【确定】按钮，系统打开"参照生单"窗口，依次单击【全选】和【OK 确定】按钮，如图 10-22 所示。

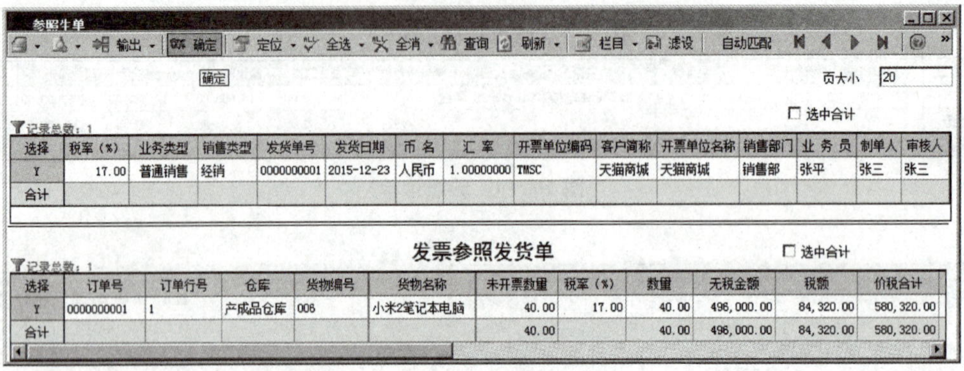

图 10-22　参照生单

（2）系统自动按该发货单生成销售专用发票，如图 10-23 所示。最后，【保存】并【复核】该销售发票。

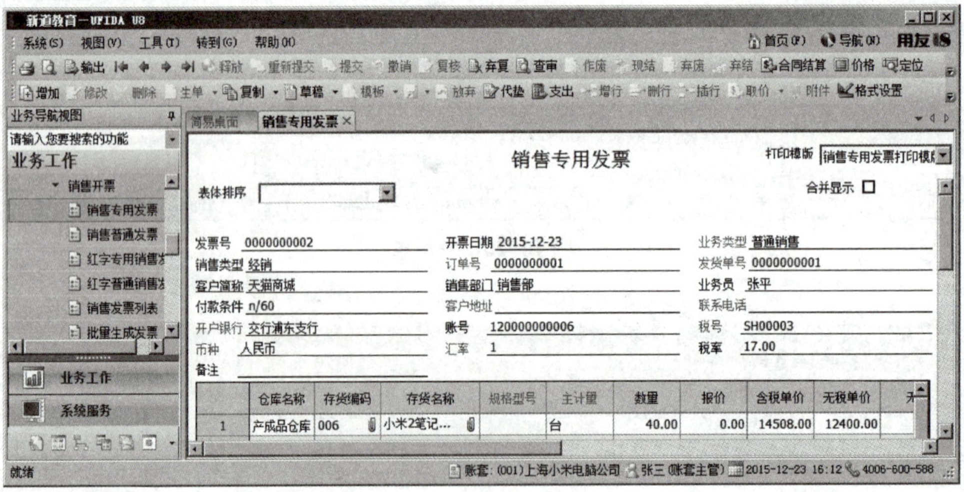

图 10-23　销售专用发票

业务 10-13：12 月 23 日，向天猫商城销售已有库存小米 2 笔记本电脑 40 台，不含税单价 12 400 元，审核应收单据。

操作路径：【业务工作】—【财务会计】—【应收款管理】—【应收单据处理】—【应收单据审核】

在主界面中，依次单击【全选】和【审核】按钮，完成应收单据的审核，结果如图 10-24 所示。

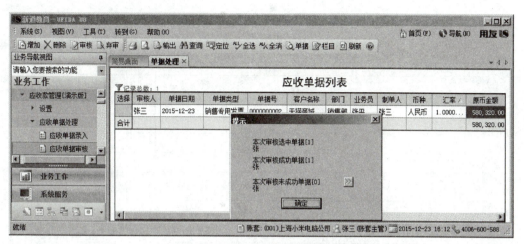

图 10-24 应收单据审核

业务 10-14：12 月 23 日，向天猫商城销售已有库存小米 2 笔记本电脑 40 台，不含税单价 12 400 元，参照发票生成确认销售收入和应收款的记账凭证。

操作路径：【业务工作】—【财务会计】—【应收款管理】—【制单处理】

（1）在弹出的制单查询窗口中，勾选"发票制单"，如图 10-25 所示，单击【确定】按钮。

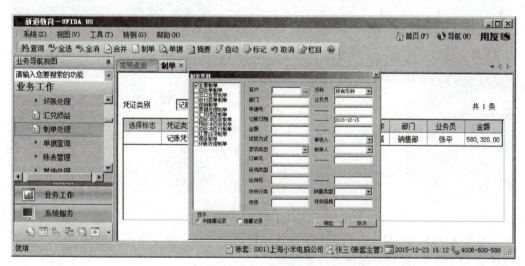

图 10-25 制单查询

（2）在主界面中，依次单击【全选】和【制单】按钮，生成确认销售收入和应收款的记账凭证，结果如图 10-26 所示，【保存】并【审核】该凭证。

业务 10-15：12 月 23 日，向天猫商城销售已有库存小米 2 笔记本电脑 40 台，不含税单价 12 400 元，销售出库在存货核算中记账。

操作路径：【业务工作】—【供应链】—【存货核算】—【业务核算】—【正常单据记账】

（1）在弹出的查询条件窗口，单击【确定】按钮。

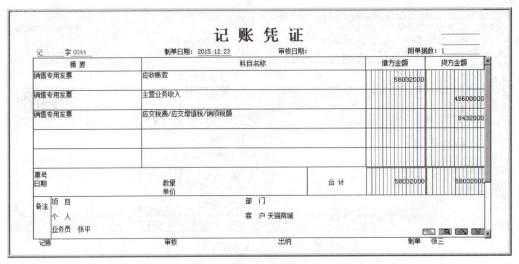

图 10-26 确认销售收入和应收款的记账凭证

（2）在正常单据记账列表窗口，依次单击工具栏【全选】和【记账】按钮，如图 10-27 所示，系统提示"记账成功"。

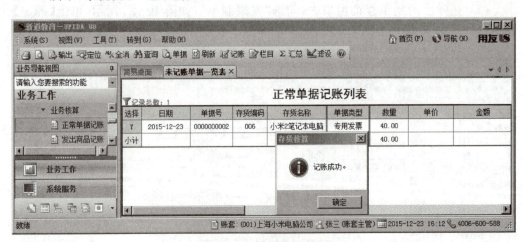

图 10-27 正常单据记账

业务 10-16：12 月 23 日，向天猫商城销售已有库存小米 2 笔记本电脑 40 台，不含税单价 12 400 元，结转产品销售成本制单。

操作路径：【业务工作】—【供应链】—【存货核算】—【财务核算】—【生成凭证】

（1）单击主界面【选择】按钮，在弹出的查询条件窗口，单击【确定】按钮。

（2）在弹出的未生成凭证单据一览表窗口中，依次单击工具栏【全选】和【确定】按钮，如图 10-28 所示，返回系统主界面。

（3）补充记账凭证借方数量、项目大类等信息，如图 10-29 所示。

（4）单击主界面中【生成】按钮，生成记账凭证，结果如图 10-30 所示，【保存】并【审核】该凭证。

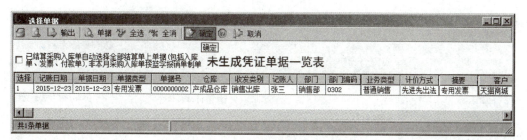

图 10-28 未生成凭证单据一览表

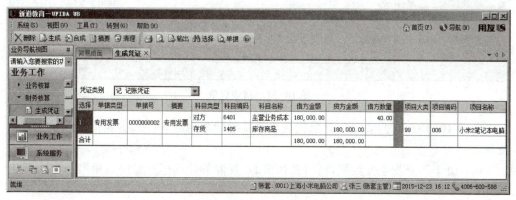

图 10-29 补充凭证信息

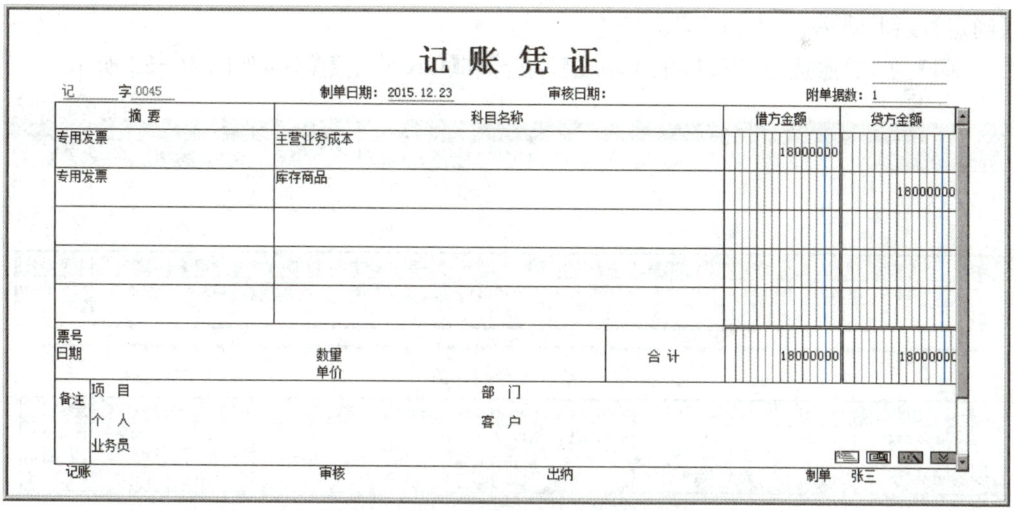

记 账 凭 证

图 10-30 结转销售成本的记账凭证

业务 10-17:12 月 24 日,本公司向天猫商城分批销售小米 2 笔记本电脑 35 台,不含税单价 12 400 元,第一批 20 台,第二批 15 台,填制销售订单。

单击主界面【增加】按钮,新增一张销售订单,相关信息如图 10-31 所示。填制完成销售订单后,单击主界面中【保存】按钮,并【审核】该销售订单。

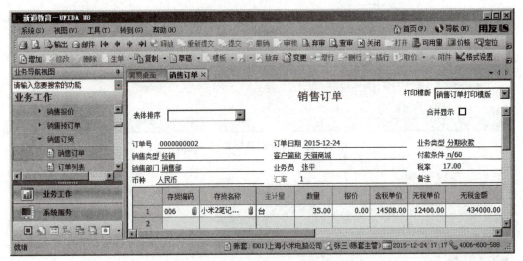

图 10-31 销售订单

业务 10-18：12 月 24 日，分批销售小米 2 笔记本电脑 35 台，参照销售订单生成发货单。

（1）由于要修改业务类型，所以在弹出的"查询条件选择—参照订单"窗口中，单击"取消"。

（2）单击工具栏中【增加】按钮，选择表头中的业务类型为"分期收款"。

（3）单击工具栏中【订单】按钮，在弹出的"查询条件选择—参照订单"窗口中，单击【确定】按钮，进入"参照选单"窗口。

（4）在"参照选单"窗口，依次单击【全选】和【OK 确定】按钮，如图 10-32 所示。

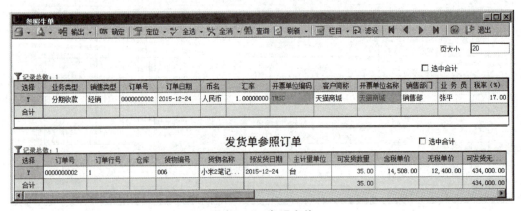

图 10-32 参照生单

（5）返回发货单界面，补充仓库名称为"产成品仓库"，如图 10-33 所示，【保存】并【审核】该发货单。

业务 10-19：12 月 24 日，分批销售小米 2 笔记本电脑 35 台，生成销售出库单。

操作路径：【业务工作】—【供应链】—【库存管理】—【出库业务】—【销售出库单】

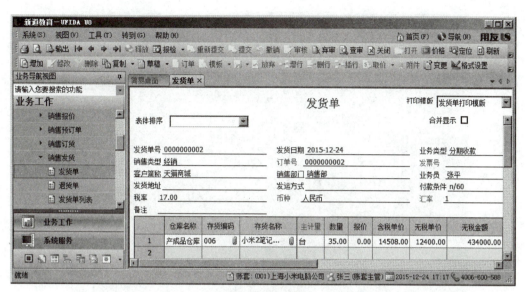

图 10-33 发货单

根据本公司的账套初始设置,系统将自动生成销售出库单。单击工具栏中的【末张】按钮,系统查阅到相应的销售出库单,然后单击工具栏中的【审核】按钮,完成审核工作,如图 10-34 所示。

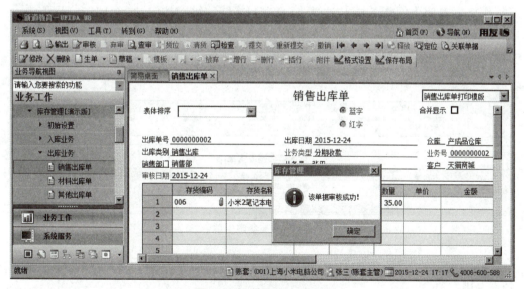

图 10-34 销售出库单审核

业务 10-20:12 月 24 日,分批销售小米 2 笔记本电脑 35 台,开具销售专用发票。
操作路径:【业务工作】—【供应链】—【销售管理】—【销售开票】—【销售专用发票】
(1) 在弹出的"查询条件选择-参照订单"窗口中,选择业务类型为"分期收款",如图 10-35 所示,单击【确定】按钮,系统打开"参照生单"窗口。

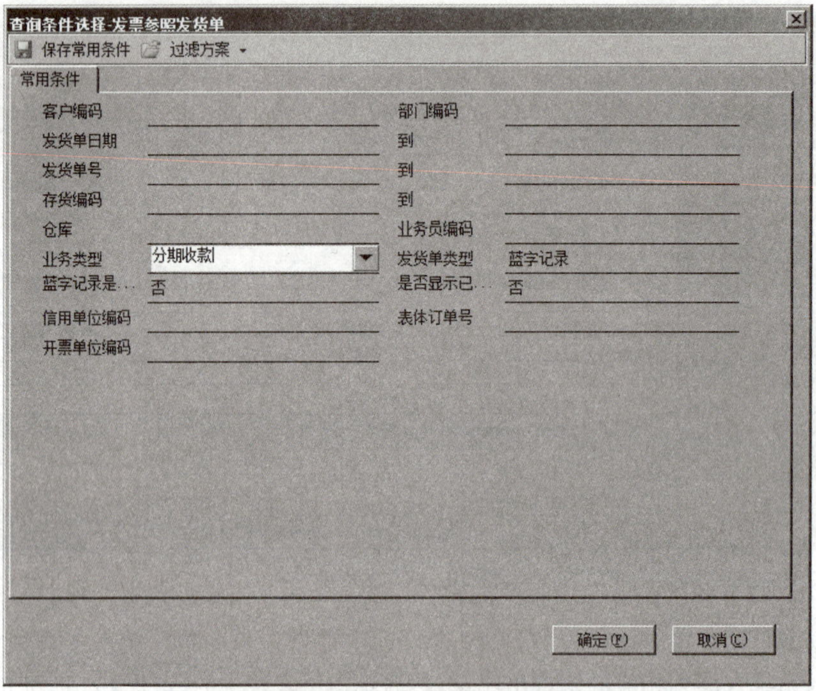

图 10-35 查询条件选择

(2) 在参照生单窗口中,依次单击【全选】和【OK 确定】按钮,如图 10-36 所示。

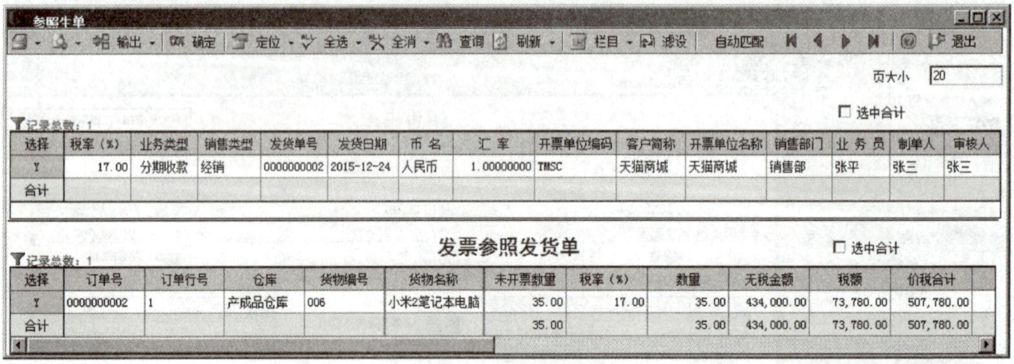

图 10-36 参照生单

(3) 系统自动按该发货单生成销售专用发票,如图 10-37 所示,【保存】并【复核】该销售专用发票。

业务 10-21:12 月 24 日,分批销售小米 2 笔记本电脑 35 台,审核应收单据。

操作路径:【业务工作】—【财务会计】—【应收款管理】—【应收单据处理】—【应收单据审核】

在主界面中,依次单击【全选】和【审核】按钮,完成应收单据的审核,结果如图 10-38 所示。

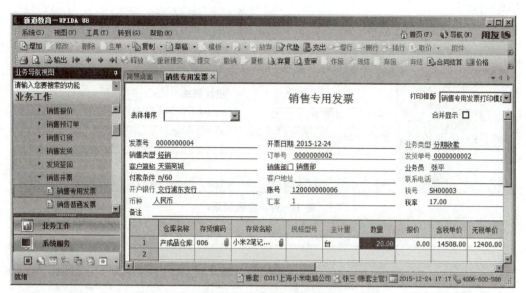

图 10-37　销售专用发票

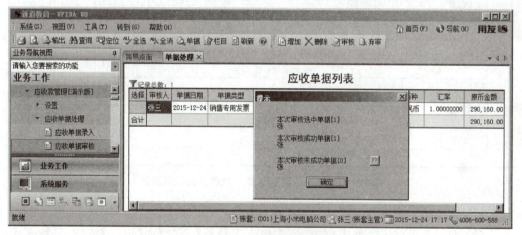

图 10-38　应收单据审核

业务 10-22：12 月 24 日，分批销售小米 2 笔记本电脑 35 台，参照发票生成确认销售收入和应收款的记账凭证。

操作路径：【业务工作】—【财务会计】—【应收款管理】—【制单处理】

（1）在弹出的制单查询窗口中，勾选"发票制单"，单击【确定】按钮，进入制单界面。

（2）在制单主界面中，依次单击【全选】和【制单】按钮，如图 10-39 所示。

（3）生成确认销售收入和应收款的记账凭证，结果如图 10-40 所示，【保存】并【审核】该凭证。

业务 10-23：12 月 24 日，分批销售小米 2 笔记本电脑 35 台，销售出库在存货核算中记账。

操作路径：【业务工作】—【供应链】—【存货核算】—【业务核算】—【正常单据记账】

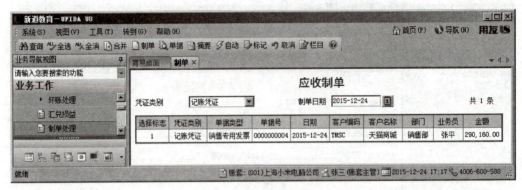

图 10-39 应收制单

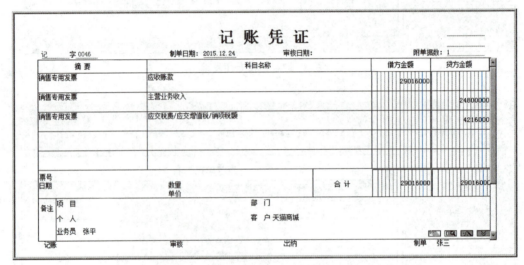

图 10-40 分期收款确认第一批收入的记账凭证

(1) 在弹出的查询条件窗口,单击【确定】按钮。

(2) 在正常单据记账列表窗口,依次单击工具栏【全选】和【记账】按钮,系统提示"记账成功"。

业务10-24:12月24日,分批销售小米2笔记本电脑35台,结转产品销售成本制单。

操作路径:【业务工作】—【供应链】—【存货核算】—【财务核算】—【生成凭证】

(1) 单击主界面【选择】按钮,在弹出的查询条件窗口,单击【确定】按钮。

(2) 在弹出的未生成凭证单据一览表窗口中,依次单击工具栏【全选】和【确定】按钮,如图10-41所示,返回系统主界面。

(3) 补充记账凭证借方数量、项目大类等信息,如图10-42所示。

(4) 在主界面中,单击【生成】按钮(注意:不要单击【合成】按钮,否则所生成记账凭证难以明晰地反映经济业务的具体内容),系统共生成两张凭证,如图10-43和10-44所示,【保存】并【审核】该凭证。

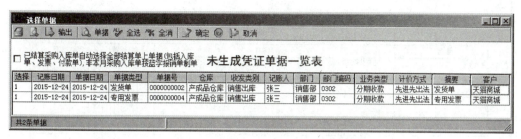

选择	记账日期	单据日期	单据类型	单据号	仓库	收发类别	记账人	部门	部门编码	业务类型	计价方式	摘要	客户
1	2015-12-24	2015-12-24	发货单	0000000002	产成品仓库	销售出库	张三	销售部	0302	分期收款	先进先出法	发货单	天猫商城
1	2015-12-24	2015-12-24	专用发票	0000000004	产成品仓库	销售出库	张三	销售部	0302	分期收款	先进先出法	专用发票	天猫商城

图 10-41　未生成凭证单据一览表

选择	单据类型	单据号	摘要	科目类型	科目编码	科目名称	借方金额	贷方金额	借方数量	项目大类	项目编码	项目名称
1	发货单	0000000002	发货单	发出商品	1406	发出商品	45,000.00		10.00			
				存货	1405	库存商品		45,000.00		99	006	小米2笔记本电脑
				发出商品	1406	发出商品	103,707.50		25.00			
				存货	1405	库存商品		103,707.50		99	006	小米2笔记本电脑
	专用发票	0000000004	专用发票	对方	6401	主营业务成本	84,975.80		20.00			
				发出商品	1406	发出商品		84,975.80				
合计							233,683.30	233,683.30				

图 10-42　补充记账凭证信息

摘要	科目名称	借方金额	贷方金额
发货单	发出商品	14870750	
发货单	库存商品		14870750
票号 日期	数量 单价 合计	14870750	14870750

图 10-43　发出商品的记账凭证

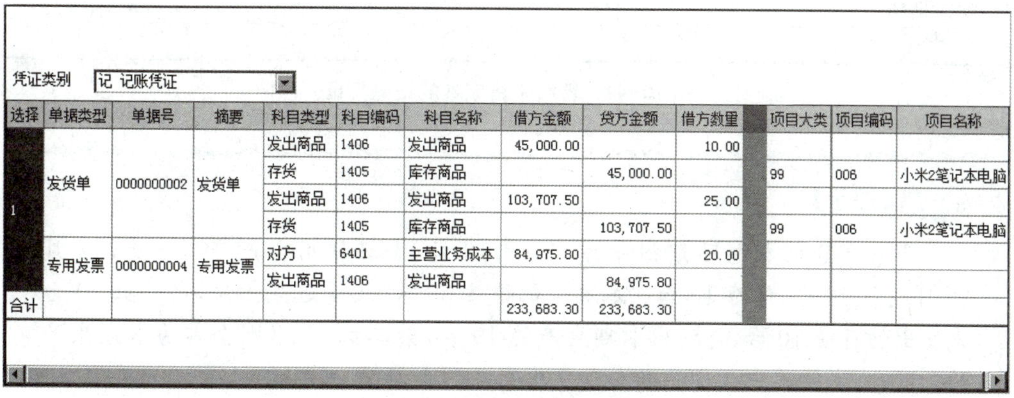

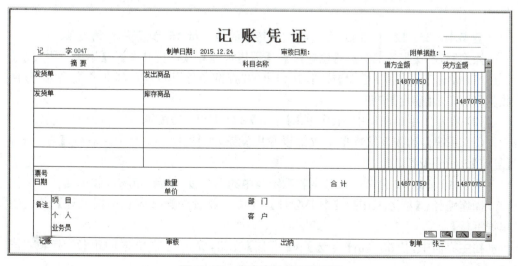

记 账 凭 证

记　字 0048　　制单日期：2015.12.24　　审核日期：　　附单据数：1

摘 要	科目名称	借方金额	贷方金额
专用发票	主营业务成本	8497580	
专用发票	发出商品		8497580
票号 日期	数量 单价 合 计	8497580	8497580

备注　项 目　　部 门

个 人　　客 户

业务员

记账　　审核　　出纳　　制单　张三

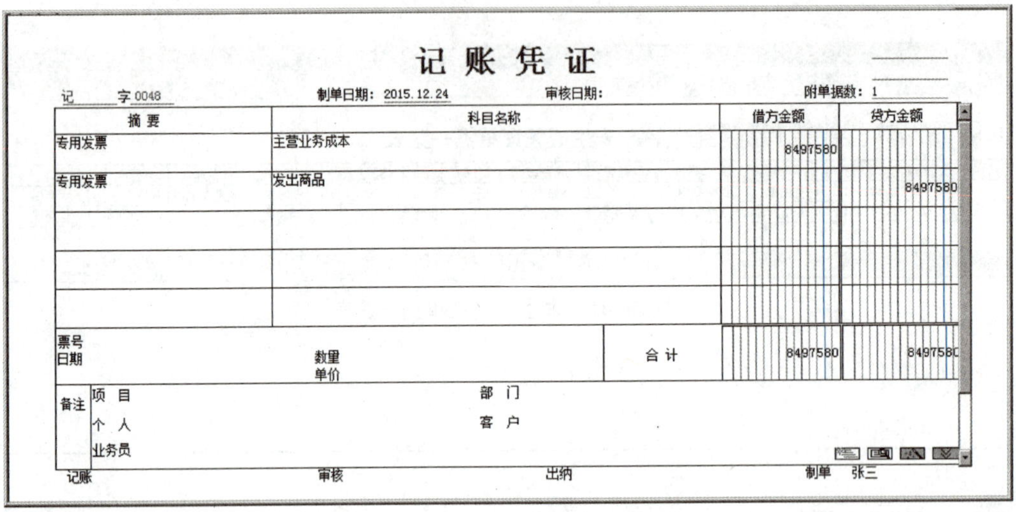

图 10-44　转结销售成本的记账凭证

【提示】

小米 2 笔记本电脑期初库存 52 台，12 月 21 日领用自产产品 2 台，12 月 23 日销售 40 台，结存 10 台。本次分批销售 35 台，按先进先出法，第一批 20 台先发出结存的 10 台，再发出本期生产的 10 台，第二批 15 台则全部为本期生产的。因此，发货单中存货的成本或发出商品的金额为：10(台)×4 500(单价)+25(台)×4 148.30(单价)=45 000+103 707.50=148 707.50 元(见图 10-43)。销售专用发票为结转 20 台电脑的成本，按销售数量的比例进行分摊，即 148 707.50 × 20 ÷ 35 = 84 975.80 元(见图 10-44)。剩余未结转成本为 148 707.50 — 84 975.80=63 731.70 元(见图 10-52 或图 10-53)。

业务 10-25：12 月 25 日，分期收款销售中的第二批 15 台，开具销售发票。

操作路径：【业务工作】—【供应链】—【销售管理】—【销售开票】—【销售专用发票】

(1) 单击工具栏中【增加】按钮，在弹出的“查询条件”窗口，选择业务类型为“分期收款”后，单击【确定】按钮。

(2) 在参照生单窗口中，依次单击【全选】和【OK 确定】按钮，如图 10-45 所示。

(3) 系统自动按该发货单生成销售专用发票，如图 10-46 所示。最后，【保存】并【复核】该销售发票。

业务 10-26：12 月 25 日，分期收款销售中的第二批 15 台，审核应收单据。

操作路径：【业务工作】—【财务会计】—【应收款管理】—【应收单据处理】—【应收单据审核】

在主界面中，依次单击【全选】和【审核】按钮，完成应收单据的审核，结果如图 10-47 所示。

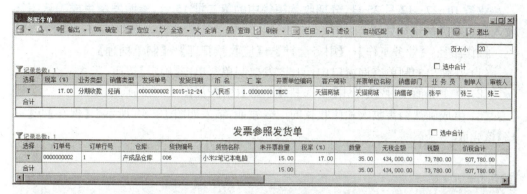

图 10-45 参照生单

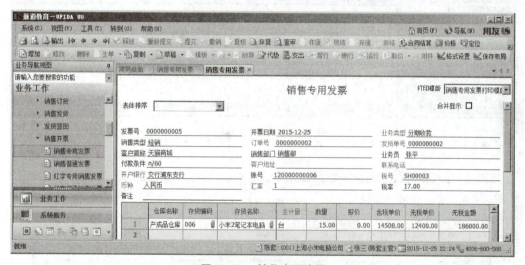

图 10-46 销售专用发票

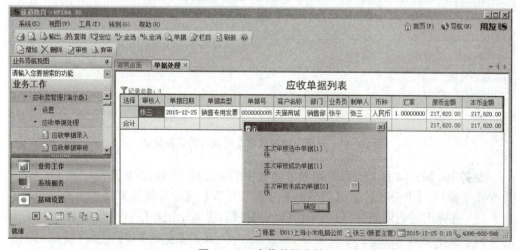

图 10-47 应收单据审核

业务 10-27：12 月 25 日，分期收款销售中的第二批 15 台，参照发票生成确认销售收入和应收款的记账凭证。

操作路径：【业务工作】—【财务会计】—【应收款管理】—【制单处理】

（1）在弹出的制单查询窗口中，勾选"发票制单"，单击【确定】按钮。

（2）在主界面中，依次单击【全选】和【制单】按钮，如图 10-48 所示。

（3）生成确认销售收入和应收款的记账凭证，结果如图 10-49 所示。【保存】并【审核】该凭证。

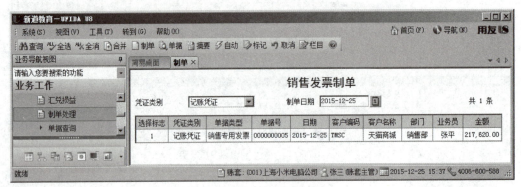

图 10-48　销售发票制单

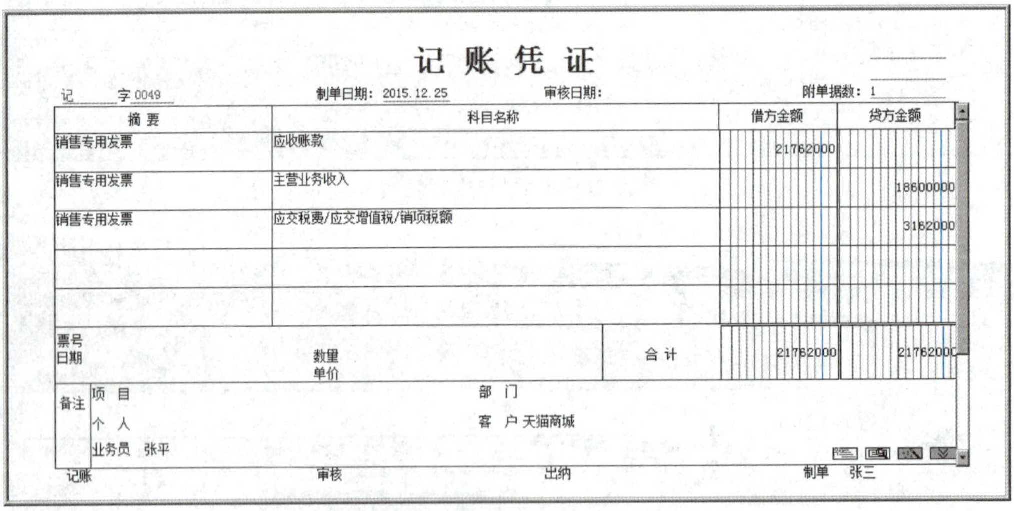

图 10-49　分期收款确认第二批收入的记账凭证

业务 10-28：12 月 25 日，分期收款销售中的第二批 15 台，发出商品记账。

操作路径：【业务工作】—【供应链】—【存货核算】—【业务核算】—【发出商品记账】

（1）在弹出的查询条件窗口，单击【确定】按钮，进入未记账单据一览表界面。

（2）在正常单据记账列表窗口，依次单击工具栏【全选】和【记账】按钮，如图 10-50 所示，系统提示"记账成功"。

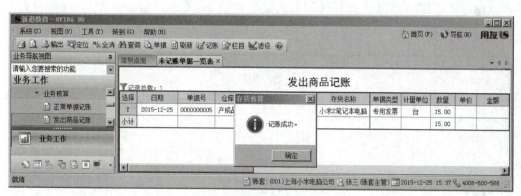

图 10-50 发出商品记账

业务 10-29：12 月 25 日，分期收款销售中的第二批 15 台，结转产品销售成本制单。

操作路径：【业务工作】—【供应链】—【存货核算】—【财务核算】—【生成凭证】

（1）单击主界面【选择】按钮，在弹出的查询条件窗口，单击【确定】按钮。

（2）在弹出的未生成凭证单据一览表窗口中，依次单击工具栏【全选】和【确定】按钮，如图 10-51 所示，返回系统主界面。

图 10-51 未生成凭证单据一览表

（3）补充记账凭证借方数量等信息，如图 10-52 所示。

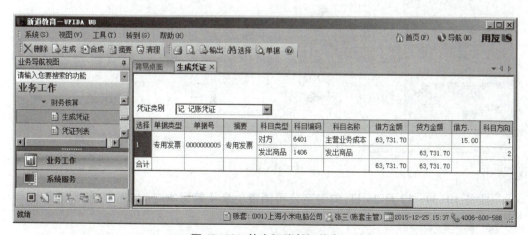

图 10-52 补充记账凭证信息

(4)单击主界面中【生成】按钮,生成记账凭证,结果如图10-53所示。【保存】并【审核】该凭证。

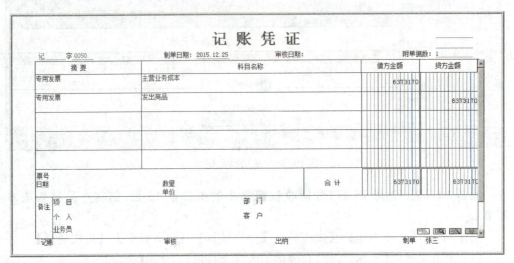

图10-53 第二批产品结转成本的记账凭证

业务10-30:12月26日,向淘宝公司销售小米4笔记本电脑20台,付款条件为"5/10,2/20,n/30",用现金支出代垫运费400元,当日收到定金2万元,填制销售订单。

操作路径:【业务工作】—【供应链】—【销售管理】—【销售订货】—【销售订单】

单击主界面【增加】按钮,新增一张销售订单,相关信息如图10-54所示。填制完成销售订单后,单击主界面中【保存】按钮,并【审核】该销售订单。

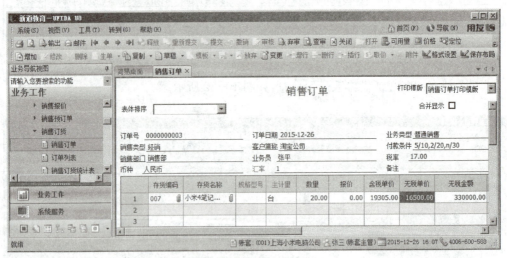

图10-54 销售订单

业务10-31:12月26日,向淘宝公司销售小米4笔记本电脑20台,参照销售订单生成发货单。

操作路径:【业务工作】—【供应链】—【销售管理】—【销售发货】—【发货单】

（1）在弹出的"查询条件选择-参照订单"窗口中，单击【确定】按钮，系统打开"参照生单"窗口，依次单击【全选】和【OK 确定】按钮，如图 10-55 所示。

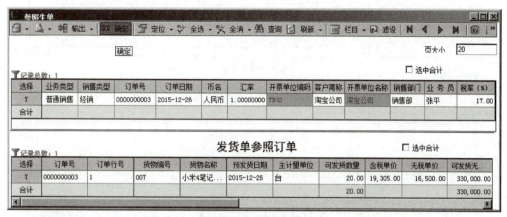

图 10-55　参照生单

（2）系统自动按该订单生成发货单。然后，补充表体中"仓库名称"为"产成品仓库"，如图 10-56 所示。最后，【保存】并【审核】该发货单。

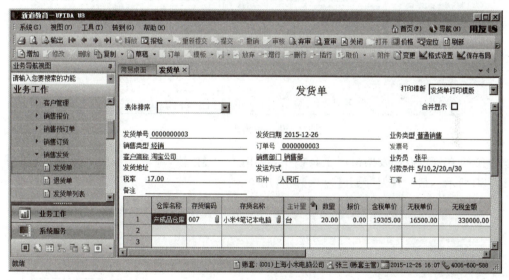

图 10-56　发货单

业务 10-32：12 月 26 日，向淘宝公司销售小米 4 笔记本电脑 20 台，开具销售专用发票。

操作路径：【业务工作】—【供应链】—【销售管理】—【销售开票】—【销售专用发票】

（1）在弹出的"查询条件选择-参照订单"窗口中，单击【确定】按钮，系统打开"参照生单"窗口，依次单击【全选】和【确定】按钮，如图 10-57 所示。

（2）系统自动按该发货单生成销售专用发票，补充相关信息，结果如图 10-58 所示。【保存】并【复核】该销售发票。

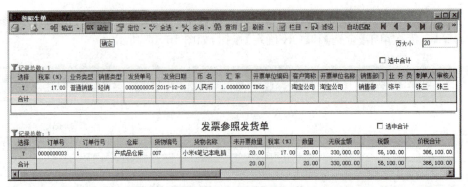

图 10-57　参照生单

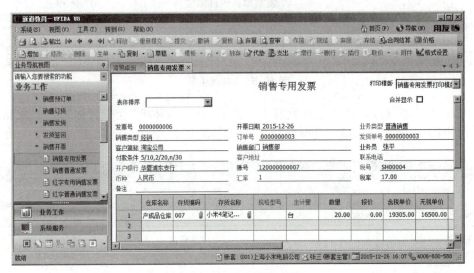

图 10-58　销售专用发票

(3) 在销售专用发票窗口工具栏中,单击【代垫】按钮,填写代垫费用单,结果如图 10-59 所示。最后,【保存】并【复核】该费用单。

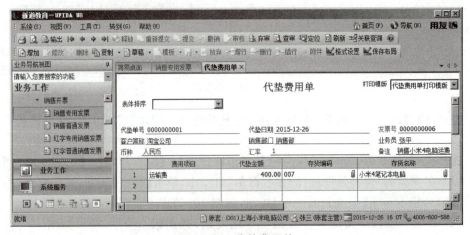

图 10-59　代垫费用单

业务 10-33：12 月 26 日，向淘宝公司销售小米 4 笔记本电脑 20 台，生成销售出库单。

操作路径：【业务工作】—【供应链】—【库存管理】—【出库业务】—【销售出库单】

根据本公司的账套初始设置，系统将自动生成销售出库单。单击主界面工具栏中的【末张】按钮，系统查阅到相应的销售出库单，然后单击工具栏中的【审核】按钮，完成审核工作，结果如图 10-60 所示。

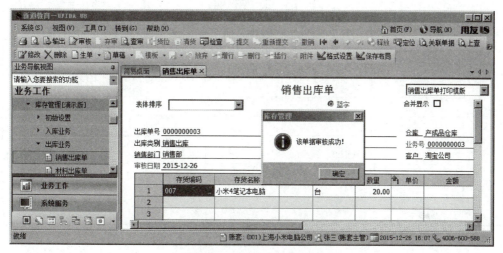

图 10-60　销售出库单审核

业务 10-34：12 月 26 日，向淘宝公司销售小米 4 笔记本电脑 20 台，收到定金 2 万元。

操作路径：【业务工作】—【财务会计】—【应收款管理】—【收款单据处理】—【收款单据录入】

（1）在主界面工具栏中，单击【增加】按钮，新增一张收款单，注意修改款项类型为"预收款"，如图 10-61 所示。

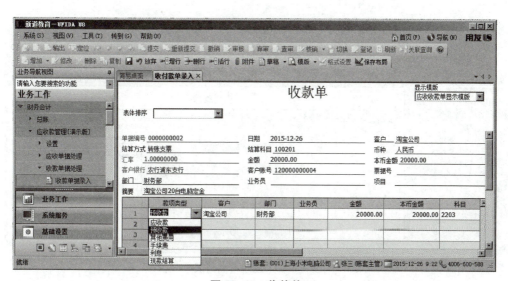

图 10-61　收款单

（2）【保存】并【审核】该收款单，系统提示"是否立即制单"，选择【是】。

（3）系统生成收到定金的记账凭证，如图 10-62 所示，补充现金流量项目编码为"01"，即"销售商品、提供劳务收到的现金"，【保存】并【审核】该凭证。

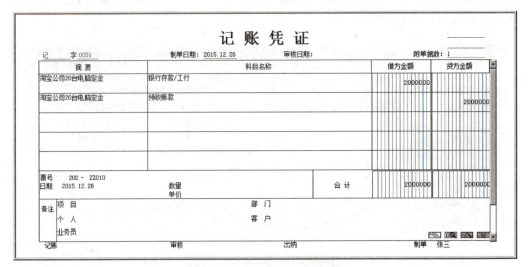

图 10-62　收到定金的记账凭证

业务 10-35：12 月 26 日，向淘宝公司销售小米 4 笔记本电脑 20 台，审核应收单据。

操作路径：【业务工作】—【财务会计】—【应收款管理】—【应收单据处理】—【应收单据审核】

在主界面中，依次单击【全选】和【审核】按钮，完成应收单据的审核，结果如图 10-63 所示。

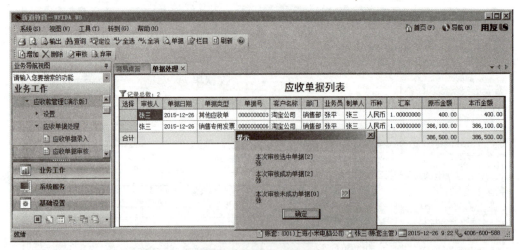

图 10-63　应收单据列表

业务 10-36：12 月 26 日，向淘宝公司销售小米 4 笔记本电脑 20 台，参照发票生成确认销售收入和应收款的记账凭证。

操作路径：【业务工作】—【财务会计】—【应收款管理】—【制单处理】

（1）在弹出的制单查询窗口中，同时勾选"发票制单"和"应收单制单"，如图 10-64 所示，单击【确定】按钮。

图 10-64　制单查询

（2）在主界面中，依次单击【全选】和【制单】按钮，如图 10-65 所示。保存第一张记账凭证，如图 10-66 所示。补充第二张记账凭证第二行科目为"1001"（库存现金），现金流量项目编码为"07"，即"支付的其他与经营活动相关的现金"，如图 10-67 所示。在主界面工具栏中，单击【成批保存凭证】按钮，完成凭证的【保存】和【审核】。

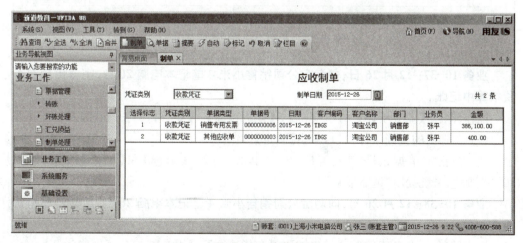

图 10-65　应收制单

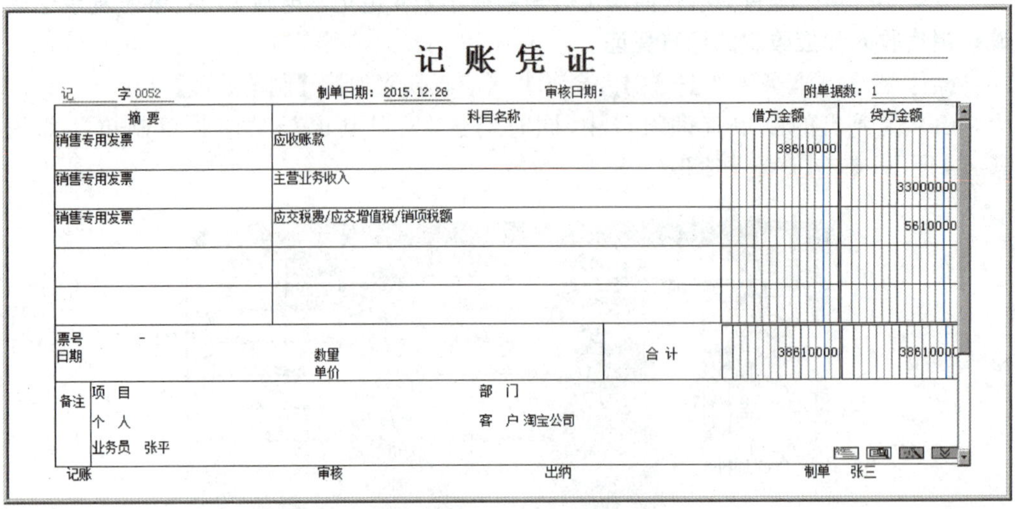

记 账 凭 证

记 字 0052 制单日期：2015.12.26 审核日期： 附单据数：1

摘要	科目名称	借方金额	贷方金额
销售专用发票	应收账款	38610000	
销售专用发票	主营业务收入		33000000
销售专用发票	应交税费/应交增值税/销项税额		5610000
票号 - 日期 数量 单价	合计	38610000	38610000

备注 项目 部门
个人 客户 淘宝公司
业务员 张平

记账 审核 出纳 制单 张三

图 10-66 确认销售收入和应收款的记账凭证

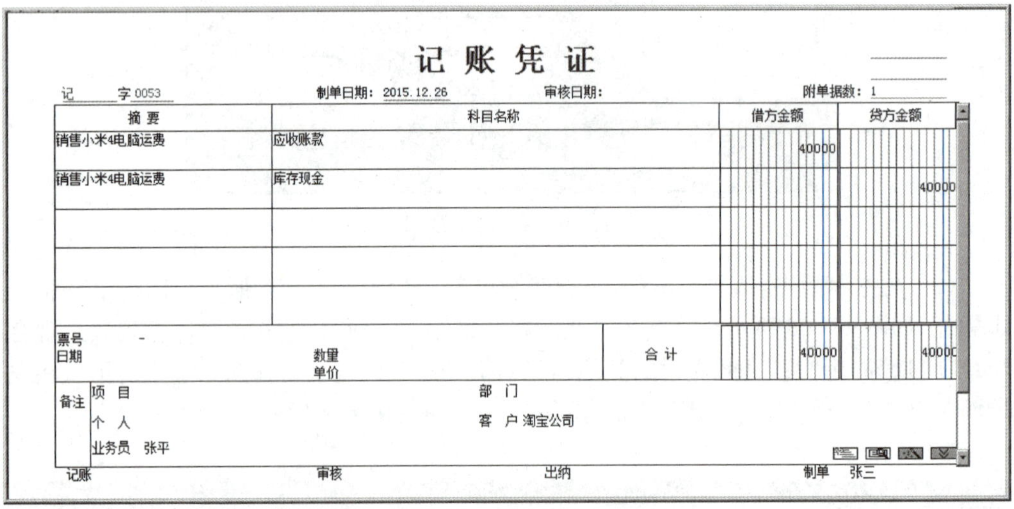

记 账 凭 证

记 字 0053 制单日期：2015.12.26 审核日期： 附单据数：1

摘要	科目名称	借方金额	贷方金额
销售小米4电脑运费	应收账款	40000	
销售小米4电脑运费	库存现金		40000
票号 - 日期 数量 单价	合计	40000	40000

备注 项目 部门
个人 客户 淘宝公司
业务员 张平

记账 审核 出纳 制单 张三

图 10-67 代垫运费的记账凭证

业务 10-37：12 月 26 日，向淘宝公司销售小米 4 笔记本电脑 20 台，销售出库在存货核算中记账。

操作路径：【业务工作】—【供应链】—【存货核算】—【业务核算】—【正常单据记账】

(1) 在弹出的查询条件窗口，单击【确定】按钮。

(2) 在正常单据记账列表窗口，依次单击工具栏【全选】和【记账】按钮，如图 10-68 所示，系统提示"记账成功"。

业务 10-38：12 月 26 日，向淘宝公司销售小米 4 笔记本电脑 20 台，结转产品销售成本制单。

操作路径：【业务工作】—【供应链】—【存货核算】—【财务核算】—【生成凭证】

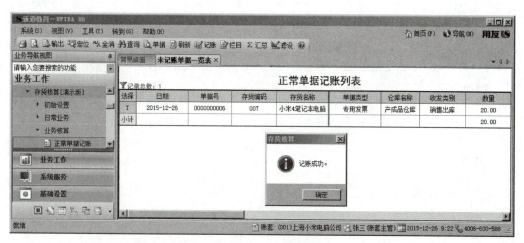

图 10-68　正常单据记账

（1）单击主界面【选择】按钮，在弹出的查询条件窗口，单击【确定】按钮。

（2）在弹出的未生成凭证单据一览表窗口中，依次单击工具栏【全选】和【确定】按钮，如图 10-69 所示，返回系统主界面。

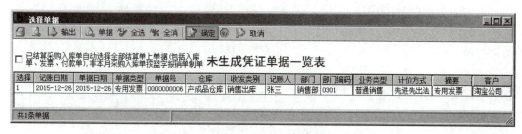

图 10-69　未生成凭证单据一览表

（3）补充记账凭证借方数量、项目大类等信息，如图 10-70 所示。

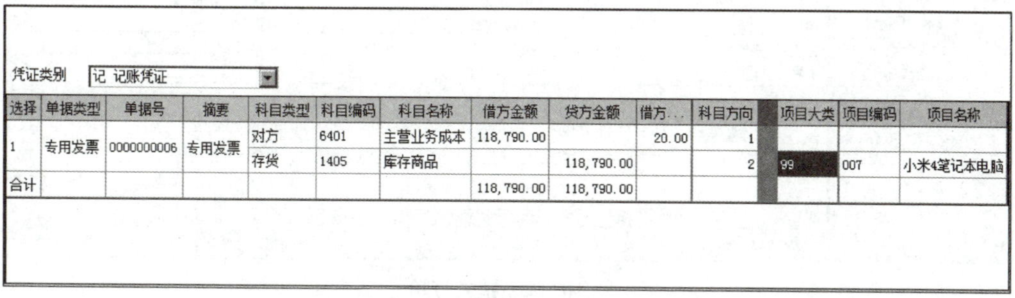

图 10-70　补充记账凭证信息

（4）单击主界面中【生成】按钮，生成记账凭证，结果如图 10-71 所示，【保存】并【审核】该凭证。

图 10-71 结转销售成本的记账凭证

业务 10-39：12 月 27 日，向旗舰店代销小米 2 一体机电脑和小米 4 一体机电脑各 15 台，填制销售订单。

操作路径：【业务工作】—【供应链】—【销售管理】—【销售订货】—【销售订单】

单击主界面【增加】按钮，新增一张销售订单，注意修改业务类型为"委托代销"，相关信息如图 10-72 所示。填制完成销售订单后，单击主界面中【保存】按钮，并【审核】该销售订单。

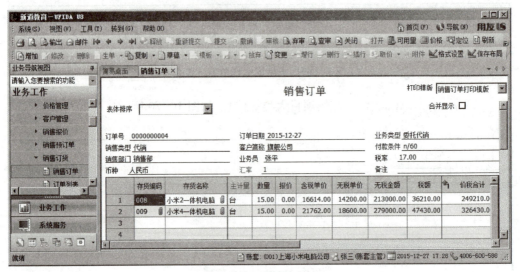

图 10-72 销售订单

业务 10-40：12 月 27 日，向旗舰店代销小米 2 一体机电脑和小米 4 一体机电脑各 15 台，参照销售订单生成委托代销发货单。

操作路径：【业务工作】—【供应链】—【销售管理】—【委托代销】—【委托代销发

货单】

（1）在弹出的"查询条件选择-参照订单"窗口中，单击【确定】按钮，系统打开"参照生单"窗口，依次单击【全选】和【OK确定】按钮，如图10-73所示。

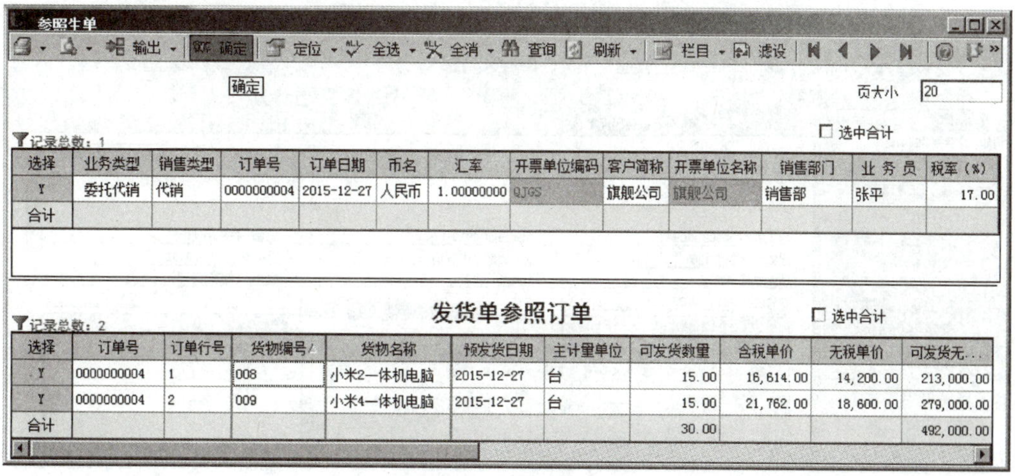

图 10-73　参照生单

（2）系统自动按该订单生成发货单。然后，补充表体中"仓库名称"为"产成品仓库"，如图10-74所示。最后，【保存】并【审核】该发货单。

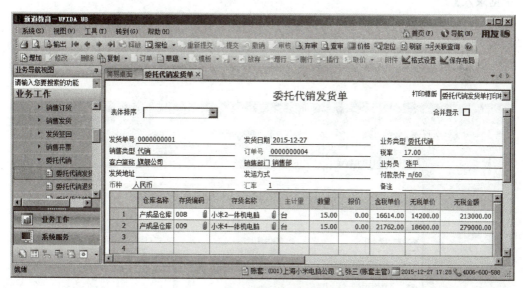

图 10-74　委托代销发货单

业务 10-41：12月27日，向旗舰店代销小米2一体机电脑和小米4一体机电脑各15台，生成销售出库单。

操作路径：【业务工作】—【供应链】—【库存管理】—【出库业务】—【销售出库单】

265

会计信息系统应用

根据本公司的账套初始设置,系统将自动生成销售出库单。单击主界面工具栏中的【末张】按钮,系统查阅到相应的销售出库单,然后单击工具栏中的【审核】按钮,完成审核工作,结果如图10-75所示。

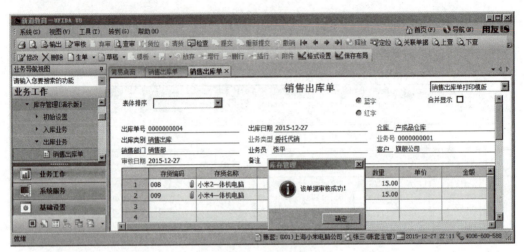

图 10-75 销售出库单

业务 10-42：12 月 27 日,收到 24 日分期收款确认的第一期货款 290 160.00 元。

操作路径:【业务工作】—【财务会计】—【应收款管理】—【收款单据处理】—【收款单据录入】

(1) 在主界面工具栏中,单击【增加】按钮,新增一张收款单,相关信息如图10-76所示。

(2)【保存】并【审核】该收款单,系统提示:"是否立即制单?"选择【是】。

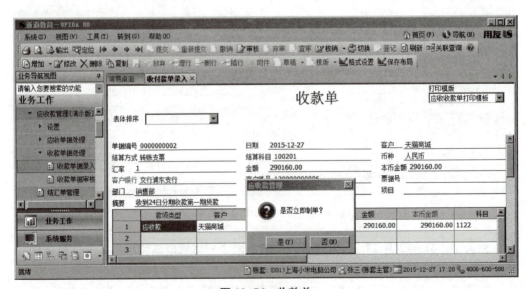

图 10-76 收款单

266

(3) 系统生成收到货款的记账凭证，如图 10-77 所示，补充现金流量项目编码为“01”，即“销售商品、提供劳务收到的现金”，【保存】并【审核】该凭证。

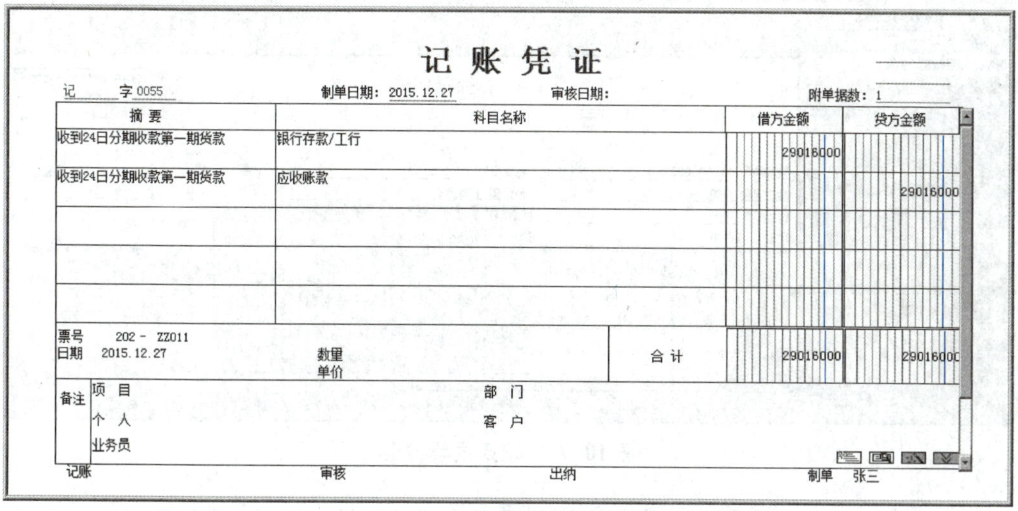

记账凭证

记　字 0055　制单日期：2015.12.27　审核日期：　附单据数：1

摘要	科目名称	借方金额	贷方金额
收到24日分期收款第一期货款	银行存款/工行	29016000	
收到24日分期收款第一期货款	应收账款		29016000
票号 202 - ZZ011 日期 2015.12.27　数量 单价	合计	29016000	29016000

备注　项目　部门
个人　客户
业务员

记账　审核　出纳　制单 张三

图 10-77　收到货款的记账凭证

业务 10-43：12 月 28 日，旗舰公司发来代销结算单，参照发货单生成委托代销结算单。

操作路径：【业务工作】—【供应链】—【销售管理】—【委托代销】—【委托代销结算单】

(1) 单击工具栏【增加】按钮，在弹出的查询条件选择窗口，单击【确定】按钮。

(2) 在参照生单窗口中，依次单击【全选】和【OK 确定】按钮，如图 10-78 所示。

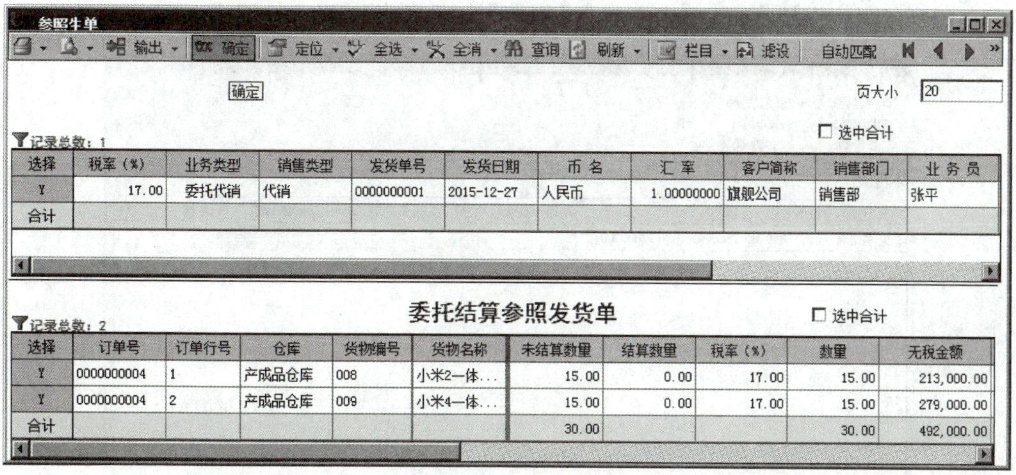

参照生单

输出　确定　定位　全选　全消　查询　刷新　栏目　滤设　自动匹配

确定　页大小 20

记录总数：1　选中合计

选择	税率（%）	业务类型	销售类型	发货单号	发货日期	币名	汇率	客户简称	销售部门	业务员
Y	17.00	委托代销	代销	0000000001	2015-12-27	人民币	1.00000000	旗舰公司	销售部	张平
合计										

委托结算参照发货单

记录总数：2　选中合计

选择	订单号	订单行号	仓库	货物编号	货物名称	未结算数量	结算数量	税率（%）	数量	无税金额
Y	0000000004	1	产成品仓库	008	小米2—体...	15.00	0.00	17.00	15.00	213,000.00
Y	0000000004	2	产成品仓库	009	小米4—体...	15.00	0.00	17.00	15.00	279,000.00
合计						30.00			30.00	492,000.00

图 10-78　参照生单

(3) 在主界面中，单击【审核】按钮，选择“专用发票”选项，如图 10-79 所示，单击【确定】按钮。

会计信息系统应用

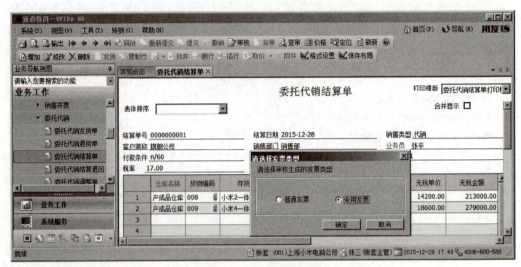

图 10-79 选择发票类型

业务 10-44：12 月 28 日，收到旗舰公司开具的银行承兑汇票（票号 YHCD001），进行委托代销专用销售发票的现结与复核。

操作路径：【业务工作】—【供应链】—【销售管理】—【销售开票】—【销售专用发票】

（1）单击工具栏【末张】图标按钮，系统将显示目前最后一张销售发票，即经审核的委托代销专用销售发票。

（2）单击工具栏【现结】按钮，在弹出的现结窗口，选择结算方式为"3-汇票结算"，输入与应收金额一致的原币金额"575 640"，如图 10-80，单击【确定】，返回销售发票界面。

（3）在销售发票界面，单击工具栏【复核】按钮，结果如图 10-81 所示。

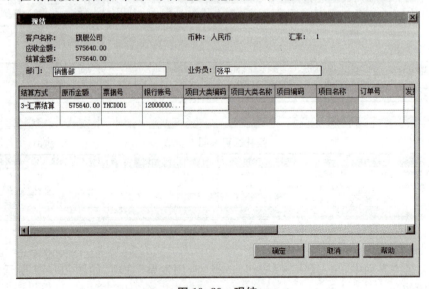

图 10-80 现结

268

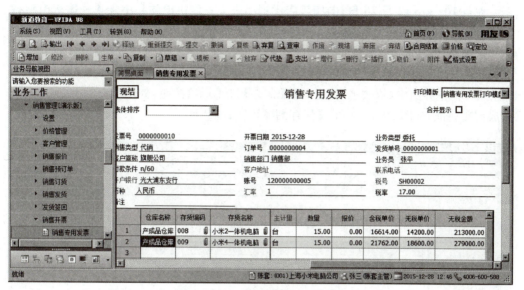

图 10-81 已现结销售专用发票

业务 10-45：12 月 27 日，向旗舰店代销小米 2 一体机电脑和小米 4 一体机电脑各 15 台，审核应收单据。

操作路径：【业务工作】—【财务会计】—【应收款管理】—【应收单据处理】—【应收单据审核】

(1) 在主界面中，单击【查询】按钮，在弹出的应收单查询条件窗口，勾选"已现结发票"，单击【确定】按钮。

(2) 在主界面中，依次单击【全选】和【审核】按钮，完成应收单据的审核，结果如图 10-82 所示。

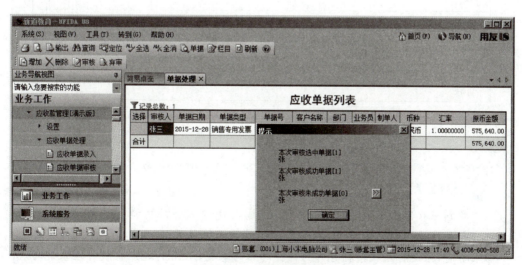

图 10-82 应收单据审核

业务 10-46：12 月 28 日，向旗舰店代销小米 2 一体机电脑和小米 4 一体机电脑各 15 台，参照现结生成确认销售收入和应收款的记账凭证。

操作路径：【业务工作】—【财务会计】—【应收款管理】—【制单处理】

（1）在弹出的制单查询窗口中，勾选"结现制单"，单击【确定】按钮。

（2）在主界面中，依次单击【全选】、【合并】和【制单】按钮，如图 10-83 所示。系统生成记账凭证，如图 10-84 所示，【保存】并【审核】该凭证。

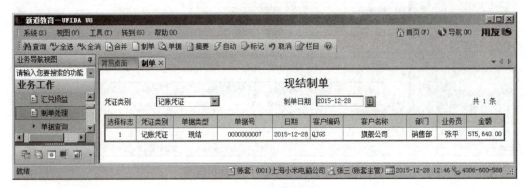

图 10-83 现结制单

图 10-84 现结的记账凭证

【注意】

收到应收票据也是现结的一种方式，需要通过"现结"功能完成制单。切不可直接让系统生成记账凭证，再将应收账款改为应收票据。这样会导致计提坏账准备时，系统将应收票据也作为计提坏账的基数，从而引起应收款管理系统与总账系统不一致。

业务 10-47：12 月 28 日，向旗舰店代销小米 2 一体机电脑和小米 4 一体机电脑各 15 台，销售出库在存货核算中记账。

操作路径：【业务工作】—【供应链】—【存货核算】—【业务核算】—【正常单据记账】

（1）在弹出的查询条件窗口，单击【确定】按钮。

（2）在正常单据记账列表窗口，依次单击工具栏【全选】和【记账】按钮，如图 10-85 所示，系统提示"记账成功"。

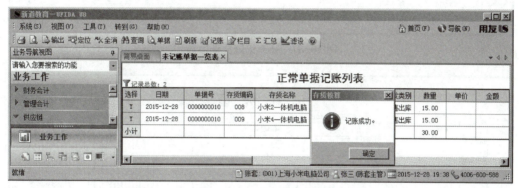

图 10-85　正常单据记账

业务 10-48：12 月 28 日，向旗舰店代销小米 2 一体机电脑和小米 4 一体机电脑各 15 台，结转产品销售成本制单。

操作路径：【业务工作】—【供应链】—【存货核算】—【财务核算】—【生成凭证】

（1）单击主界面【选择】按钮，在弹出的查询条件窗口，单击【确定】按钮。

（2）在弹出的未生成凭证单据一览表窗口中，依次单击工具栏【全选】和【确定】按钮，如图 10-86 所示，返回系统主界面。

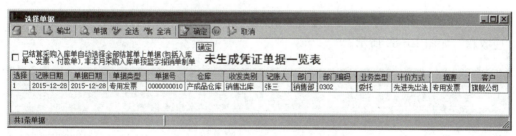

图 10-86　未生成凭证单据一览表

（3）补充记账凭证借方数量、项目大类等信息，如图 10-87 所示。

（4）在主界面中，单击【合成】按钮，系统生成记账凭证，如图 10-88 所示，【保存】并【审核】该凭证。

业务 10-49：12 月 28 日，收到 12 月 23 日销售给天猫公司 40 台电脑的货款 580 320 元，款项已通过转账支票存入工行（票号 ZZ012）。

操作路径：【业务工作】—【财务会计】—【应收款管理】—【收款单据处理】—【收款单据录入】

凭证类别 记 记账凭证

选择	单据类型	单据号	摘要	科目类型	科目编码	科目名称	借方金额	贷方金额	借方...	科目方向	项目大类	项目编码	项目名称
1	专用发票	0000000010	专用发票	对方	6401	主营业务成本	66, 102. 50		15. 00	1			
				存货	1405	库存商品		66, 102. 50		2	99	008	小米2—体机电脑
				对方	6401	主营业务成本	92, 442. 50		15. 00	1			
				存货	1405	库存商品		92, 442. 50		2	99	009	小米4—体机电脑
合计							158, 545. 00	158, 545. 00					

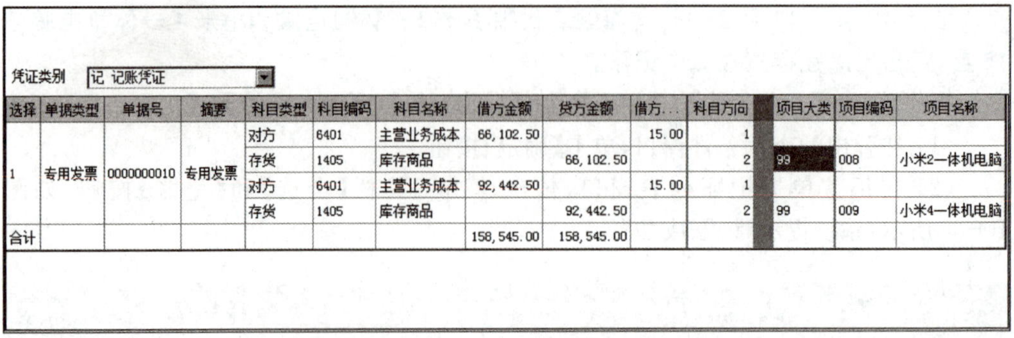

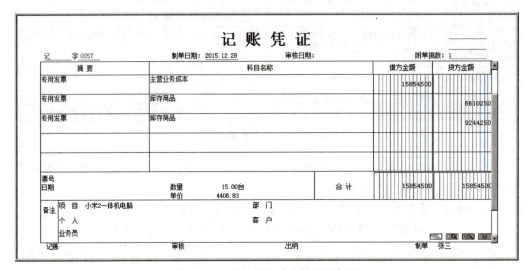

图 10-87　补充记账凭证信息

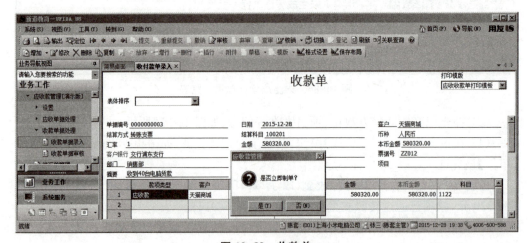

图 10-88　结转销售成本的记账凭证

(1) 在主界面工具栏中，单击【增加】按钮，新增一张收款单，注意修改款项类型为“应收款”，如图 10-89 所示。

图 10-89　收款单

(2)【保存】并【审核】该收款单,系统提示:"是否立即制单?"选择【是】。

(3) 系统生成收到货款的记账凭证,如图 10-90 所示,补充现金流量项目编码为"01",即"销售商品、提供劳务收到的现金",【保存】并【审核】该记账凭证。

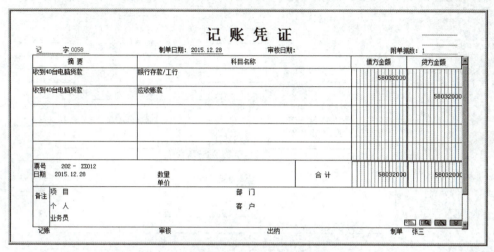

图 10-90 收到货款的记账凭证

业务 10-50:12 月 29 日,收到 12 月 26 日销售给淘宝公司 20 台电脑的货款 366 500 元(货款 386 100 元,已付定金 20 000 元,本公司代垫运费 400 元),款项已通过转账支票存入工行(票号 ZZ013),用预收的定金冲减货款。

业务提示:先将预收的定金冲减货款,再按有销售折扣的收款处理。

操作路径:【业务工作】—【财务会计】—【应收款管理】—【转账】—【预收冲应收】

(1) 在预收款窗口,选择客户为"淘宝公司",单击【过滤】按钮,得到已预收的款项。再单击【全选】按钮,系统自动填入转账金额"20 000",如图 10-91 所示。

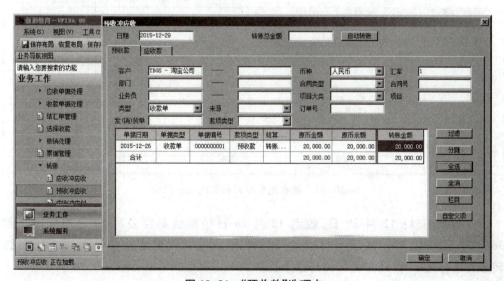

图 10-91 "预收款"选项卡

(2) 在应收款窗口,单击【过滤】按钮,得到应收的款项。在表体中输入转账金额 "20 000",单击【确定】按钮,系统提示"是否立即制单",选择【是】,如图 10-92 所示。

图 10-92 "应收款"选项卡

(3) 在生成的凭证中,将会计分录第一行预收账款贷方红字金额调整为借方蓝字(黑色),即将光标定位于贷方金额,按空格键即可,如图 10-93 所示,【保存】并【审核】该凭证。

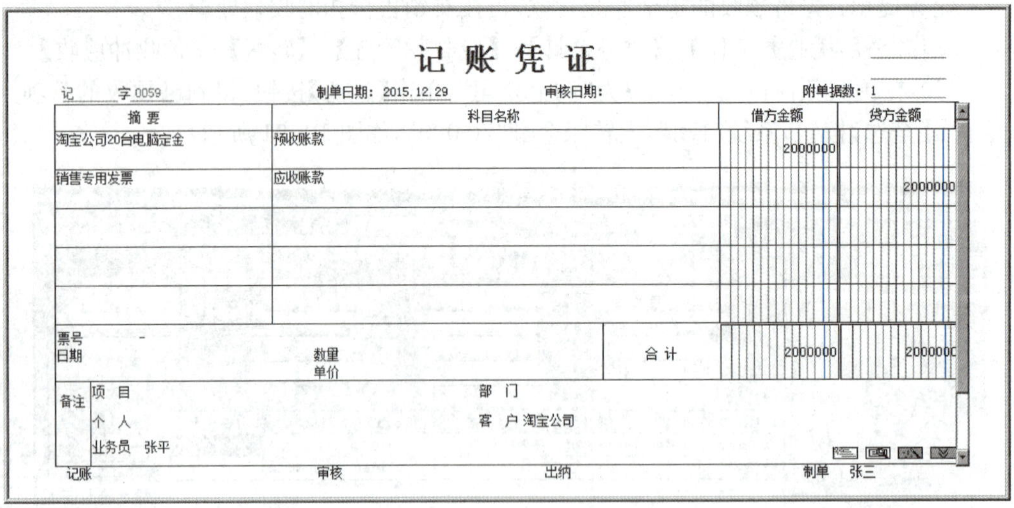

图 10-93 预收定金冲减货款的记账凭证

业务 10-51:12 月 29 日,收到 12 月 26 日销售给淘宝公司 20 台电脑的货款 366 500 元(货款 386 100 元,已付定金 20 000 元,本公司代垫运费 400 元),款项已通过转账支票存入工行(票号 ZZ013),选择收款。

操作路径:【业务工作】—【财务会计】—【应收款管理】—【选择收款】

(1) 在通用条件窗口,选择客户为"淘宝公司",并勾选"可享受折扣",如图 10-94 所示,单击【确定】按钮,返回主界面。

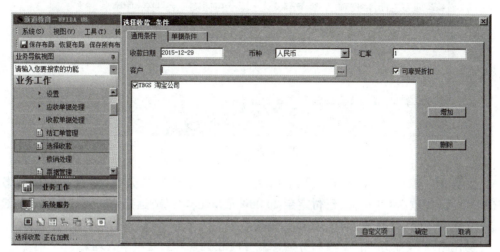

图 10-94　选择收款条件

(2) 单击工具栏【全选】按钮,将运费的本次折扣"20.00"删除,这样,本次折扣的金额系统自动修正为"18 305.00",如图 10-95 所示。

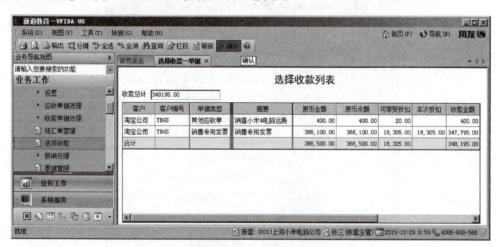

图 10-95　选择收款

(3) 单击工具栏【OK 确认】按钮后,补充结算方式(转账支票)与票据号(ZZ013),如图 10-96 所示。

【提示】

由于现金折扣只针对销售货款,不包括代垫的运费。因此,应该修改本次折扣和收款金额。此外,由于预付定金已冲减应收账款,所以收款金额=386 100+400−20 000−18 305=348 195 元。

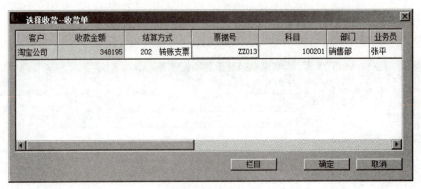

图 10-96 收款单

业务 10-52：12 月 29 日，收到 12 月 26 日销售给淘宝公司 20 台电脑的货款 366 500 元(货款 386 100 元，已付定金 20 000 元，本公司代垫运费 400 元)，款项已通过转账支票存入工行(票号 ZZ013)，制单处理。

操作路径：【业务工作】—【财务会计】—【应收款管理】—【制单处理】

(1) 在弹出的制单查询窗口中，同时勾选"收付款单制单"和"核销制单"，如图 10-97 所示，单击【确定】按钮。

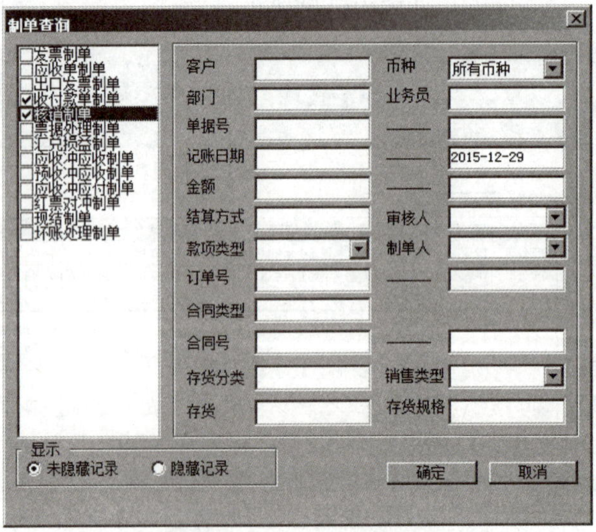

图 10-97 制单查询

(2) 在主界面工具栏中，依次单击【全选】、【合并】和【制单】按钮，如图 10-98 所示。

(3) 系统生成收款记账凭证，如图 10-99 所示，补充现金流量项目编码"01"，即"销售商品、提供劳务收到的现金"，【保存】并【审核】该凭证。

业务 10-53：12 月 29 日，已确认为坏账的京东商城货款 152 万元，现收回 100 万元，填制收款单。

操作路径：【业务工作】—【财务会计】—【应收款管理】—【收款单据处理】—【收款单据录入】

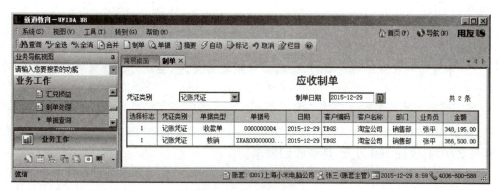

图 10-98　应收制单

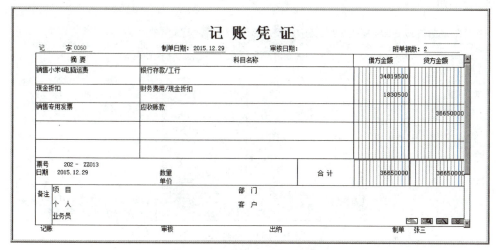

图 10-99　收到货款的记账凭证

在主界面工具栏中,单击【增加】按钮,新增一张收款单,注意修改款项类型为"应收款",相关信息如图 10-100 所示。

图 10-100　收款单

【注意】

不应对该收款单进行审核，否则在坏账收回时，无法以该收款单作为依据生成记账凭证。

业务10-54：12月29日，已确认为坏账的京东商城货款152万元，通过转账支票（票号ZZ014）收回100万元，坏账收回制单。

操作路径：【业务工作】—【财务会计】—【应收款管理】—【坏账处理】—【坏账收回】

（1）在弹出的坏账收回窗口中，填写坏账收回具体内容，如图10-101所示，单击【确定】按钮。

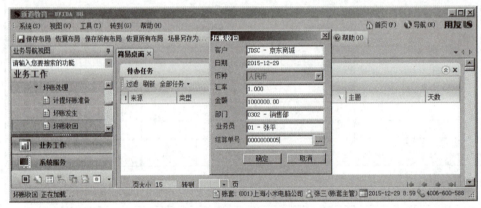

图10-101 坏账收回

（2）系统弹出"是否立即制单"，选择【是】。

（3）系统生成收到定金的记账凭证，如图10-102所示，补充现金流量项目编码"01"，即"销售商品、提供劳务收到的现金"，【保存】并【审核】该凭证。

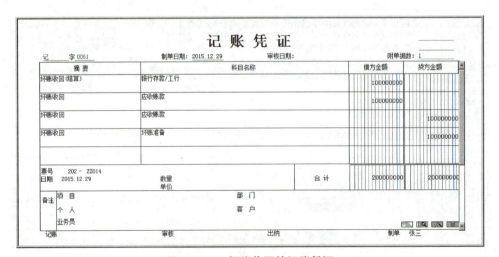

图10-102 坏账收回的记账凭证

业务 10-55：12 月 30 日，收到 12 月 25 日销售给天猫商城分期收款确认的第二批货款 217 620 元，款项已通过转账支票（票号 ZZ015）存入工行。

操作路径：【业务工作】—【财务会计】—【应收款管理】—【收款单据处理】—【收款单据录入】

（1）在主界面工具栏中，单击【增加】按钮，新增一张收款单，注意修改款项类型为"应收款"，相关信息如图 10-103 所示。

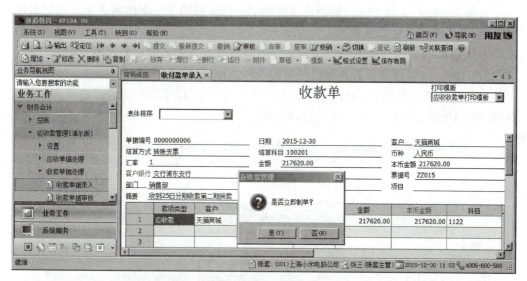

图 10-103 收款单

（2）【保存】并【审核】该收款单，系统提示"是否立即制单"，选择【是】。

（3）系统生成收到定金的记账凭证，如图 10-104 所示，补充现金流量项目编码"01"，即"销售商品、提供劳务收到的现金"，【保存】并【审核】该凭证。

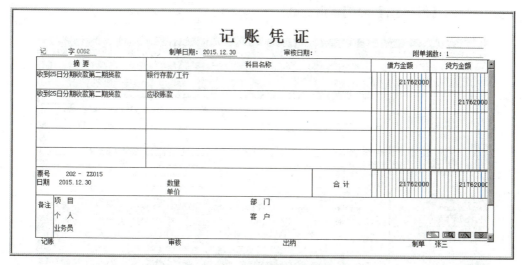

图 10-104 收到货款的记账凭证

四、销售退货业务

在信息化环境下,如果销售退货时尚未开具发票,可以采取"无痕迹修改"即通过一系列逆操作和删改操作完成全部或部分退货处理;如果已经根据发货单开具销售发票,此时应该采取"有痕迹修改"即通过录入退货单和红字发票来处理。

业务 10-56:12 月 30 日,天猫商城退回 12 月 23 日销售已现结的小米 2 笔记本电脑 1 台,参照发货单生成退货单。

操作路径:【业务工作】—【供应链】—【销售管理】—【销售发货】—【退货单】

(1)单击工具栏【增加】,在弹出的查询条件选择窗口,单击【确定】按钮。

(2)在参照生单窗口,双击上窗口第一行,即选中 12 月 23 日的销售业务,单击【OK 确定】按钮,如图 10-105 所示,返回退货单界面。

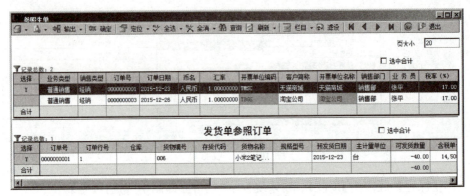

图 10-105　参照生单

(3)在退货单界面,补充仓库名称为"产成品仓库",并将数量修改为"－1",如图 10-106 所示,【保存】并【审核】该退货单。

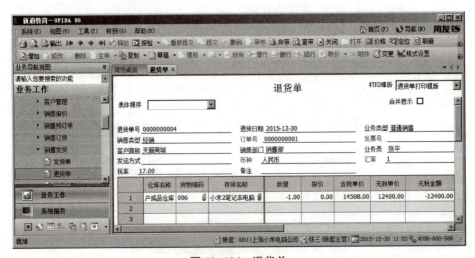

图 10-106　退货单

业务 10-57：12 月 30 日，天猫商城退回 12 月 23 日销售已现结的小米 2 笔记本电脑 1 台，审核销售出库单。

操作路径：【业务工作】—【供应链】—【库存管理】—【出库业务】—【销售出库单】

根据本公司的账套初始设置，系统将自动生成销售出库单。单击工具栏中【末张】图标按钮，系统显示最后一张销售出库单。单击工具栏中【审核】按钮，完成该销售出库单的审核，系统提示成功，如图 10-107 所示。

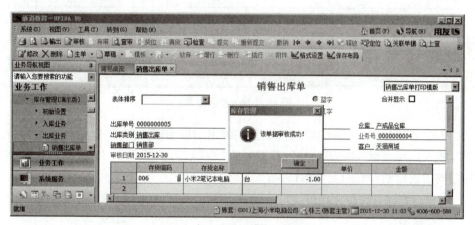

图 10-107　销售出库单审核

业务 10-58：12 月 30 日，天猫商城退回 12 月 23 日销售已现结的小米 2 笔记本电脑 1 台，生成红字销售专用发票，并现结。

操作路径：【业务工作】—【供应链】—【销售管理】—【销售开票】—【红字销售专用发票】

（1）单击工具栏【增加】按钮，在弹出的查询条件选择窗口，修改发货单类型为"红字记录"后，单击【确定】按钮，如图 10-108 所示。

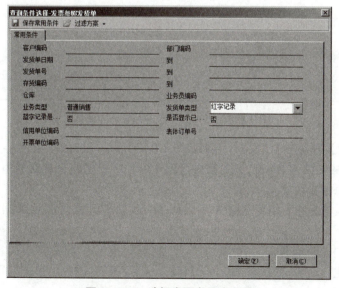

图 10-108　选择发票参照发货单

(2) 在参照生单窗口中,依次单击【全选】和【OK 确定】按钮,如图 10-109 所示。

图 10-109 参照生单

(3) 在主界面中,单击工具栏【现结】,在弹出的现结窗口中,选择结算方式为"转账支票",输入原币金额为"-14 508",票据号为"ZZ016",如图 10-110 所示。然后,单击【确定】按钮返回销售专用发票窗口。

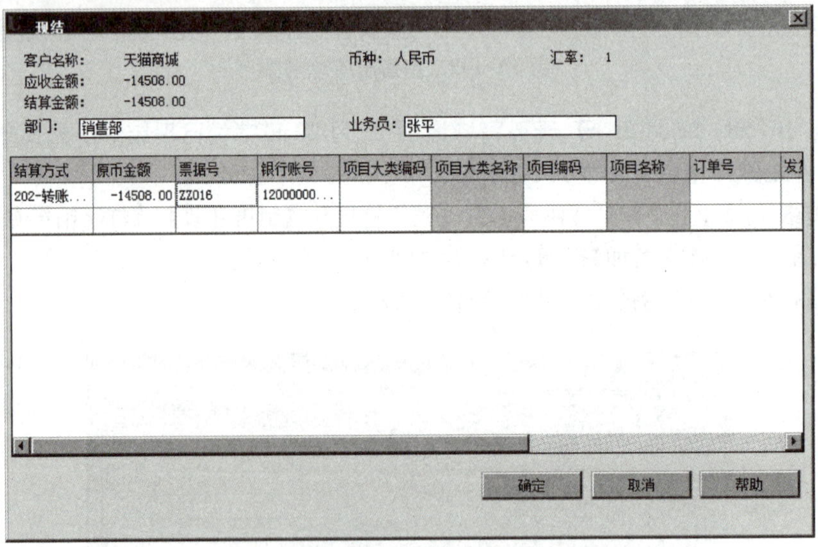

图 10-110 现结

(4)【保存】并【审核】该发票,结果如图 10-111 所示。

业务 10-59:12 月 30 日,天猫商城退回 12 月 23 日销售已现结的小米 2 笔记本电脑 1 台,应收单据审核。

操作路径:【业务工作】—【财务会计】—【应收款管理】—【应收单据处理】—【应收单据审核】

在弹出的"应收单据查询条件"窗口,增加勾选"包含已现结发票"。然后,单击【确定】按钮。在主界面中,依次单击【全选】和【审核】按钮,完成应收单据的审核,结果如图 10-112 所示。

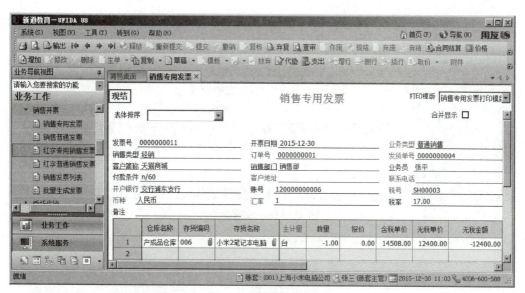

图 10-111　已现结销售专用发票

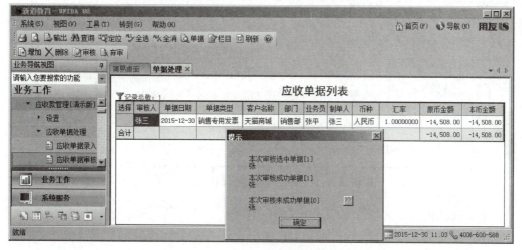

图 10-112　应收单据审核

业务 10-60：12 月 30 日，天猫商城退回 12 月 23 日销售已现结的小米 2 笔记本电脑 1 台，参照红字销售发票现结制单。

操作路径：【业务工作】—【财务会计】—【应收款管理】—【制单处理】

（1）在弹出的制单查询窗口，增加勾选"现结制单"，单击【确定】按钮，进入制单窗口。

（2）在主界面中，依次单击【全选】和【制单】按钮，如图 10-113 所示。

（3）系统生成销售退货的记账凭证，如图 10-114 所示，补充现金流量项目信息"01（销售商品、提供劳务收到的现金）"，【保存】并【审核】该凭证。

业务 10-61：12 月 30 日，天猫商城退回 12 月 23 日销售已现结的小米 2 笔记本电脑 1 台，销售退回在存货核算中记账。

操作路径：【业务工作】—【供应链】—【存货核算】—【业务核算】—【正常单据记账】

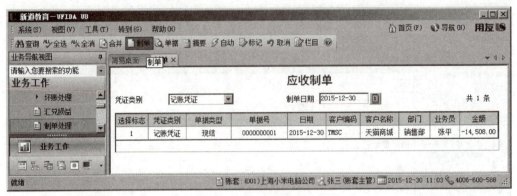

图 10-113　应收制单

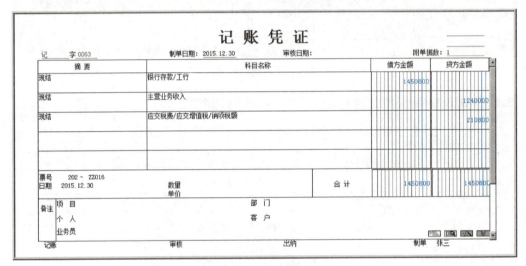

图 10-114　销售退货的记账凭证（金额红字）

（1）在弹出的查询条件窗口，单击【确定】按钮。

（2）在正常单据记账列表窗口，依次单击工具栏【全选】和【记账】按钮，如图 10-115 所示，系统提示"记账成功"。

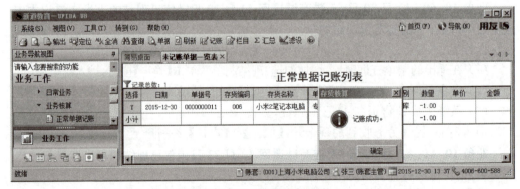

图 10-115　正常单据记账

业务 10-62：12 月 30 日，天猫商城退回 12 月 23 日销售已现结的小米 2 笔记本电脑 1 台，销售退回结转成本制单。

操作路径：【业务工作】—【供应链】—【存货核算】—【财务核算】—【生成凭证】

（1）单击主界面【选择】按钮，在弹出的查询条件窗口，单击【确定】按钮。

（2）在弹出的未生成凭证单据一览表窗口中，依次单击工具栏【全选】和【确定】按钮，如图 10-116 所示，返回系统主界面。

选择单据

输出　单据　全选　全消　确定　取消

□ 已结算采购入库单自动选择全部结算单上单据(包括入库单、发票、付款单)，非本月采购入库单按蓝字报销单制单　确定

未生成凭证单据一览表

选择	记账日期	单据日期	单据类型	单据号	仓库	收发类别	记账人	部门	部门编码	业务类型	计价方式	摘要	客户
1	2015-12-30	2015-12-30	专用发票	0000000011	产成品仓库	销售出库	张三	销售部	0302	普通销售	先进先出法	专用发票	天猫商城

共1条单据

图 10-116　未生成凭证单据一览表

（3）补充记账凭证借方数量、项目大类等信息，如图 10-117 所示。

凭证类别　记 记账凭证

选择	单据类型	单据号	摘要	科目类型	科目编码	科目名称	借方金额	贷方金额	借方数量	科目方向	项目大类	项目编码	项目名称
1	专用发票	0000000011	专用发票	对方	6401	主营业务成本	-4,148.30		-1.00	1			
				存货	1405	库存商品		-4,148.30		2	99	006	小米2笔记本电脑
合计							-4,148.30	-4,148.30					

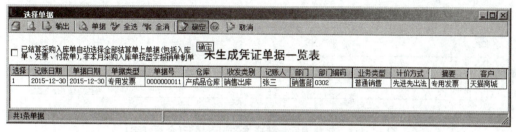

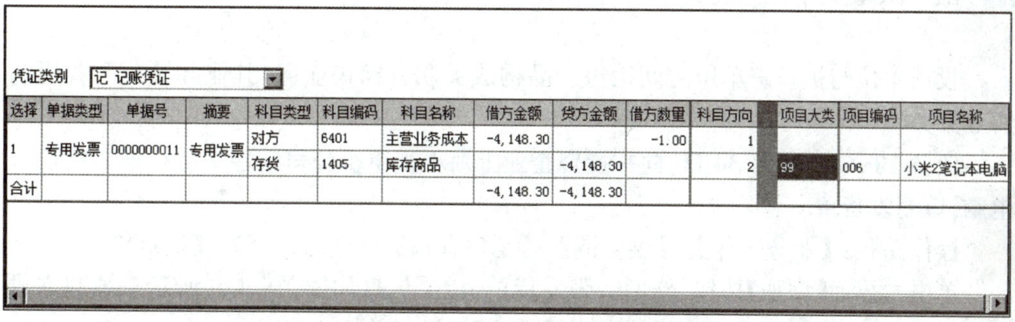

图 10-117　补充记账凭证信息

（4）单击主界面中【生成】按钮，生成记账凭证，结果如图 10-118 所示，【保存】并【审核】该凭证。

【提示】

值得注意的是，12 月 23 日销售给天猫商城的小米 2 笔记本电脑当时的结转成本单价为 4 500 元（180 000÷40）（如图 10-29 所示），由于在存货核算系统选项中选择红字出库单成本为“结存成本”，所以系统不需要录入单价，而直接以目前结存存货的成本为单价（4 148.30 元，如图 10-116 所示）。当然，我们也可以在“单价”单元格中单击鼠标右键，选择“手工输入”，输入单价“4 500”。然而，在实际工作中，我们不一定能够确知某项退货的实际结转成本。

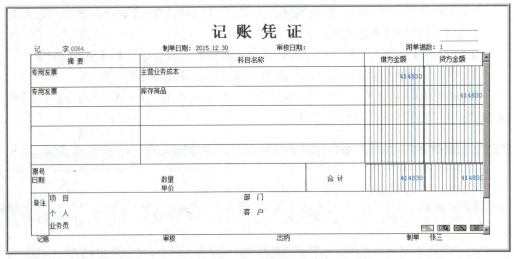

图 10-118　销售退回结转成本的记账凭证(金额红字)

五、关联方销售业务

投资单位与被投资单位之间销售产品构成关联方销售业务,其业务流程与普通销售业务类似。

业务 10-63：12 月 30 日,向被投资企业上海小米手机公司销售 2 台小米 2 笔记本电脑,填制发货单。

操作路径:【业务工作】—【供应链】—【销售管理】—【销售发货】—【发货单】

单击主界面【增加】按钮,新增一张发货单,相关信息如图 10-119 所示。填制完成发货单后,单击主界面中【保存】按钮,并【审核】该发货单。

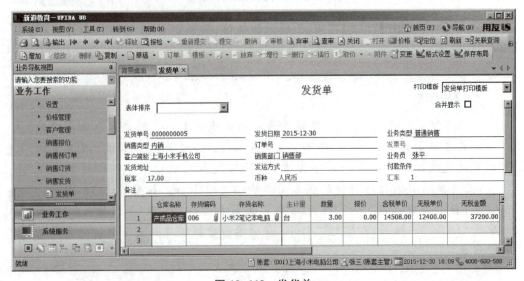

图 10-119　发货单

业务 10-64：12 月 30 日，向被投资企业上海小米手机公司销售 2 台小米 2 笔记本电脑，参照发货单生成销售出库单。

操作路径：【业务工作】—【供应链】—【库存管理】—【出库业务】—【销售出库单】

单击工具栏中的【末张】按钮，系统查阅到相应的销售出库单，然后单击工具栏中的【审核】按钮，完成审核工作，如图 10-120 所示。

图 10-120　销售出库单审核

业务 10-65：12 月 30 日，向被投资企业上海小米手机公司销售 2 台小米 2 笔记本电脑，开具销售专用发票。

操作路径：【业务工作】—【供应链】—【销售管理】—【销售开票】—【销售专用发票】

（1）在弹出的"查询条件选择-参照订单"窗口中，单击【确定】按钮，系统打开"参照生单"窗口，依次单击【全选】和【OK 确定】按钮，如图 10-121 所示。

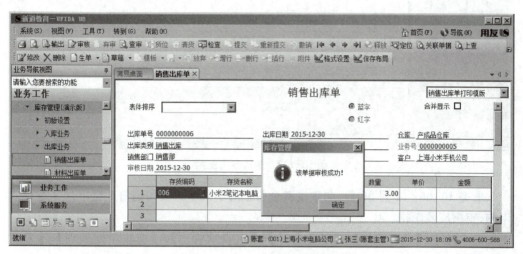

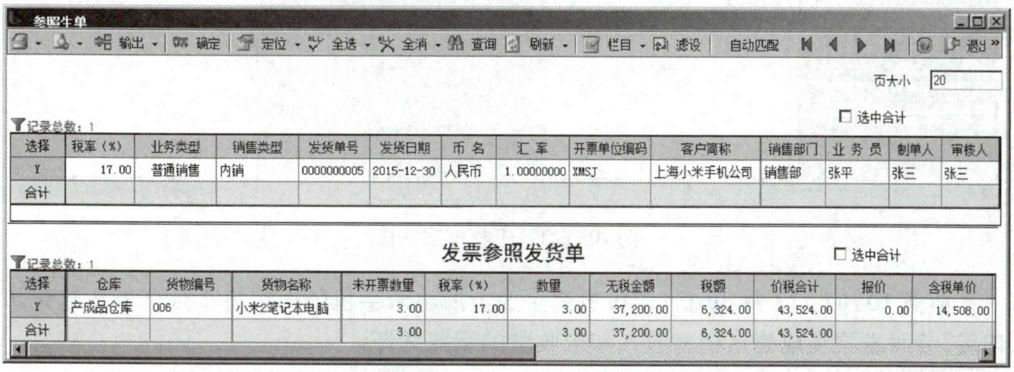

图 10-121　参照生单

（2）系统自动按该发货单生成销售专用发票，如图 10-122 所示。最后，【保存】并【复核】该销售发票。

会计信息系统应用

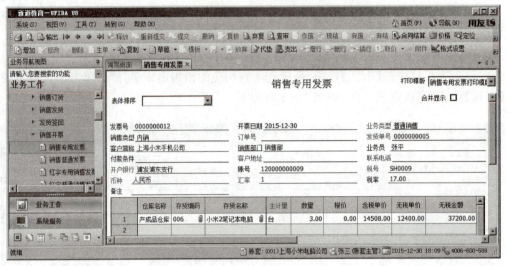

图 10-122　销售专用发票

业务 10-66：12 月 30 日，向被投资企业上海小米手机公司销售 2 台小米 2 笔记本电脑，审核应收单据。

操作路径：【业务工作】—【财务会计】—【应收款管理】—【应收单据处理】—【应收单据审核】

在主界面中，依次单击【全选】和【审核】按钮，完成应收单据的审核，结果如图 10-123 所示。

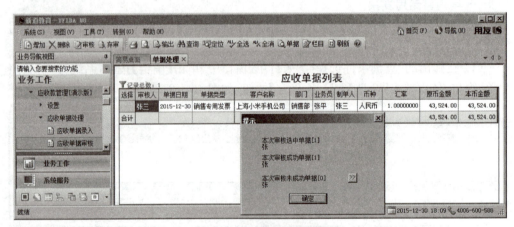

图 10-123　应收单据审核

业务 10-67：12 月 30 日，向被投资企业上海小米手机公司销售 2 台小米 2 笔记本电脑，参照发票生成确认销售收入和应收款的记账凭证。

操作路径：【业务工作】—【财务会计】—【应收款管理】—【制单处理】

（1）在弹出的制单查询窗口中，勾选"发票制单"，单击【确定】按钮。

（2）在主界面中，依次单击【全选】和【制单】按钮，如图 10-124 所示。生成确认销售收入和应收款的记账凭证，结果如图 10-125 所示，【保存】并【审核】该凭证。

288

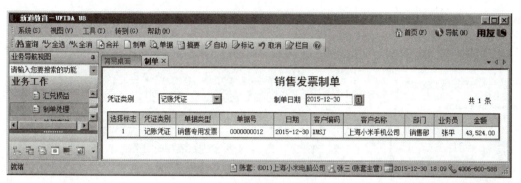

图 10-124 销售发票制单

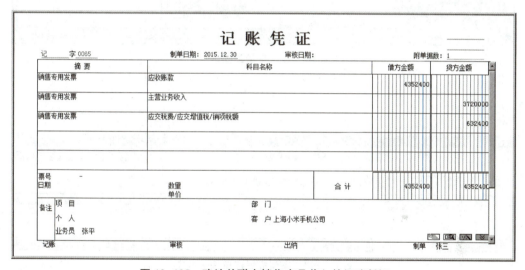

图 10-125 确认关联方销售产品收入的记账凭证

业务 10-68：12 月 30 日,向被投资企业上海小米手机公司销售 2 台小米 2 笔记本电脑,销售出库在存货核算中记账。

操作路径：【业务工作】—【供应链】—【存货核算】—【业务核算】—【正常单据记账】

(1) 在弹出的查询条件窗口,单击【确定】按钮。

(2) 在正常单据记账列表窗口,依次单击工具栏【全选】和【记账】按钮,如图 10-126 所示,系统提示"记账成功"。

业务 10-69：12 月 30 日,向被投资企业上海小米手机公司销售 2 台小米 2 笔记本电脑,结转产品销售成本制单。

操作路径：【业务工作】—【供应链】—【存货核算】—【财务核算】—【生成凭证】

(1) 单击主界面【选择】按钮,在弹出的查询条件窗口,单击【确定】按钮。

(2) 在弹出的未生成凭证单据一览表窗口中,依次单击工具栏【全选】和【确定】按钮,如图 10-127 所示,返回系统主界面。

(3) 补充记账凭证借方数量、项目大类等信息,如图 10-128 所示。

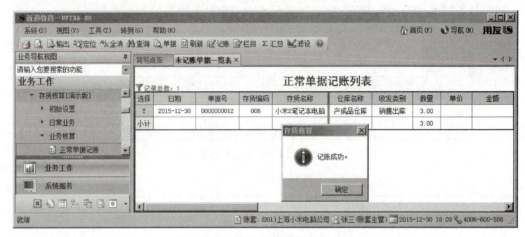

图 10-126 正常单据记账

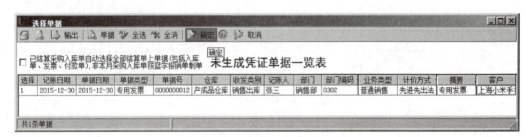

图 10-127 未生成凭证单据一览表

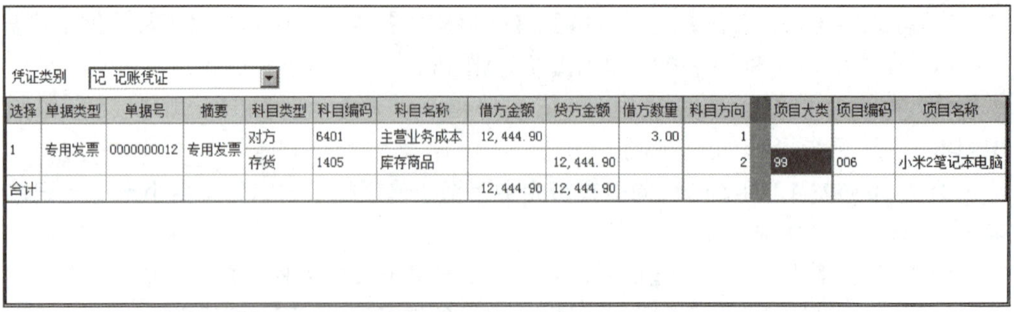

图 10-128 补充记账凭证信息

(4) 单击主界面中【生成】按钮，生成记账凭证，结果如图 10-129 所示，【保存】并【审核】该凭证。

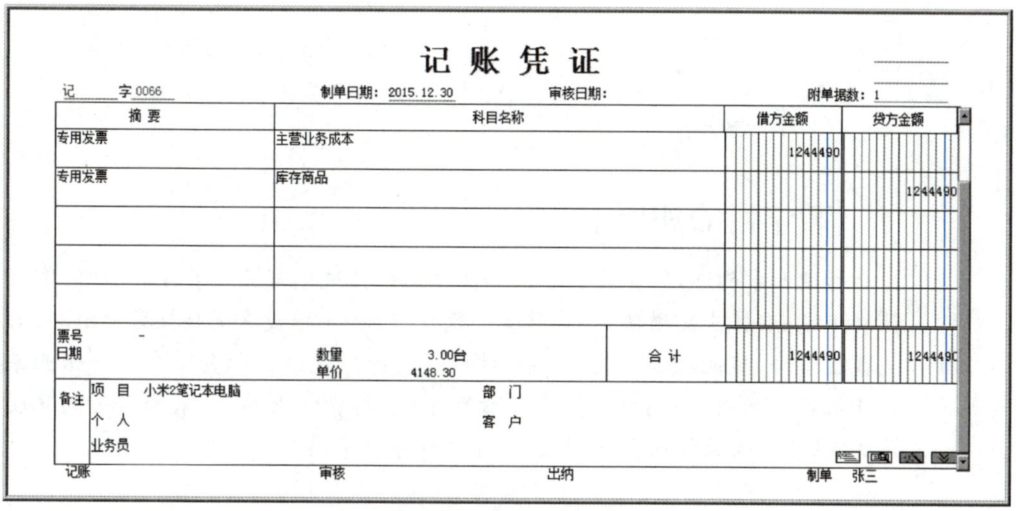

图 10-129　结转关联方销售产品成本的记账凭证

复习思考题

1. 销售管理系统日常业务处理包括哪些内容？
2. 什么是现收业务？简述现收业务的处理流程。
3. 发生销售退货业务应该如何处理？

第十一章 期末会计处理

[**教学目的和要求**]

通过本章的学习,学生应了解和熟悉总账系统期末业务处理的内容,掌握计提坏账、结转应交增值税、计算营业税及附加、计算城建税和教育费附加、汇兑损益结转、期间损益结转、本年利润结转、计提盈余公积金等自动转账业务以及银行对账业务,明确固定资产管理系统、薪资管理系统、采购与付款管理系统、销售与收款管理系统、库存管理系统等期末结账的要求与处理。

第一节 总账期末业务处理

总账期末处理主要包括自动转账、银行对账、月末处理、对账及年末处理。
总账期末业务处理流程如图 11-1 所示。

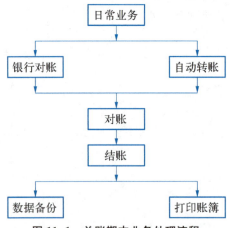

图 11-1 总账期末业务处理流程

▶一、自动转账

在会计核算业务中,诸多会计事项每月有规律地重复出现,如按月计算和上交税金、结转汇兑损益、月末结转费用到损益账户等。这些凭证的摘要、借贷方科目各月基本相同、金额的来源或计算方法也基本不变。因此,可以将这类凭证涉及的上述内容预先进行定义,计算机根据预先定义的金额来源或计算方法自动取数或计算来填制相应的金额,从而生成相应的转账凭证。这样的凭证称为"自动转账凭证"。通过自动转账避免了每月重复填制类似的转账凭证。

自动转账包括转账定义和转账生成两个部分。

业务 11-1：12 月 31 日,被投资企业上海小米手机公司本年实现净利润 50 万元,分红 30 万元,上海小米电脑公司收到 24 万元。

操作路径：【业务工作】—【财务会计】—【总账】—【凭证】—【填制凭证】

按图 11-2 录入记账凭证,【保存】并【审核】该凭证。

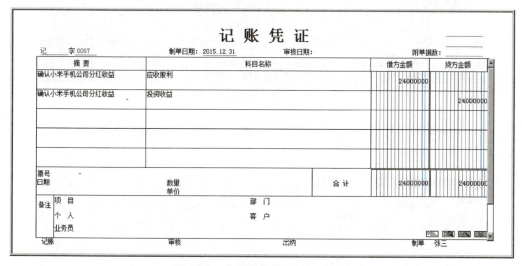

图 11-2　收到投资分红的记账凭证

业务 11-2：12 月 31 日,对应结转本月应交增值税。

操作路径：【业务工作】—【财务会计】—【总账】—【期末】—【转账定义】—【对应结转】

(1) 对应结转进项税额的设置如图 11-3 所示,单击【保存】图标按钮后,单击【退出】按钮。

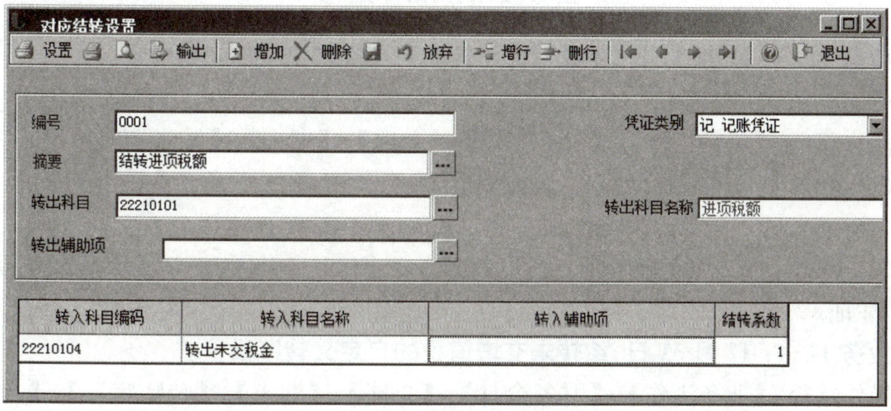

图 11-3　对应结转设置 1

(2) 对应结转销项税额的设置如图 11-4 所示,单击【保存】图标按钮后,单击【退出】按钮。

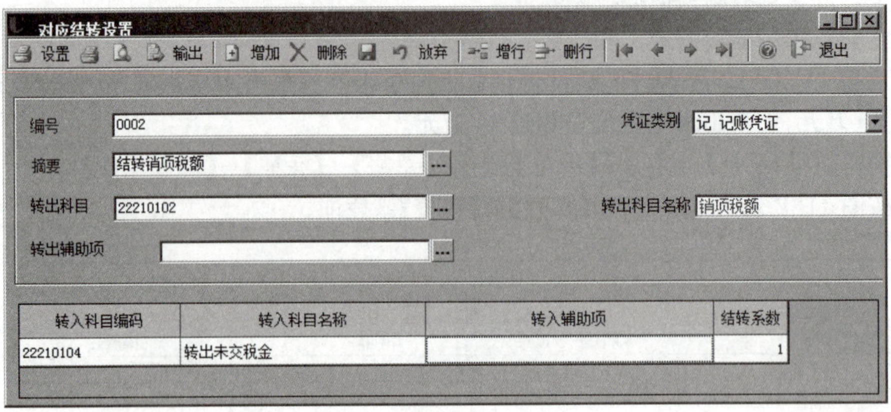

图 11-4 对应结转设置 2

(3) 对应结转进项税额转出的设置如图 11-5 所示,单击【保存】图标按钮后,单击【退出】按钮。

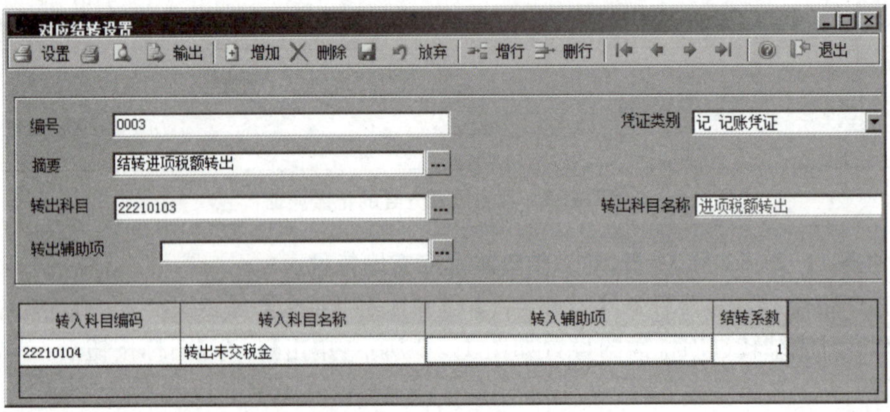

图 11-5 对应结转设置 3

业务 11-3:12 月 31 日,生成对应结转本月应交增值税的记账凭证。

前提工作:所有记账凭证已经审核并记账。

操作路径:【业务工作】—【财务会计】—【总账】—【期末】—【转账生成】

(1) 单击窗口右上角的【全选】按钮,再单击窗口右下角的【确定】按钮,如图 11-6 所示。

(2) 系统生成三张记账凭证,分别如图 11-7、图 11-8 和图 11-9 所示,【保存】并【审核】该凭证。

业务 11-4:12 月 31 日,结转未交增值税的自定义转账设置。

操作路径:【业务工作】—【财务会计】—【总账】—【期末】—【转账定义】—【自定义转账】

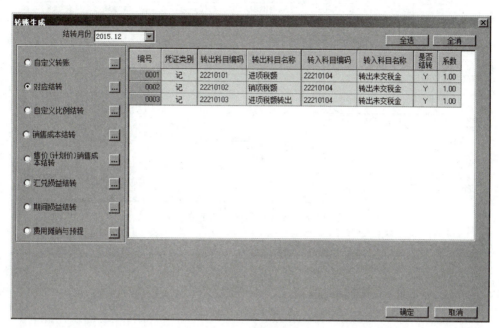

图 11-6 转账生成

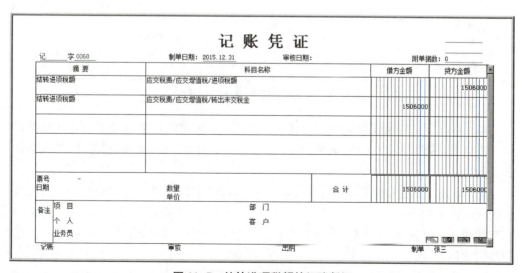

图 11-7 结转进项税额的记账凭证

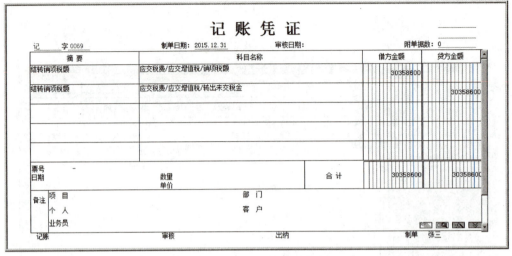

图 11-8　结转销项税额的记账凭证

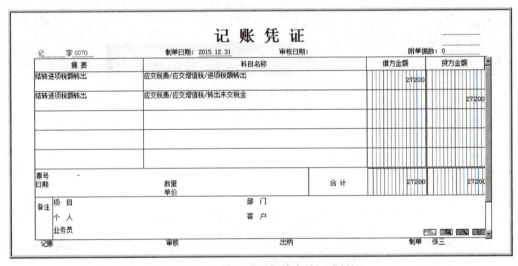

图 11-9　结转进项税额转出的记账凭证

(1) 在自定义转账设置窗口,点击【增加】按钮,在弹出的转账目录窗口输入转账目录基本信息,转账序号"0006",转账说明"结转未交增值税",单击【确定】按钮,进入会计分录设置。

(2) 单击工具栏【增行】按钮,录入第一行科目编码"22210104"(应交税费—应交增值税—转出未交税金),方向为"借"。单击金额公式栏【参照】图标按钮,选择"期末余额",如图 11-10 所示,单击【下一步】,在弹出的公式引导窗口中,选择方向为"贷",点击【完成】按钮,如图 11-11 所示。

(3) 单击工具栏【增行】按钮,录入第二行科目编码"22210106"(应交税费—应交增值税—已交税金),方向为"贷"。单击金额公式栏【参照】图标按钮,选择"期末余额",如

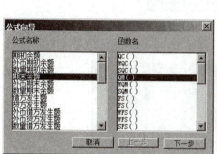

图 11-10 公式向导 1

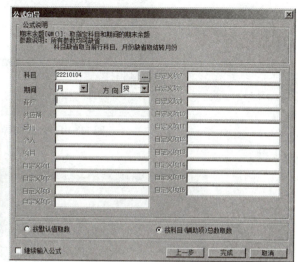

图 11-11 公式向导 2

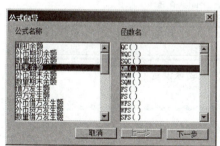

图 11-12 公式向导 3

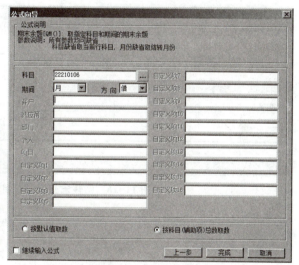

图 11-13 公式向导 4

图 11-12 所示,单击【下一步】,在弹出的公式引导窗口中,选择方向为"借",点击【完成】按钮,如图 11-13 所示。

(4) 单击工具栏【增行】按钮,录入第三行科目编码"222102"(应交税费—未交增值税),方向为"贷"。单击金额公式栏【参照】图标按钮,选择"借贷平衡差额",如图 11-14 所示,单击【下一步】,在弹出的公式引导窗口中,点击【完成】按钮,如图 11-15 所示。

(5) 最终,结转未交增值税自定义转账设置结果如图 11-16 所示。

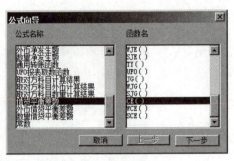

图 11-14 公式向导 5

图 11-15 公式向导 6

图 11-16 结转未交增值税自定义转账设置

【说明】

因为本企业在月初已预交部分增值税（计入"应交税费—应交增值税—已交税金"），所以本月未交增值税为"应交税费—应交增值税—转出未交税金"与其抵扣后的余额。在实际工作中应根据企业是否预交增值税来设计自定义转账凭证。

业务 11-5：12 月 31 日，生成结转未交增值税的记账凭证。

前提工作：所有记账凭证已经审核并记账。

操作路径：【业务工作】—【财务会计】—【总账】—【期末】—【转账生成】

（1）双击最后一行"是否结转"项目对应的单元格，使之出现"Y"标记，如图 11-17 所示，然后单击窗口右下角的【确定】按钮。

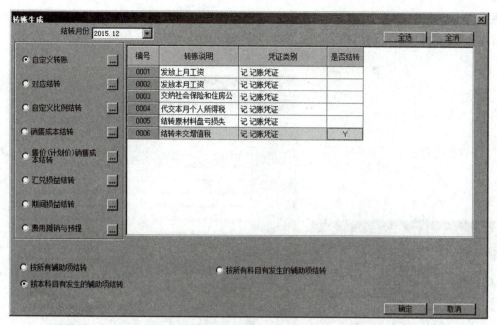

图 11-17 转账生成

(2) 系统生成记账凭证如图 11-18 所示,【保存】并【审核】该凭证。

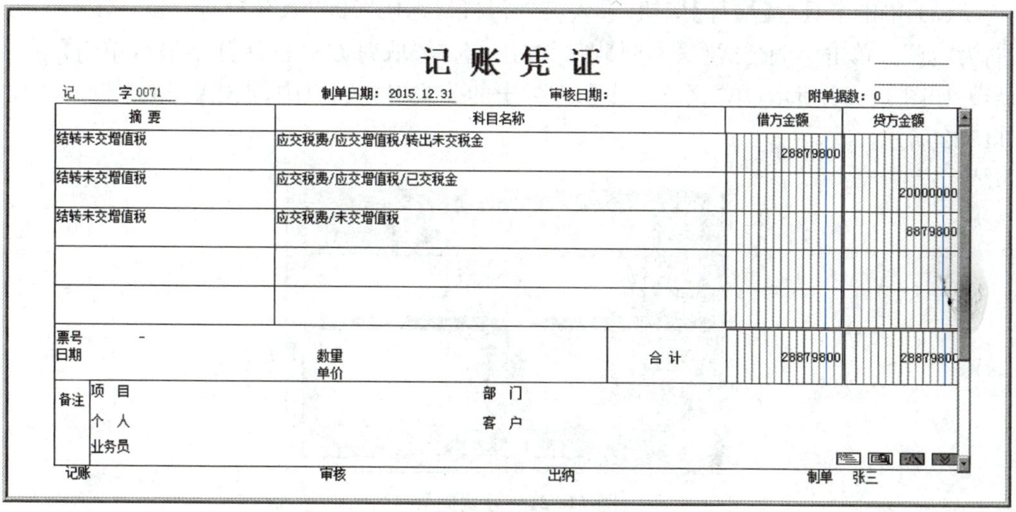

图 11-18 结转未交增值税的记账凭证

业务 11-6:12 月 31 日,设置交纳本月增值税的自定义转账凭证。

前提工作:本月未交增值税已结转转出,且所有记账凭证均已审核并记账。

操作路径:【业务工作】—【财务会计】—【总账】—【期末】—【转账定义】—【自定义转账】

(1) 单击工具栏【增加】按钮,填写转账序号"0007",转账说明"交纳本月增值税"。

(2) 单击工具栏【增行】按钮,录入第一行科目编码"222102"(应交税费—未交增值税),方向为"借"。单击金额公式栏【参照】图标按钮,选择"贷方发生额",如图 11-19 所示,单击【下一步】,在弹出的公式引导窗口中,点击【完成】按钮,如图 11-20 所示。

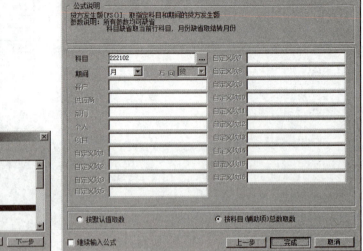

图 11-19 公式向导 1　　　　　　图 11-20 公式向导 2

(3) 单击工具栏【增行】按钮,录入第二行科目编码"100201"(银行存款—工行),方向为"贷"。单击金额公式栏【参照】图标按钮,选择"取对方科目计算结果",单击【下一步】,如图 11-21 所示,单击【下一步】,在弹出的公式引导窗口中,点击【完成】按钮,如图 11-22 所示。

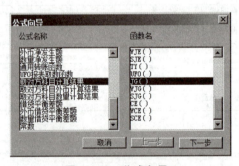

图 11-21 公式向导 3

图 11-22 公式向导 4

（4）最终，交纳本月增值税自定义转账设置结果如图 11-23 所示。

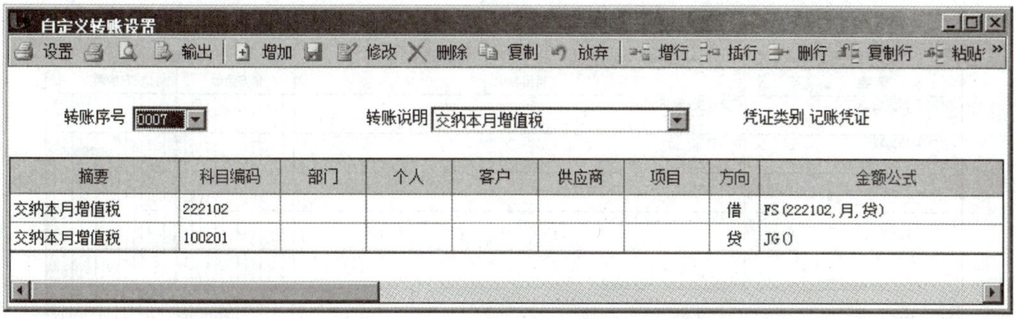

图 11-23　自定义转账设置

业务 11-7：12 月 31 日，通过转账支票（票号 ZZ017）交纳本月增值税。

前提工作：所有记账凭证已经审核并记账。

操作路径：【业务工作】—【财务会计】—【总账】—【期末】—【转账生成】

（1）双击最后一行"是否结转"项目对应的单元格，使之出现"Y"标记，如图 11-24 所示，然后单击窗口右下角的【确定】按钮。

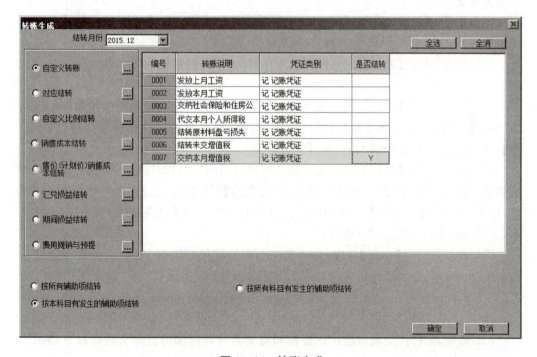

图 11-24　转账生成

（2）系统生成记账凭证如图 11-25 所示，补充现金流量编码为"06"，即"支付的各项税费"，【保存】并【审核】该凭证。

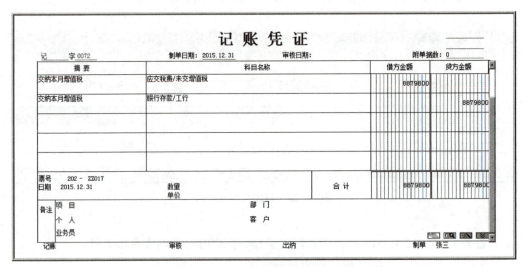

图 11-25　结转未交增值税的记账凭证

业务 11-8：12 月 31 日，设置结转应交城市维护建设税和应交教育费附加的自定义转账凭证。

操作路径：【业务工作】—【财务会计】—【总账】—【期末】—【转账定义】—【自定义转账】

（1）单击工具栏【增加】按钮，填写转账序号"0008"，转账说明"结转城建税、教育费附加"。

（2）单击工具栏【增行】按钮，录入第一行科目编码"6403"（营业税金及附加），方向为"借"。单击金额公式栏【参照】图标按钮，选择"取对方科目计算结果"，单击【下一步】，在弹出的公式引导窗口中，点击【完成】按钮。

（3）单击工具栏【增行】按钮，录入第二行科目编码"222105"（应交税费—应交城市维护建设税），方向为"贷"。单击金额公式栏【参照】图标按钮，选择"贷方发生额"，如图 11-26 所示，单击【下一步】，在弹出的公式引导窗口中，点击【完成】按钮，如图 11-27 所示，在返回的窗口中，录入"*0.07"。

（4）单击工具栏【增行】按钮，录入第三行科目编码"222105"（应交税费—应交教育费附加），方向为"贷"。单击金额公式栏【参照】图标按钮，选择"贷方发生额"，单击【下一步】，在弹出的公式引导窗口中，点击【完成】按钮，在返回的窗口中，录入"*0.03"。

（5）最终，结转应交城市维护建设税和应交教育费附加的自定义转账设置结果如图 11-28 所示。

业务 11-9：12 月 31 日，生成结转城建税、教育费附加的记账凭证。

前提工作：所有记账凭证经审核并记账。

操作路径：【业务工作】—【财务会计】—【总账】—【期末】—【转账生成】

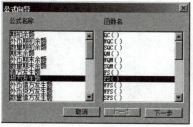
图 11-26 公式向导 1

图 11-27 公式向导 2

图 11-28 自定义转账设置

（1）双击最后一行"是否结转"项目对应的单元格，使之出现"Y"标记，如图 11-29 所示，然后单击窗口右下角的【确定】按钮。

（2）系统生成记账凭证如图 11-30 所示，【保存】并【审核】该凭证。

业务 11-10：12 月 31 日，计提本期坏账准备。

操作路径：【业务工作】—【总账】—【应收款管理】—【坏账处理】—【计提坏账准备】

（1）在单击主界面中，单击【OK 确认】按钮，系统提示"是否立即制单"，选择【是】，如图 11-31 所示。

（2）系统生成计提坏账准备的记账凭证，如图 11-32 所示，【保存】并【审核】该凭证。

业务 11-11：12 月 31 日，录入本期期末外币汇率。

操作路径：【基础设置】—【基础档案】—【财务】—【外币设置】

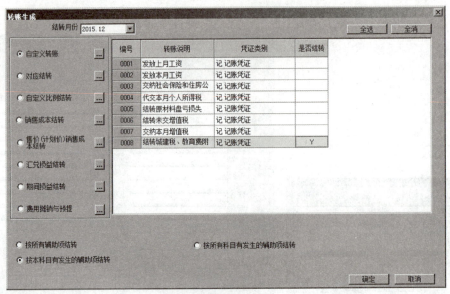

图 11-29 转账生成

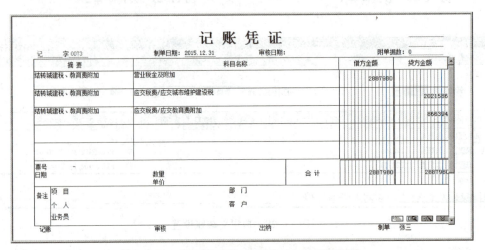

图 11-30 结转城建税、教育费附加的记账凭证

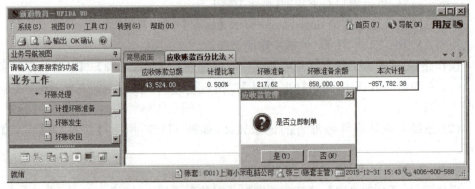

图 11-31 计提坏账准备制单

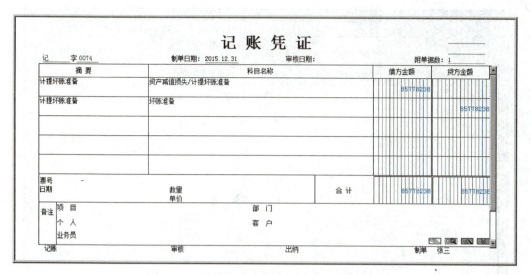

图 11-32　计提坏账准备的记账凭证(金额红字)

在外币设置窗口中,录入本期期末外币汇率"6.80",如图 11-33 所示,单击【确认】按钮。

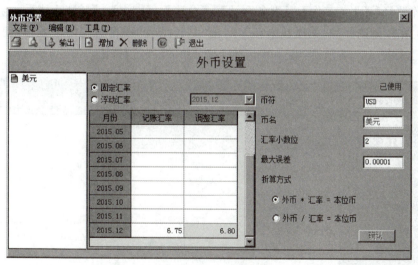

图 11-33　外币设置

业务 11-12: 12 月 31 日,汇兑损益结转设置。

操作路径:【业务工作】—【财务会计】—【总账】—【期末】—【转账定义】—【汇兑损益】

在汇兑损益结转设置窗口右上角,录入汇兑损益入账科目"660303"(财务费用—汇兑损益),双击"是否计算汇兑损益"项目对应的单元格,使之出现"Y"标记,如图 11-34 所示,单击【确定】按钮。

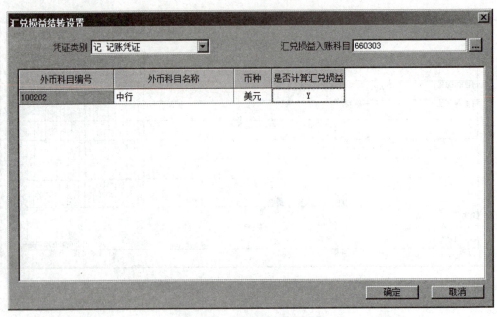

图11-34 汇兑损益结转设置

业务11-13：12月31日，生成汇兑损益结转的记账凭证。

操作路径：【业务工作】—【财务会计】—【总账】—【期末】—【转账生成】

（1）在左侧选择"汇兑损益结转"，双击"是否结转"项目对应的单元格，使之出现"Y"标记，如图11-35所示，然后单击窗口右下角的【确定】按钮。

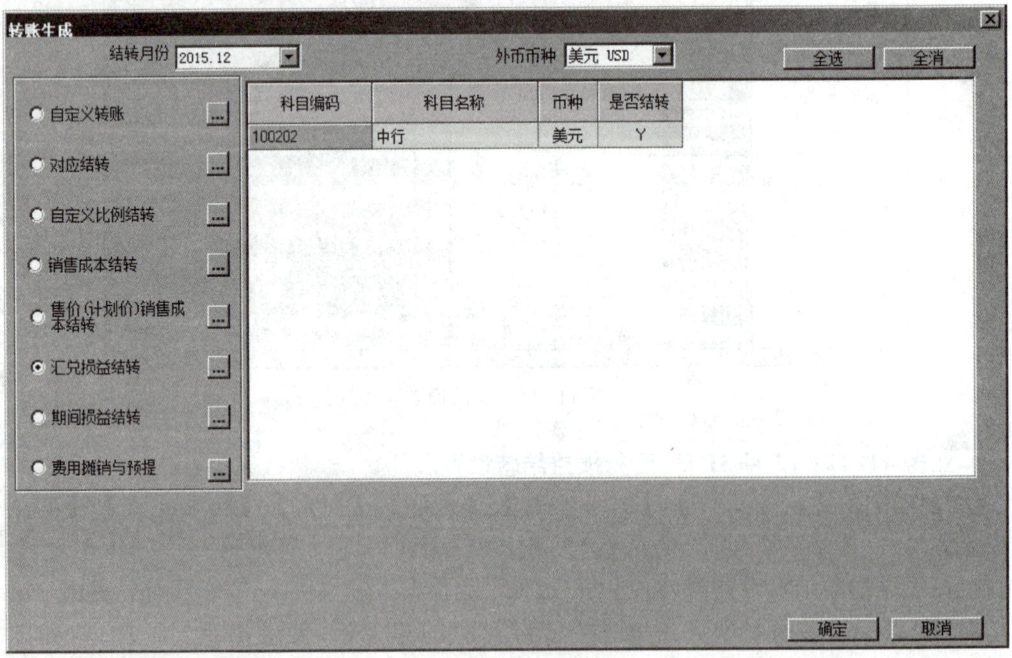

图11-35 转账生成

（2）系统弹出汇兑损益试算表，如图 11-36 所示，单击【确定】按钮，生成记账凭证如图 11-37 所示，补充现金流量项目编码为"23"，即"汇率变动对现金的影响"，【保存】并【审核】该凭证。

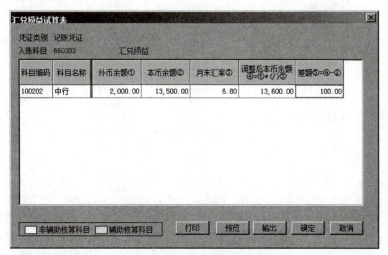

图 11-36 汇兑损益试算表

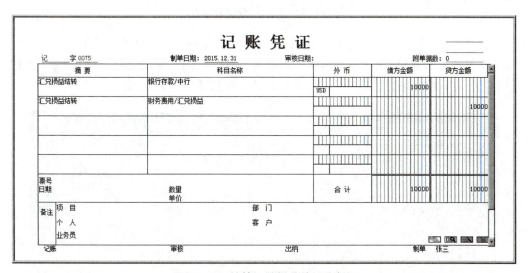

图 11-37 结转汇兑损益的记账凭证

业务 11-14：12 月 31 日，设置期间损益结转的转账凭证。

操作路径：【业务工作】—【财务会计】—【总账】—【期末】—【转账定义】—【期间损益】

在期间损益结转设置窗口右上角，录入本年利润科目编码"4103"（名称为本年利润），如图 11-38 所示，单击【确定】按钮。

业务 11-15：12 月 31 日，生成期间损益结转的转账凭证。

前提工作：所有记账凭证已经审核并记账。

图 11-38 期间损益结转设置

操作路径:【业务工作】—【财务会计】—【总账】—【期末】—【转账生成】

在窗口左侧选择"期间损益结转",双击右上角【全选】按钮,如图11-39所示,单击【确定】按钮,生成记账凭证如图11-40所示,【保存】并【审核】该凭证。

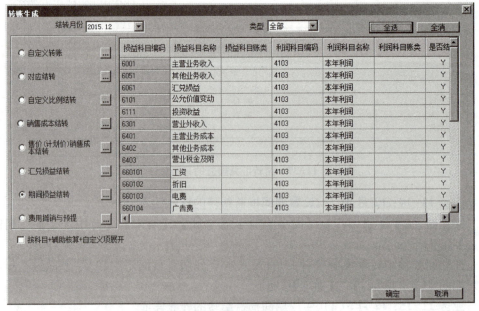

图 11-39 转账生成

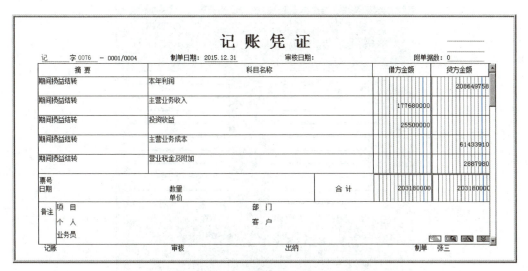

图 11-40 结转期间损益的记账凭证

业务 11-16：12 月 31 日，设置结转本月企业所得税的自定义转账凭证。

操作路径：【业务工作】—【财务会计】—【总账】—【期末】—【转账定义】—【自定义转账】

（1）单击工具栏【增加】按钮，填写转账序号"0009"，转账说明"计算本月企业所得税"。

（2）单击工具栏【增行】按钮，第一行科目编码为"6801"（所得税费用），方向为"借"。单击金额公式栏【参照】图标按钮，首先选择"贷方发生额"，单击【下一步】，如图 11-41 所示；然后选择科目为"4103"（本年利润），勾选【继续输入公式】，并选中【-（减）】，单击【下一步】，如图 11-42 所示；再选择"借方发生额"，单击【下一步】，如图 11-43 所示；最后选择科目为"4103"（本年利润），单击【完成】按钮，如图 11-44 所示；再将金额公式乘以 0.25，最终金额公式显示为：(FS(4103,月,贷)－FS(4103,月,借)) * 0.25。

（3）最终，结转本月企业所得税的自定义转账凭证设置结果如图 11-45 所示。

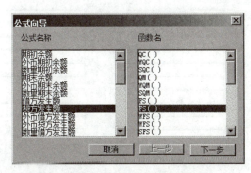

图 11-41 公式向导 1

图 11-42 公式向导 2

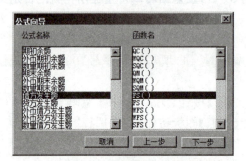

图 11-43 公式向导 3

图 11-44 公式向导 4

图 11-45　自定义转账设置

业务 11-17：12 月 31 日，生成结转本月企业所得税的自定义转账凭证。

前提工作：所有记账凭证已经审核并记账。

操作路径：【业务工作】—【财务会计】—【总账】—【期末】—【转账生成】

（1）双击最后一行"是否结转"项目对应的单元格，使之出现"Y"标记，如图 11-46 所示，然后单击窗口右下角的【确定】按钮。

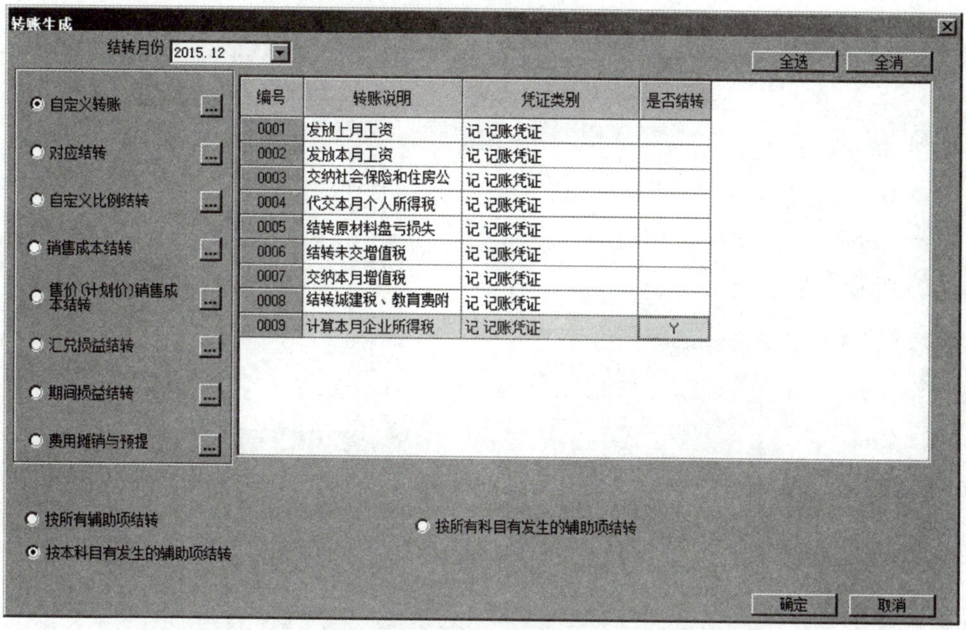

图 11-46　转账生成

（2）系统生成记账凭证如图 11-47 所示，【保存】并【审核】该凭证。

业务 11-18：12 月 31 日，"所得税费用"账户的期间损益结转。

前提工作：所有记账凭证已经审核并记账。

操作路径：【业务工作】—【财务会计】—【总账】—【期末】—【转账生成】

在窗口左侧选择"期间损益结转"，双击损益科目名称为"所得税费用"所在行"是否结转"项目对应的单元格,使之出现"Y"标记,如图 11-48 所示,单击【确定】按钮,生成记账凭证如图 11-49 所示。【保存】并【审核】该凭证。

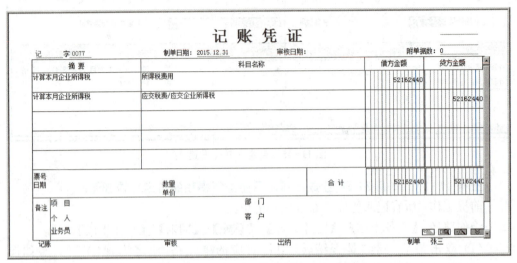

图 11-47 结转本月企业所得税的记账凭证

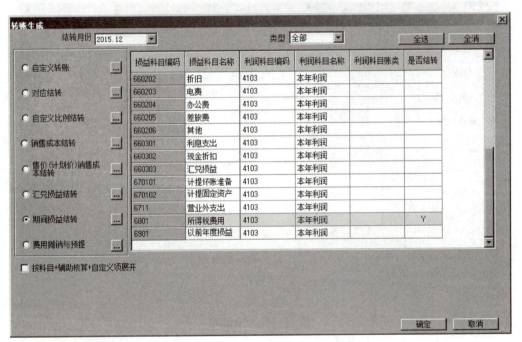

图 11-48 转账生成

业务 11-19:对应结转本年利润设置。

操作路径:【业务工作】—【财务会计】—【总账】—【期末】—【转账定义】—【对应结转】

对应结转本年利润的设置,如图 11-50 所示,单击【保存】图标按钮后,单击【退出】按钮。

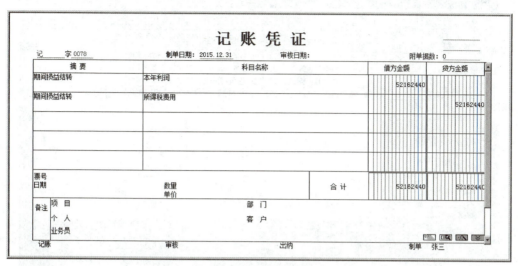

图 11-49 所得税费用期间损益结转的记账凭证

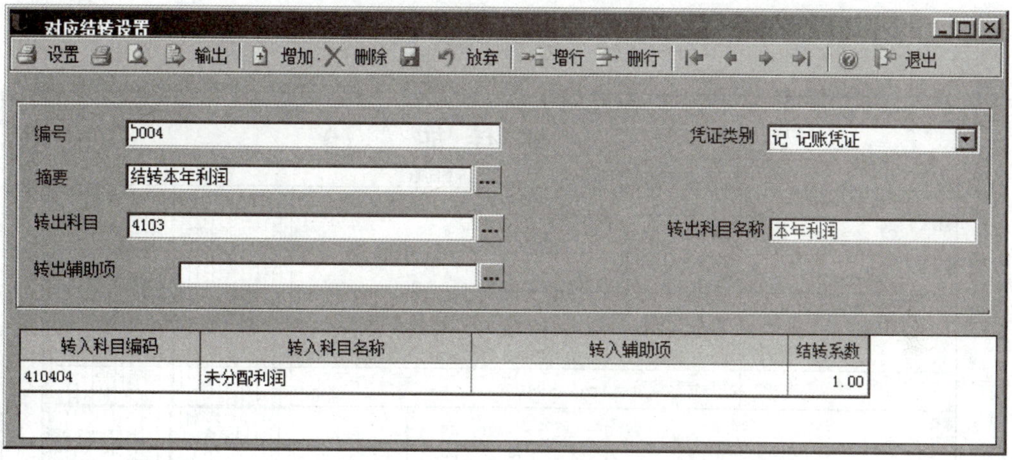

图 11-50 对应结转设置

业务 11-20：生成对应结转本年利润的记账凭证。

前提工作：所有记账凭证均已审核并记账。

操作路径：【业务工作】—【财务会计】—【总账】—【期末】—【转账生成】

（1）单击窗口左侧"对应结转"，然后双击最后一行"是否结转"项目对应的单元格，使之出现"Y"标记，如图 11-51 所示，然后单击窗口右下角的【确定】按钮。

（2）系统生成记账凭证，如图 11-52 所示，【保存】并【审核】该凭证。

业务 11-21：12 月 31 日，根据《公司法》的规定，设置按净利润的 10%提取法定盈余公积金的自定义转账凭证。

操作路径：【业务工作】—【财务会计】—【总账】—【期末】—【转账定义】—【自定义转账】

313

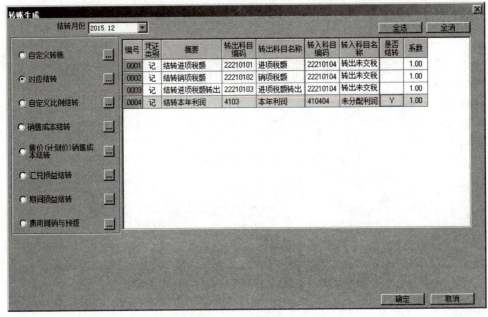

图 11-51 转账生成

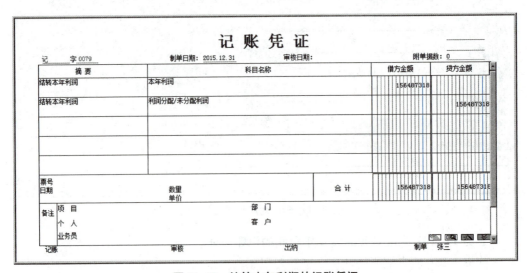

图 11-52 结转本年利润的记账凭证

(1) 在自定义转账设置窗口,点击【增加】按钮,在弹出的转账目录窗口输入转账目录基本信息,转账序号"0010",转账说明"提取法定盈余公积",单击【确定】按钮,进入会计分录设置。

(2) 单击工具栏【增行】按钮,录入第一行科目编码"410401"(利润分配—提取法定盈余公积),方向为"借"。单击金额公式栏【参照】图标按钮,选择"贷方发生额",如图 11-53 所示,单击【下一步】,在弹出的公式引导窗口中,选择科目为"410404"(利润分配—未分配利润),点击【完成】按钮,如图 11-54 所示,在返回的窗口中,录入"＊0.1"。

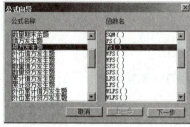

图 11-53 公式向导 1

图 11-54 公式向导 2

(3) 单击工具栏【增行】按钮,录入第二行科目编码"410101"(盈余公积—法定盈余公积),方向为"贷"。单击金额公式栏【参照】图标按钮,选择"取对方科目计算结果",如图 11-55 所示,单击【下一步】,在弹出的公式引导窗口中,点击【完成】按钮,如图 11-56 所示。

(4) 最终,提取法定盈余公积的自定义转账设置结果如图 11-57 所示。

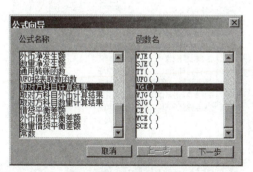

图 11-55 公式向导 3

图 11-56 公式向导 4

会计信息系统应用

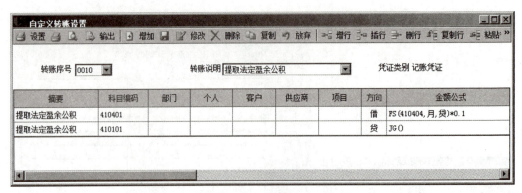

图 11-57 转账定义

业务 11-22：12 月 31 日，生成提取法定盈余公积金的转账凭证。

前提工作：所有记账凭证已经审核并记账。

操作路径：【业务工作】—【财务会计】—【总账】—【期末】—【转账定义】—【转账生成】

（1）双击最后一行"是否结转"项目对应的单元格，使之出现"Y"标记，如图 11-58 所示，然后单击窗口右下角的【确定】按钮。

图 11-58 转账生成

（2）系统生成记账凭证，如图 11-59 所示，【保存】并【审核】该凭证。

业务 11-23：12 月 31 日，根据公司章程的相关规定，设置按净利润的 5%提取企业发展基金的自定义转账凭证。

操作路径：【业务工作】—【财务会计】—【总账】—【期末】—【转账定义】—【自定义转账】

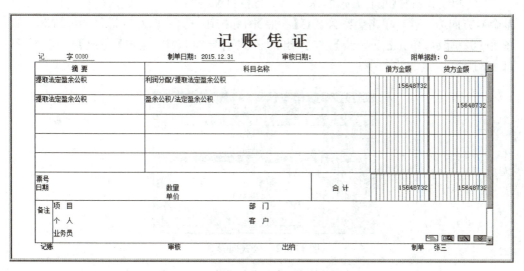

图 11-59 提取法定盈余公积的记账凭证

(1) 在自定义转账设置窗口,点击【增加】按钮,在弹出的转账目录窗口输入转账目录基本信息,转账序号"0011",转账说明"提取企业发展基金",单击【确定】按钮,进入会计分录设置。

(2) 单击工具栏【增行】按钮,录入第一行科目编码"410402"(利润分配—提取企业发展基金),方向为"借"。单击金额公式栏【参照】图标按钮,选择"贷方发生额",如图 11-60 所示,单击【下一步】,在弹出的公式引导窗口中,选择科目为"410404"(利润分配—未分配利润),点击【完成】按钮,如图 11-61 所示,在返回的窗口中,录入"*0.05"。

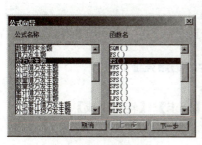

图 11-60 公式向导 1

图 11-61 公式向导 2

(3) 单击工具栏【增行】按钮,录入第二行科目编码"410102"(盈余公积—企业发展基金),方向为"贷"。单击金额公式栏【参照】图标按钮,选择"取对方科目计算结果",如图 11-62 所示,单击【下一步】,在弹出的公式引导窗口中,点击【完成】按钮,如图 11-63 所示。

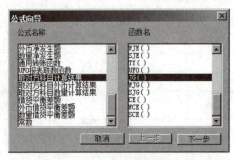

图 11-62　公式向导 3

图 11-63　公式向导 4

(4) 最终,提取企业发展基金的自定义转账设置结果如图 11-64 所示。

图 11-64　自定义转账设置

业务 11-24：12 月 31 日,生成提取企业发展基金的记账凭证。

前提工作:所有记账凭证经审核并记账。

操作路径:【业务工作】—【财务会计】—【总账】—【期末】—【转账生成】

(1) 双击最后一行"是否结转"项目对应的单元格,使之出现"Y"标记,如图 11-65 所示,然后单击窗口右下角的【确定】按钮。

(2) 系统生成记账凭证如图 11-66 所示,【保存】并【审核】该凭证。

图 11-65 转账生成

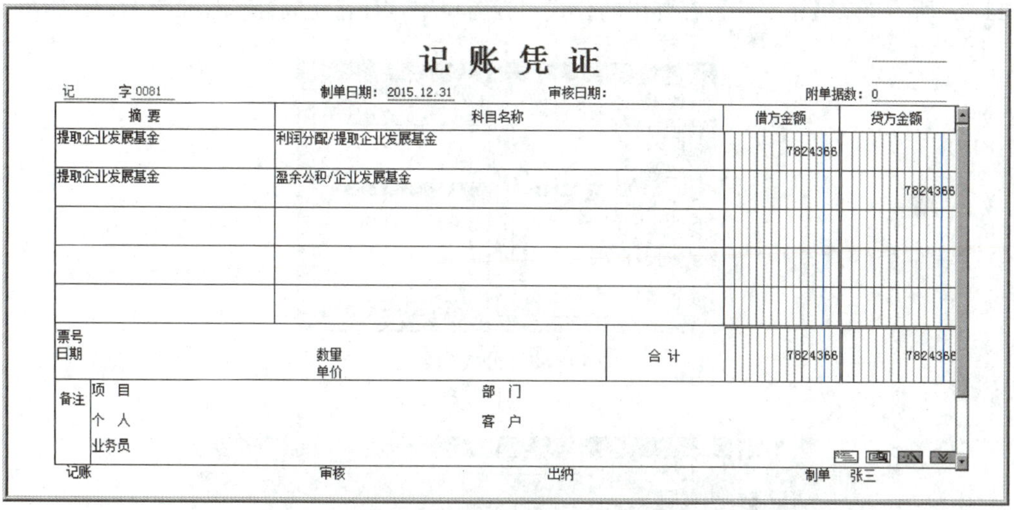

图 11-66 提取企业发展基金的记账凭证

业务 11-25： 12 月 31 日,公司董事会决议宣告分派 60 万元股利,填制记账凭证。
操作路径:【业务工作】—【财务会计】—【总账】—【凭证】—【填制凭证】
按图 11-67 录入记账凭证,【保存】并【审核】该凭证。
业务 11-26： 结转利润分配,设置自定义转账凭证。
操作路径:【业务工作】—【财务会计】—【总账】—【期末】—【转账定义】—【自定义转账】

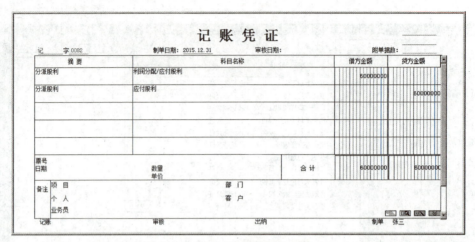

图 11-67　宣告分派股利的记账凭证

(1) 在自定义转账设置窗口,点击【增加】按钮,在弹出的转账目录窗口输入转账目录基本信息,转账序号"0012",转账说明"结转利润分配",单击【确定】按钮,进入会计分录设置。

(2) 单击工具栏【增行】按钮,录入第一行科目编码"410404"(利润分配—未分配利润),方向为"借"。单击金额公式栏【参照】图标按钮,选择"取对方科目计算结果",如图 11-68 所示,单击【下一步】,在弹出的公式引导窗口中,点击【完成】按钮,如图 11-69 所示。

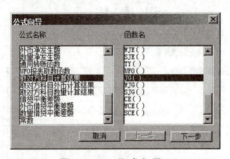

图 11-68　公式向导 1

图 11-69　公式向导 2

(3) 单击工具栏【增行】按钮,录入第二行科目编码"410101"(利润分配—提取法定盈余公积),方向为"贷"。单击金额公式栏【参照】图标按钮,选择"借方发生额",如图

11-70 所示,单击【下一步】,在弹出的公式引导窗口中,点击【完成】按钮,如图 11-71 所示。

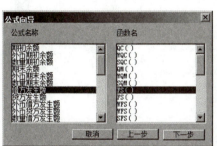

图 11-70 公式向导 3

图 11-71 公式向导 4

(4) 单击工具栏【增行】按钮,录入第三行科目编码"410102"(利润分配—提取企业发展基金),方向为"贷"。单击金额公式栏【参照】图标按钮,选择"借方发生额",单击【下一步】,在弹出的公式引导窗口中,点击【完成】按钮。

(5) 单击工具栏【增行】按钮,录入第四行科目编码"410103"(利润分配—应付股利),方向为"贷"。单击金额公式栏【参照】图标按钮,选择"借方发生额",单击【下一步】,在弹出的公式引导窗口中,点击【完成】按钮。

(6) 最终,提取企业发展基金的自定义转账设置结果如图 11-72 所示。

摘要	科目编码	部门	个人	客户	供应商	项目	方向	金额公式
结转利润分配	410404						借	JG()
结转利润分配	410401						贷	FS(410401,月,借)
结转利润分配	410402						贷	FS(410402,月,借)
结转利润分配	410403						贷	FS(410403,月,借)

图 11-72 自定义转账设置

业务 11-27:生成结转利润分配的转账凭证。

前提工作:所有记账凭证已经审核并记账。

操作路径:【业务工作】—【财务会计】—【总账】—【期末】—【转账生成】

(1) 双击最后一行"是否结转"项目对应的单元格,使之出现"Y"标记,如图

11-73所示,然后单击窗口右下角的【确定】按钮。

(2)系统生成记账凭证如图11-74所示,【保存】并【审核】该凭证。

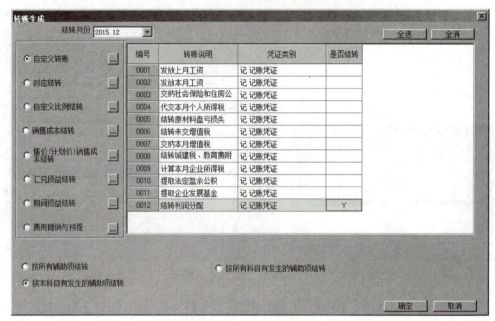

图11-73 转账生成

图11-74 结转利润分配的记账凭证

业务11-28：完成上述所有记账凭证的记账工作。

前提工作：所有记账凭证已经审核。

操作路径：【业务工作】—【财务会计】—【总账】—【凭证】—【记账】

在弹出的记账窗口中,单击【确定】按钮,如图11-75所示,系统提示"记账完毕",单击【确定】退出。

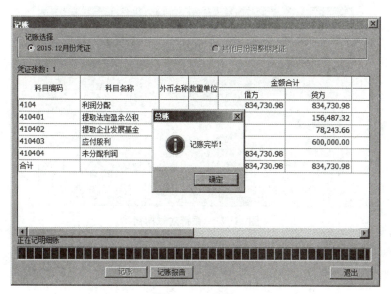

图 11-75 记账

二、银行对账

银行对账是将企业登记的银行存款日记账与银行对账单进行核对,银行对账单来自企业开户行。银行对账采用自动对账和手工对账相结合的方式进行。自动对账是系统根据对账依据自动进行核对、勾销,对账依据根据需要选择,方向、金额相同是必要条件,其他可选条件是票号相同、结算方式相同、日期在多少天之内等。

由于自动对账是以银行存款日记账和银行对账单双方对账依据相同为条件,所以为了保证自动对账的正确性和彻底性,必须保证对账数据规范合理。例如,银行存款日记账和银行存款对账单的票号要统一位长,否则系统将无法识别。手工对账是对自动对账的补充,使用自动对账后,可能还有某些特殊的已达账项没有对应出来,而被视为未达账项,可以采用手工对账进行调整。

业务 11-29:出纳员李四进行银行对账期初录入。

前提工作:所有记账凭证已经出纳签字、审核并记账,以出纳员李四身份(操作员 2)登录企业应用平台。

操作路径:【业务工作】—【财务会计】—【总账】—【出纳】—【银行对账】—【银行对账期初录入】

(1)在银行科目选择窗口,选择"工行(100201)"科目,单击【确定】按钮,如图 11-76 所示。

(2)在弹出的银行对账期初窗口,录入单位日记账和银行对账单余额,如图 11-77 所示,单击"日记账期初未达项"。

图 11-76 银行科目选择

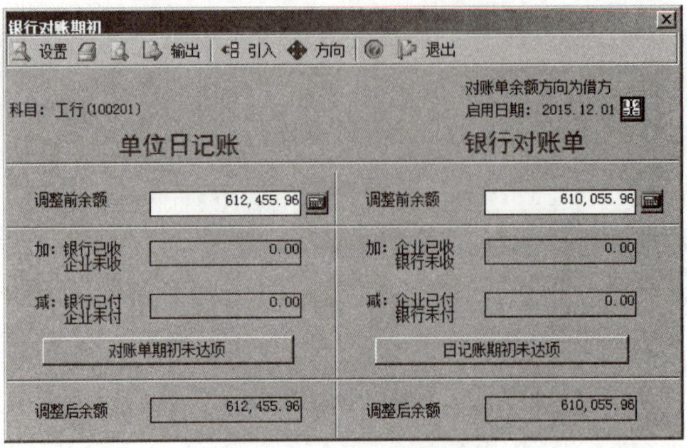

图 11-77 银行对账期初

(3) 在企业方期初窗口，录入 2015 年 11 月 30 日企业已收银行未收业务，金额为 2 400 元，如图 11-78 所示，保存后退出，返回银行对账期初窗口，结果如图 11-79 所示。

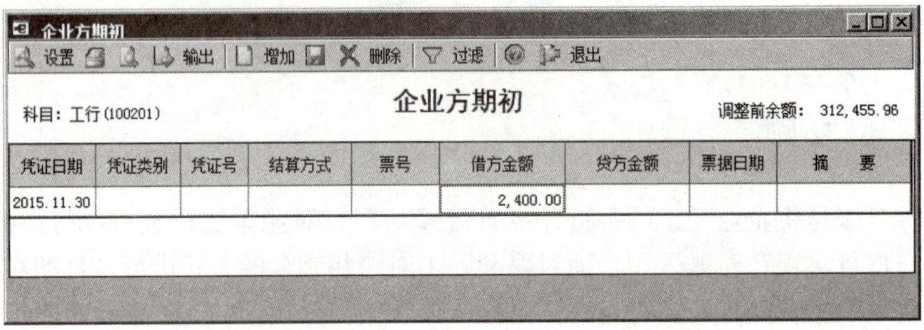

图 11-78 企业方期初

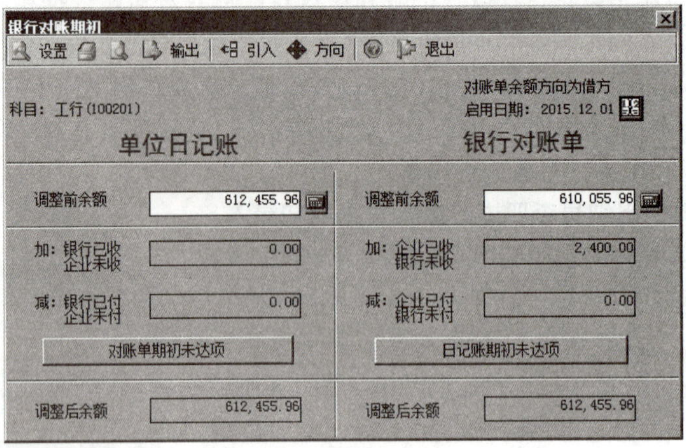

图 11-79 银行对账期初

业务 11-30：李四(操作员 2)导入银行对账单。

提前工作：从工行获取 EXCEL 格式的银行对账单(详见光盘中 2015 年 12 月 31 日工行对账单.xls)，如图 11-80 所示。

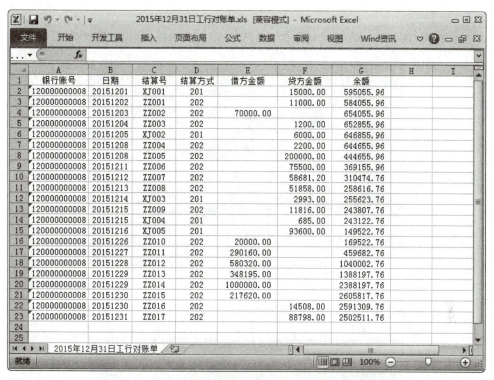

图 11-80 工行对账单

操作路径：【业务工作】—【财务会计】—【总账】—【出纳】—【银行对账】—【银行对账单】

（1）在弹出的银行科目选择窗口中，选择"工行（100201）"科目，其他选项默认，然后单击【确定】按钮，进入主界面。

（2）由于要导入工行 EXCEL 格式的银行对账单，所以先应根据 EXCEL 表格的内容与格式新建模板。单击主界面【引入】按钮，在弹出的银行对账引入接口管理窗口中，单击"新建模板"，勾选文件中包含的字段"账号"和"结算方式"，如图 11-81 所示，然后

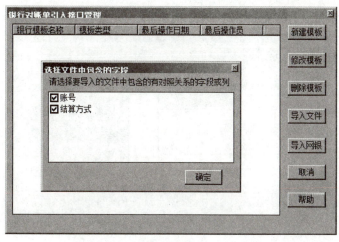

图 11-81 银行对账单引入接口管理

单击【确定】按钮。

(3) 在模板制作向导中,进行文件类型和日期格式选择,结果如图 11-82 所示。

图 11-82　模板制作向导 1

(4) "账号"字段的设置如图 11-83 所示,"结算方式"字段的设置如图 11-84 所示。

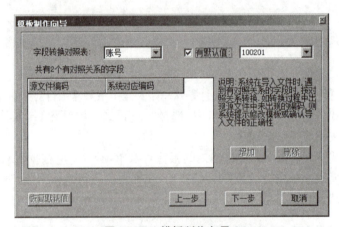

图 11-83　模板制作向导 2

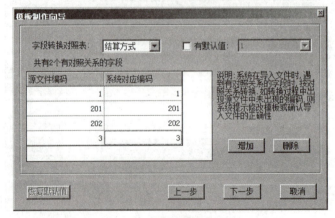

图 11-84　模板制作向导 3

(5) 设置文件格式的导入起始行及位置(注意借贷方金额的位置),如图 11-85 所示,单击【完成】按钮。

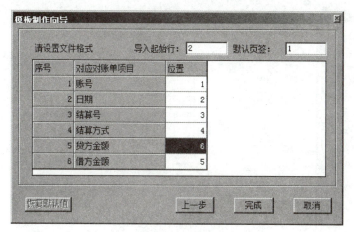

图 11-85　模板制作向导 4

(6) 在返回的银行对账引入接口管理窗口中,单击"导入文件",在弹出的文件选择窗口中选择光盘中的"2015 年 12 月 31 日工行对账单.xls"文件,系统提示"文件导入成功",如图 11-86 所示。

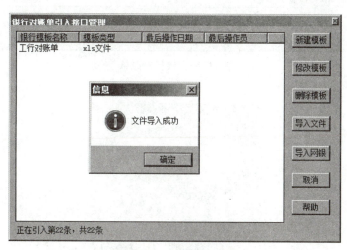

图 11-86　文件导入成功

(7) 导入后的银行对账单结果如图 11-87 所示。

业务 11-31: 12 月 31 日,出纳员李四进行银行对账。

操作路径:【业务工作】—【财务会计】—【总账】—【出纳】—【银行对账】—【银行对账】

(1) 在弹出的银行科目选择窗口中,选择"工行(100201)"科目,如图 11-88 所示,其他选项默认,然后单击【确定】按钮,进入主界面。

(2) 在对账前,"单位日记账"和"银行对账单"如图 11-89 所示。

327

图 11-87 银行对账单

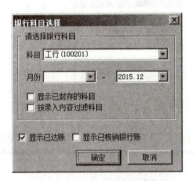

图 11-88 银行科目选择

（3）在主界面中，单击【对账】按钮，系统弹出自动对账窗口，条件设置如图 11-90 所示，单击【确定】按钮。

（4）自动对账结果如图 11-91 所示。

（5）对于 2015 年 12 月 30 日的票号为"ZZ016"的经济业务，由于借贷方金额显示格式不同，未能自动对账。此时，需要手工对账。分别双击【两清】栏，出现"√"标志，直接进行手工调整，手工对账结果如图 11-92 所示。

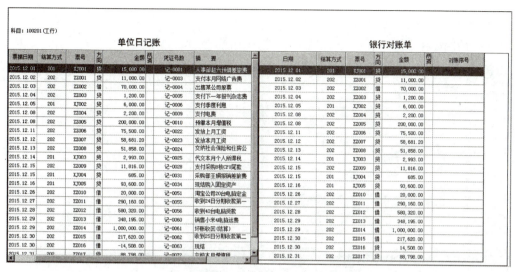

图 11-89 对账前

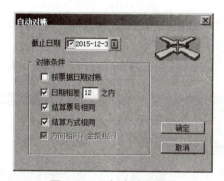

图 11-90 自动对账条件

图 11-91 自动对账结果

会计信息系统应用

科目:100201(工行)													
单位日记账							银行对账单						
票据日期	结算方式	票号	方向	金额	两清	凭证号数	摘要	日期	结算方式	票号	方向	金额	两清	对账序号
2015.12.01	201	XJ001	贷	15,000.00	○	记-0001	人事部赴六л借差旅费	2015.12.01	201	XJ001	贷	15,000.00	○	2017071600001
2015.12.02	202	ZZ001	贷	11,000.00	○	记-0003	支付本月网络广告费	2015.12.02	202	ZZ001	贷	11,000.00	○	2017071600006
2015.12.03	202	ZZ002	借	70,000.00	○	记-0004	出售某公司股票	2015.12.03	202	ZZ002	借	70,000.00	○	2017071600007
2015.12.04	202	ZZ003	贷	1,200.00	○	记-0005	支付下一年报刊杂志费	2015.12.04	202	ZZ003	贷	1,200.00	○	2017071600008
2015.12.05	201	XJ002	贷	6,000.00	○	记-0006	支付季度利息	2015.12.05	201	XJ002	贷	6,000.00	○	2017071600002
2015.12.08	202	ZZ004	贷	2,200.00	○	记-0009	支付电费	2015.12.08	202	ZZ004	贷	2,200.00	○	2017071600009
2015.12.08	202	ZZ005	贷	200,000.00	○	记-0010	预缴本月增值税	2015.12.08	202	ZZ005	贷	200,000.00	○	2017071600010
2015.12.11	202	ZZ006	贷	75,500.00	○	记-0022	发放上月工资	2015.12.11	202	ZZ006	贷	75,500.00	○	2017071600011
2015.12.12	202	ZZ007	贷	58,681.20	○	记-0023	发放本月工资	2015.12.12	202	ZZ007	贷	58,681.20	○	2017071600012
2015.12.13	202	ZZ008	贷	51,858.00	○	记-0024	交纳社会保险和住房公	2015.12.13	202	ZZ008	贷	51,858.00	○	2017071600013
2015.12.14	201	XJ003	贷	2,993.00	○	记-0025	代交本月个人所得税	2015.12.14	201	XJ003	贷	2,993.00	○	2017071600003
2015.12.15	202	ZZ009	贷	11,816.00	○	记-0028	支付采购CPU尾款	2015.12.15	202	ZZ009	贷	11,816.00	○	2017071600014
2015.12.15	201	XJ004	贷	685.00	○	记-0031	采购部王娟联络差旅费	2015.12.15	201	XJ004	贷	685.00	○	2017071600004
2015.12.16	201	XJ005	贷	93,600.00	○	记-0034	现结购入固定资产	2015.12.16	201	XJ005	贷	93,600.00	○	2017071600005
2015.12.26	202	ZZ010	借	20,000.00	○	记-0051	淘宝公司20台电脑定金	2015.12.26	202	ZZ010	借	20,000.00	○	2017071600015
2015.12.27	202	ZZ011	借	290,160.00	○	记-0055	收到24日当天收款第一	2015.12.27	202	ZZ011	借	290,160.00	○	2017071600016
2015.12.28	202	ZZ012	借	580,320.00	○	记-0056	收到40台电脑货款	2015.12.28	202	ZZ012	借	580,320.00	○	2017071600017
2015.12.29	202	ZZ013	借	348,195.00	○	记-0060	销售小米4电脑运费	2015.12.29	202	ZZ013	借	348,195.00	○	2017071600018
2015.12.29	202	ZZ014	借	1,000,000.00	○	记-0061	坏账收回(结算)	2015.12.29	202	ZZ014	借	1,000,000.00	○	2017071600019
2015.12.30	202	ZZ015	借	217,620.00	○	记-0062	收到25日分期收款第二	2015.12.30	202	ZZ015	借	217,620.00	○	2017071600020
2015.12.30	202	ZZ016	借	-14,508.00	√	记-0063	现结	2015.12.30	202	ZZ016	贷	14,508.00	√	2017071600022
2015.12.31	202	ZZ017	借	88,798.00	○	记-0072	支付本月借值税	2015.12.31	202	ZZ017	贷	88,798.00	○	2017071600021

图 11-92　手工对账结果

(6) 对账完毕,单击主界面【检查】按钮,检查结果平衡,如图 11-93 所示,单击【确认】按钮。

(7) 系统提示"所选记录的手工对账没有保存,是否保存",如图 11-94 所示,选择【是】。

图 11-93　对账平衡检查

图 11-94　保存提示

业务 11-32:12 月 31 日,查询银行存款余额调节表,本年期末余额是否平衡。

操作路径:【业务工作】—【财务会计】—【总账】—【出纳】—【银行对账】—【余额调节表查询】

(1) 进入银行存款余额调节表,结果如图 11-95 所示。

(2) 选择科目为"工行(100201)",单击主界面【查看】或双击该行,即显示该账户的银行存款余额调节表,平衡结果如图 11-96 所示。

三、总账的对账与结算

1. 总账的对账

一般来说,实行会计信息系统软件处理后,只要记账凭证录入正确,计算机自动记账后各种账簿都应该是正确、平衡的,但由于非法操作或计算机病毒或其他原因有时可能会造成某些数据被破坏,因而引起账账不符,为了保证账证相符、账账相符,应经常使

图 11-95 银行存款余额调节表

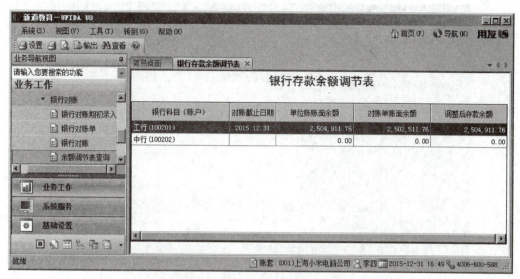

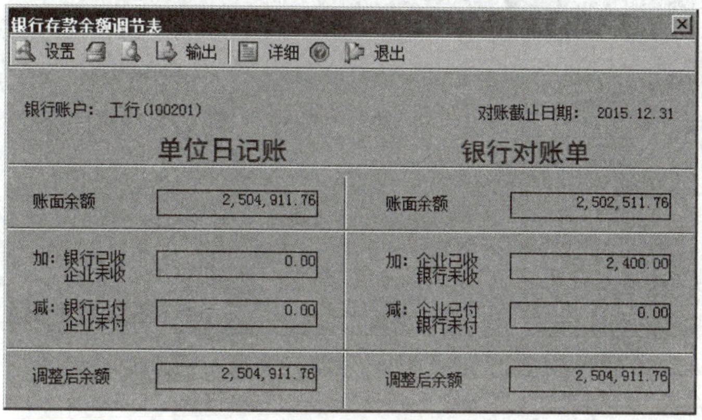

图 11-96 银行存款余额调节表

用本功能进行对账,至少一个月一次,一般可在月末结账前进行。对账是对账簿数据进行核对,以检查记账是否正确,以及账簿是否平衡。对账主要是通过核对总账与明细账、总账与辅助账数据来完成账账核对。

业务 11-33:12 月 31 日,进行总账的对账工作。

操作路径:【业务工作】—【财务会计】—【总账】—【期末】—【对账】

(1) 双击"2015.12"所对应的"是否对账"单元格(即右下角单元格),使之显示"Y"标记。

(2) 单击工具栏【对账】按钮,对账结果显示"正确",如图 11-97 所示。

(3) 单击工具栏【试算】按钮,试算结果显示"正确",如图 11-98 所示。

2. 结账

结账是计算和结转各账簿的本期发生额和期末余额,并终止本期的账务处理工作。结账是一种成批数据处理,每月月底都要进行结账处理,主要是对当月日常处理限制和对下月账簿的初始化,由系统动完成。

图 11-97 对账

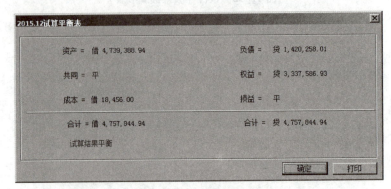

图 11-98 试算平衡表

在结账之前要作下列检查：
(1) 检查本月业务是否全部记账，有未记账凭证不能结账。
(2) 月末结转必须全部生成并记账，否则本月不能结账。
(3) 检查上月是否已结账，上月未结账，则本月不能记账。
(4) 核对总账与明细账、主体账与辅助账、总账系统与其他子系统数据是否一致，否则不能结账。
(5) 损益类账户是否全部结转完毕，否则不能结账。
(6) 若与其他子系统联合使用，其他子系统是否已结账，若没有，则本月不能结账。
结账前要进行数据备份，结账后不能再填制本月凭证，并终止各账户的记账工作，计算本月各账户发生额合计和本月账户期末余额并将余额结转下月期初。

业务 11-34：12 月 31 日，进行总账的结账工作。
操作路径：【业务工作】—【财务会计】—【总账】—【期末】—【结账】
(1) 双击"2015.12"所对应的"是否对账"单元格（即右下角单元格），使之显示"Y"标记，如图 11-99 所示，单击【下一步】按钮。

图 11-99　总账结账

(2) 系统自动进行对账,当对账完毕后,单击【下一步】按钮,如图 11-100 所示。

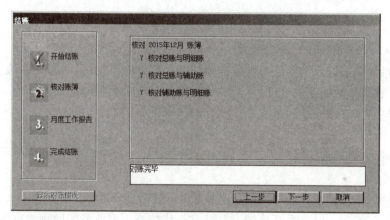

图 11-100　完成对账

(3) 系统试算结果平衡,如图 11-101 所示,单击【下一步】按钮,最后单击【结账】按钮,如图 11-102 所示,完成结账工作。

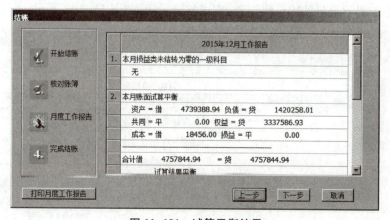

图 11-101　试算平衡结果

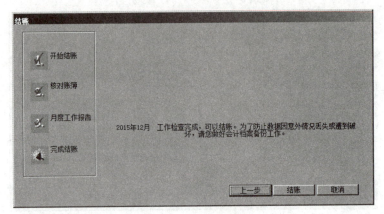

图 11-102 完成结账

第二节 其他系统期末处理

其他系统期末处理主要是指供应链模块中销售管理系统、采购管理系统、库存管理系统、存货核算系统的期末处理,以及应收款管理与应付款管理的期末处理。固定资产管理系统与薪酬管理系统的结账工作已在前述章节介绍,不再赘述。

一、销售管理系统结账

销售管理系统结账只能每月进行一次,且一般在会计期间终了时进行。结账后本月不能再进行发货、开票、委托代销、销售调拨、代垫费用等业务的增删改审等处理。若企业的月末结账有错误,则可以取消月末结账。

业务 11-35:12 月 31 日,进行销售管理系统的结账。

操作路径:【业务工作】—【供应链】—【销售管理】—【月末结账】

(1)系统提示批量关闭销售订单,完成批量关闭,如图 11-103 所示。

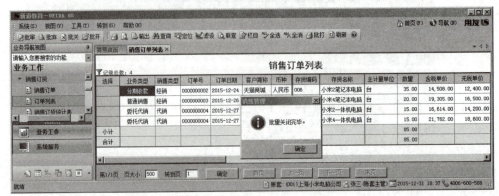

图 11-103 批量关闭销售订单

(2) 在结账窗口中,单击【结账】按钮,如图 11-104 所示。
(3) 在销售管理的提示窗口中,选择【否】,如图 11-105 所示,完成销售管理系统的结账。

图 11-104 月末结账　　　　　　　图 11-105 提示

二、应收款管理系统结账

如果确认本月应收管理系统的各项处理已经结束,可以选择执行月末结账功能。当执行了月末结账功能后,该月将不能再进行任何处理。若企业月末结账错误,则可以取消月末结账。但是,取消月末结账操作只有在该月已结账时才能进行。

应收款管理系统的结账必须注意以下事项:
(1) 若上月没有结账,则本月不能结账。
(2) 本月的单据(发票和应收单)在结账前必须全部审核。
(3) 若本月的结算单还有未核销的,不能结账。
(4) 若结账期间是本年度最后一个期间,则本年度进行的所有核销、转账等处理必须制单,否则不能向下一个年度结转。

业务 11-36:12 月 31 日,进行应收款管理系统的结账。

操作路径:【业务工作】—【财务会计】—【应收款管理】—【期末处理】—【月末结账】
(1) 双击"十二月"对应的结账标志单元格,使之出现"Y"标记,如图 11-106 所示,单击【下一步】按钮。
(2) 系统检查应收款处理情况,单击【完成】,系统提示"12 月份结账成功",如图 11-107 所示。

二、采购管理结账

采购管理系统的月末结账是逐月将每月的单据数据封存,并将当月的采购数据记

会计信息系统应用

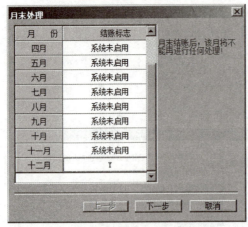
图 11-106 月末处理

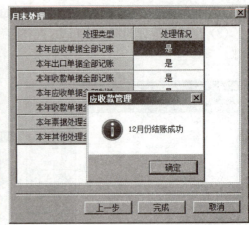
图 11-107 结账成功

入有关账表中。只有月末结账后,才可能开始下月的工作。在采购管理系统结账后,如果发现操作有误,可执行取消结账功能。

业务 11-37：12 月 31 日,进行采购管理系统的结账。

操作路径：【业务工作】—【供应链】—【采购管理】—【月末结账】

（1）系统提示批量关闭订单,完成批量关闭,如图 11-108 所示。

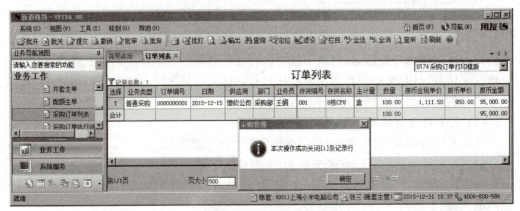
图 11-108 关闭订单

（2）在结账窗口中,单击【结账】按钮,如图 11-109 所示。

（3）在采购管理的提示窗口中,选择【否】,如图 11-110 所示,完成采购管理系统的结账。

四、应付管理系统结账

如果确认本月应付管理系统的各项处理已经结束,可以选择执行月末结账功能。当执行了月末结账功能后,该月将不能再进行任何处理。如果企业月末结账错误,可以取消月末结账。但是,取消月末结账操作只有在该月已结账时才能进行。

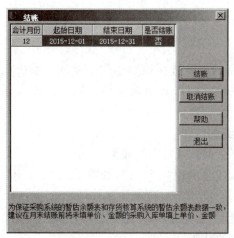

图 11-109 月末结账

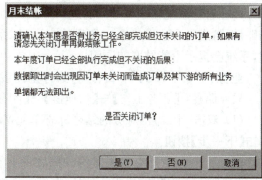

图 11-110 提示

应付款管理系统的结账必须注意以下事项：

（1）若上月没有结账，则本月不能结账。

（2）本月的单据（发票和应付单）在结账前必须全部审核。

（3）若本月的结算单还有未核销的，则不能结账。

（4）若结账期间是本年度最后一个期间，则本年度进行的所有核销、转账等处理必须制单，否则不能向下一个年度结转。

业务 11-38：12 月 31 日，进行应付款管理系统的结账。

操作路径：【业务工作】—【财务会计】—【应付款管理】—【期末处理】—【月末结账】

（1）双击"十二月"对应的结账标志单元格，使之出现"Y"标记，如图 11-111 所示，单击【下一步】按钮。

（2）系统检查应收款处理情况，单击【完成】，系统提示"12 月份结账成功"，如图 11-112 所示。

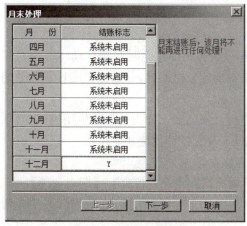

图 11-111 月末处理

图 11-112 结账成功

五、库存管理系统结账

库存管理系统结账每月只能进行一次,结账后不能进行填制单据等处理。系统在结账前,将进行合法性检查。如果检查通过,系统立即进行结账操作。如果检查未通过,系统会提示不能结账的原因。

业务 11-39:12 月 31 日,进行库存管理系统的结账。

操作路径:【业务工作】—【供应链】—【库存管理】—【月末结账】

(1) 双击"十二月"对应的结账标志单元格,使之出现"Y"标记,如图 11-113 所示,单击【下一步】按钮。

(2) 系统提示"库存启用月份结账后将不能修改期初数据,是否继续结账?",如图 11-114 所示,单击【是】按钮,完成库存管理系统的结账。

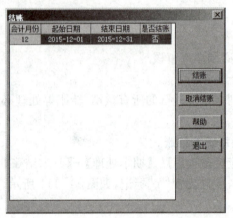

图 11-113 月末结账

图 11-114 提示

六、存货核算系统结账

当存货核算系统日常业务全部完成后,进行期末处理。此时系统自动计算全月平均单价及本期出库成本,自动计算差异率以及本期的分摊差异,并对已完成日常业务的仓库或部门做处理标志。

存货核算系统期末处理完成后,就可以进行月末结账。如果是集成应用模式,必须采购管理、销售管理和库存管理系统全部结账后,存货核算系统才能结账。

业务 11-40:12 月 31 日,进行存货核算系统的期末处理。

操作路径:【业务工作】—【供应链】—【存货核算】—【业务核算】—【期末处理】

(1) 勾选"原材料仓库"和"产成品仓库",单击左下角【检查】按钮,如图 11-115 所示,系统提示"检测成功"。

(2) 单击左下角【处理】按钮,如图 11-116 所示,系统提示"期末处理完毕"。

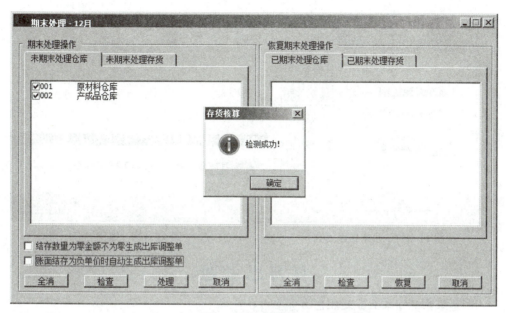

图 11-115　期末检测

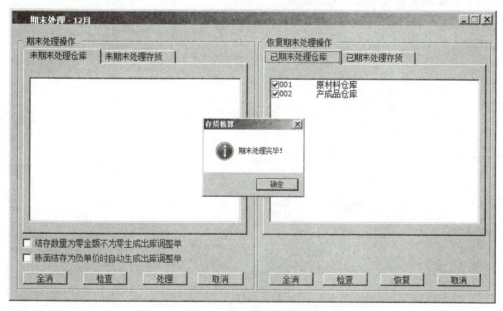

图 11-116　期末处理完毕

业务 11-41：12 月 31 日，进行存货核算系统的月末结账。

操作路径：【业务工作】—【供应链】—【存货核算】—【业务核算】—【月末结账】

首先，单击结账窗口中【月结检查】按钮，系统提示"检测成功"，如图 11-117 所示。

然后，单击结账窗口中【结账】按钮，系统提示完成，如图 11-118 所示。

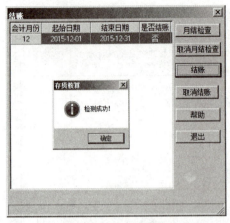

图 11-117 月末结账

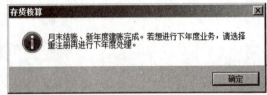

图 11-118 提示

复习思考题

1. 总账系统期末业务处理包括哪些内容？
2. 结账前系统需要做哪些检查？
3. 简述期末损益结转的处理流程。

第十二章 会计报表编制

[**教学目的和要求**]

通过本章的学习,学生应了解和熟悉 UFO 报表系统的主要功能,理解 UFO 报表系统与其他系统之间的关系,明确报表系统中格式状态、数据状态、单元、区域和关键字等相关概念,掌握 UFO 报表系统的应用流程、调用报表模板生成资产负债表、利润表及利润分配表、现金流量表及其附表。

第一节 UFO 报表管理系统概述

一、UFO 报表系统的功能

UFO 报表管理系统是用友软件股份有限公司开发的通用电子表格软件,它既可以独立使用,也可以和其他模块结合使用。UFO 报表管理系统提供了 20 多个行业的标准财务报表模板,涵盖资产负债表、利润表、现金流量表和所有者权益变动表等。UFO 报表管理系统的主要功能如下:

1. 报表格式设计

报表格式设计是指在计算机系统中建立一张报表中相对固定的部分,相当于在计算机中建立一个模板,供以后编制此类报表时调用。UFO 报表系统提供了丰富的格式设计功能,包括设置报表行列数、定义组合单元、画表格线、定义报表关键字、设置公式等。

2. 报表数据处理

报表数据处理是根据预先设置的报表格式和报表公式进行数据采集、计算、汇总等,生成会计报表。除此以外,UFO 系统还提供了排序、审核、舍位平衡等功能。

3. 图表处理功能

图表具有比数据报表直观的优势。UFO 的图表处理功能能够方便地对报表数据进行图形组织,制作包括直方图、立体图、圆饼图、折线图等多种分析图表,并能够编辑图表的位置、大小、标题、字体、颜色等,打印输出各种图表。

4. 文件管理功能

利用文件管理功能可以方便地完成报表文件的创建、保存等一般文件管理功能;能够进行不同文件格式的转换,包括文本文件、*.MDB 文件、Excel 文件等,提供标准财务数据的导入、导出功能。

5．行业报表模板

UFO 系统中按照会计制度提供了不同行业的标准财务报表模板,简化了用户的报表格式设计工作。如果标准行业模板仍不能满足需要,系统还提供了自定义模板的功能。

此外,UFO 还提供了强大的二次开发功能,方便用户进行各种定制。

二、相关概念

1．格式状态和数据状态

UFO 将报表处理过程分为两个阶段,即报表格式设计及公式定义工作与报表数据处理工作。报表格式设计工作和报表数据处理工作是在两个不同的状态下进行的。实现状态切换的是一个特别重要的按钮:主界面左下角【格式/数据】按钮,单击这个按钮可以在格式状态和数据状态之间切换。

(1) 格式状态。在格式状态下可以设计报表的格式,如表尺寸、行高列宽、单元属性、单元格、组合单元、关键字、定义可变区、报表的 3 类公式。这 3 类公式即单元公式(计算公式)、审核公式、舍位平衡公式。在格式状态下所做的操作对本报表所有的表页都发生作用。在格式状态下不能进行数据的录入、计算等操作。在格式状态下,系统只显示报表的格式,报表的数据全部隐藏。

(2) 数据状态。在数据状态下管理报表的数据,如输入数据、增加或删除表页、审核、舍位平衡、图形操作、汇总、合并报表等。在数据状态下不能修改报表的格式。在数据状态下看到的是报表的全部内容,包括格式和数据。

2．单元

单元是组成报表的最小单位,是由行、列交错而确定的区域。单元名称由所在行、列标识,行号用数字 1～9 999 表示,列标用字母 A～IU 表示。例如,D18 表示第 4 列第 18 行的单元。UFO 报表管理系统中的单元有以下 3 种类型:数值单元、字符单元、表样单元。

3．区域

区域是指一张表页上的一组相邻单元组成的矩形块,自起点单元至终点单元是一个完整的长方形矩阵,区域是二维的,最大的区域是一个二维表的所有单元(整个表页),最小的区域是一个单元。区域用起点单元和终点单元一起来表示,中间用":"隔开,如"A3:D8""B6:F6"等。

4．关键字

关键字是游离于单元之外的特殊数据单元,可以唯一标识一个表页,用于在大量表页中快速选择表页。例如,一个资产负债表的表文件,可存放一年 12 个月的资产负债表(甚至多年的多张报表),要对某一张表页的数据进行定位,就要设定一些定位的标志,这些定位标志在 UFO 中称为关键字。

关键字的显示位置在格式状态下设置,关键字的值则在数据状态下录入,每个报表可以定义多个关键字。UFO 共提供了以下 6 种关键字:单位名称、单位编号、年、季、月、日。

5. 函数

财务报表数据一般来源于总账系统或报表系统本身,取自于报表的数据又可分为从本表取数和从其他报表的表页取数。在报表系统中,取数是通过函数实现的。

(1) 自总账取数的公式可称之为账务函数。其基本格式如下:

函数名("科目编码",会计期间,["方向"],[账套号],[会计年度],[编码1],[编码2])

例如,FS("1001",全年,"贷",,2015,,,)表示当前账套中库存现金账户 2015 年全年贷方发生额。

常用账务取数函数如表 12-1 所示。

表 12-1 常用账务取数函数

总 账 函 数	金 额 式	数 量 式
期初额函数	QC()	sQC()
期末额函数	QM()	sQM()
发生额函数	FS()	sFS()
累计发生额函数	LFS()	sLFS()
条件发生额函数	TFS()	sTFS()
对方科目发生额函数	DFS()	sDFS()
净额函数	JE()	sJE()
汇率函数	HL()	

(2) 自本表表页取数函数。主要有数据合计函数 PTOTAL()、平均值函数 PAVG()、最大值函数 PMAX()、最小值函数 PMIN()。

(3) 自其他报表取数的函数。对于取自其他报表的数据可以用"报表名"[.rep]"->单元"的格式指定要取数的某张报表的单元。例如,"D:\会计信息系统应用\2015 年 12 月利润表.rep"—>C21"表示取特定位置利润表中 C21 单元格的数据。

第二节 资产负债表编制

一、资产负债表的编制原理

UFO 报表管理系统提供了多个行业的标准格式的资产负债表。利用 UFO 提供的报表模板,可以方便、快捷地生成资产负债表以及其他报表。

资产负债表中的数据获得方式主要有两种:账务函数取数和表内计算取数。

1. 账务函数取数

资产负债表的大部分数据来自总账。用友 UFO 报表系统提供了账务函数用来完成从总账管理系统中获取数据。资产负债表中的数据大多从相关账户的期末数据中获取。

2. 表内计算取数

资产负债表中的数据除直接取自总账外,还有一些通过表内计算得到。对于表中的合计项,如流动资产合计、流动负债合计等项目均利用 UFO 报表系统提供的统计函数完成。

二、资产负债表的编制

业务 12-1:编制上海小米电脑公司 2015 年 12 月 31 日的资产负债表。

提前工作:所有记账凭证已经审核并记账。

操作路径:【业务工作】—【财务会计】—【UFO 报表】

(1) 执行菜单【文件】—【新建】。

(2) 执行菜单【格式】—【报表模板】,如图 12-1 所示。选择所在行业和财务报表,如图 12-2 所示。系统提示是否覆盖本表格式,如图 12-3 所示,单击【确定】按钮。

图 12-1 格式菜单

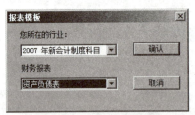

图 12-2 报表模板选择

图 12-3 提示

(3) 删除"编制单位",即单击 A3 单元格,按 Delete 键将其删除。

(4) 执行菜单【数据】—【关键字】—【设置】,如图 12-4 所示。

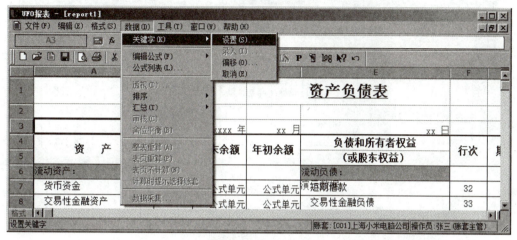

图 12-4　数据菜单

(5) 在弹出的设置关键字窗口中,选中"单位名称",单击【确定】按钮,如图 12-5 所示。

(6) 双击 C15 单元格(存货期末余额),在弹出的定义公式窗口中,增加+QM("5101",月,,,年,,),即增加制造费用账户的期末余额;同理,双击 D15 单元格(存货期初余额),在弹出的定义公式窗口中,增加+QC("5101",月,,,年,,),即增加制造费用账户的期初余额。

(7) G35 单元格(即未分配利润的期末余额),在弹出的定义公式窗口,将原公式修改为 QM("4103",月,,,年,,)+QM("4104",月,,,年,,)。

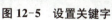

图 12-5　设置关键字　　　　图 12-6　提示

(8) 单击主界面左下角【数据/格式】,使之切换成"数字"状态,系统提示"是否确定全表重算",选择【是】,如图 12-6 所示。之后,报表为空。

(9) 单击菜单【数据】—【关键字】—【录入】,如图 12-7 所示。录入单位名称"上海小米电脑公司"和年月日"2015 年 12 月 31 日",如图 12-8 所示。

(10) 在弹出的窗口中,完成关键字的录入。系统提示:"是否重算第 1 页?"选择【是】,如图 12-9 所示。

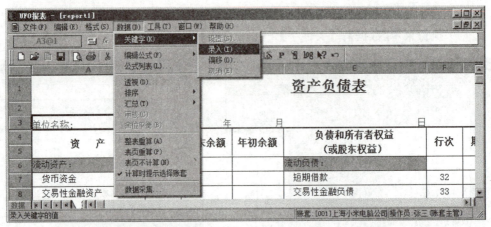

图 12-7 数据菜单

图 12-8 关键字录入

图 12-9 提示

(11) 最终生成的资产负债表如图 12-10 和图 12-11 所示。

资产负债表

会企01表

单位名称:上海小米电脑公司 2015 年 12 月 31 日 单位:元

资 产	行次	期末余额	年初余额	负债和所有者权益（或股东权益）	行次	期末余额	年初余额
流动资产:				流动负债:			
货币资金	1	2,540,907.76	647,155.96	短期借款	32	480,000.00	480,000.00
交易性金融资产	2		55,000.00	交易性金融负债	33		
应收票据	3	575,640.00		应付票据	34		
应收账款	4	48,306.38	147,000.00	应付账款	35	46,800.00	56,160.00
预付款项	5	1,200.00	100,100.00	预收款项	36		
应收利息	6			应付职工薪酬	37	2,322.00	75,500.00
应收股利	7	240,000.00		应交税费	38	536,904.20	
其他应收款	8			应付利息	39	8,000.00	4,000.00
存货	9	207,040.90	699,000.00	应付股利	40	600,000.00	
一年内到期的非流动资产	10			其他应付款	41		
其他流动资产	11			一年内到期的非流动负债	42		
流动资产合计	12	3,613,095.04	1,648,255.96	其他流动负债	43		
非流动资产:				流动负债合计	44	1,674,026.20	615,660.00

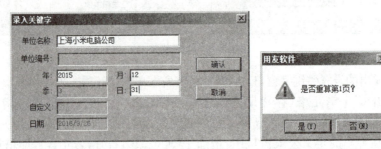

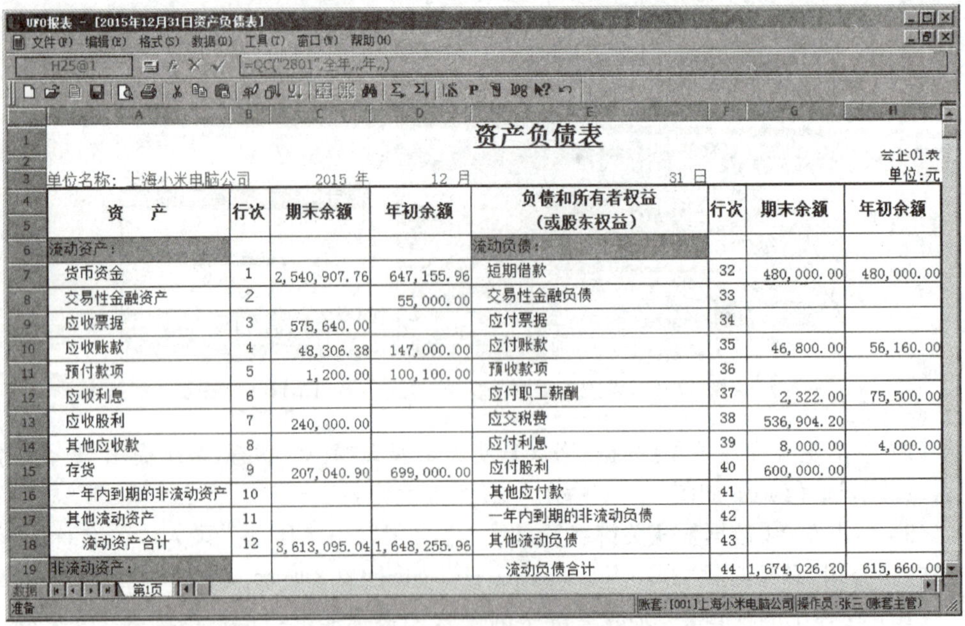

图 12-10 资产负债表(上)

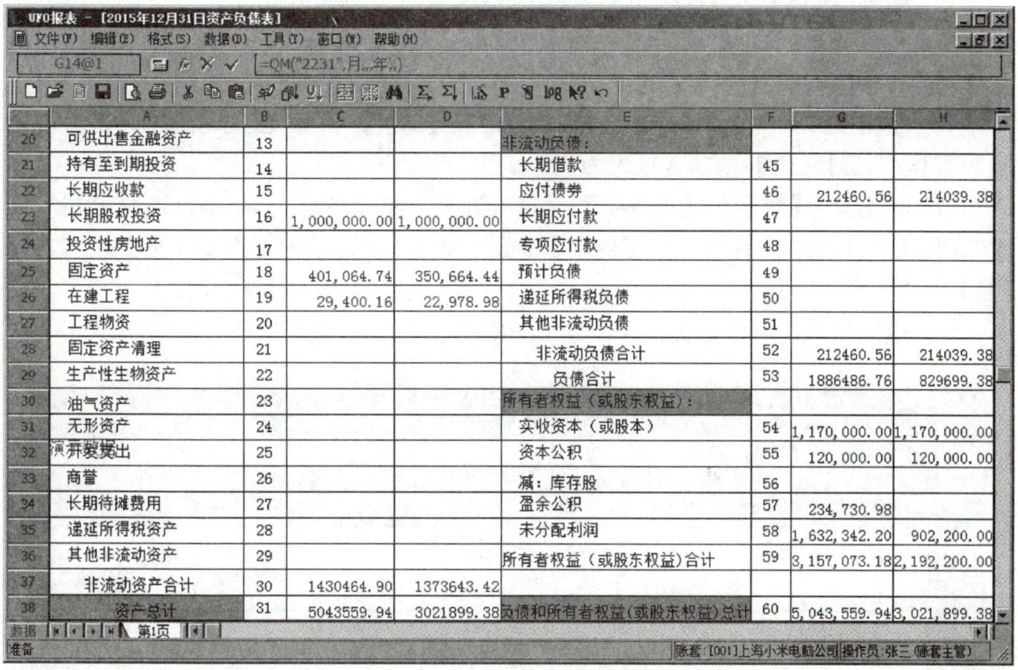

	A	B	C	D	E	F	G	H
20	可供出售金融资产	13			非流动负债:			
21	持有至到期投资	14			长期借款	45		
22	长期应收款	15			应付债券	46	212460.56	214039.38
23	长期股权投资	16	1,000,000.00	1,000,000.00	长期应付款	47		
24	投资性房地产	17			专项应付款	48		
25	固定资产	18	401,064.74	350,664.44	预计负债	49		
26	在建工程	19	29,400.16	22,978.98	递延所得税负债	50		
27	工程物资	20			其他非流动负债	51		
28	固定资产清理	21			非流动负债合计	52	212460.56	214039.38
29	生产性生物资产	22			负债合计	53	1886486.76	829699.38
30	油气资产	23			所有者权益(或股东权益):			
31	无形资产	24			实收资本(或股本)	54	1,170,000.00	1,170,000.00
32	开发支出	25			资本公积	55	120,000.00	120,000.00
33	商誉	26			减:库存股	56		
34	长期待摊费用	27			盈余公积	57	234,730.98	
35	递延所得税资产	28			未分配利润	58	1,632,342.20	902,200.00
36	其他非流动资产	29			所有者权益(或股东权益)合计	59	3,157,073.18	2,192,200.00
37	非流动资产合计	30	1430464.90	1373643.42				
38	资产总计	31	5043559.94	3021899.38	负债和所有者权益(或股东权益)总计	60	5,043,559.94	3,021,899.38

图 12-11　资产负债表(下)

【注意】

如果在尚未进行利润分配的情况下生成资产负债表,则不用修改 G35 单元格(即未分配利润的期末余额)的公式。

第三节　利润表及利润分配表编制

一、利润表的编制

利润表中主要有两列数据:一列数据为“本期金额”,取自于损益类科目的本期发生额;另一列数据为“上期金额”,取自于上年同期发生额。

业务 12-2:编制上海小米电脑公司 2015 年 12 月的利润表。

操作路径:【业务工作】—【财务会计】—【UFO 报表】

(1) 执行菜单【文件】—【新建】。

(2) 执行菜单【格式】—【报表模板】。选择所在行业为“2007 年新会计制度科目”和财务报表“利润表”。

(3) 删除“编制单位”,即单击 A3 单元格,按 Delete 键将其删除。

(4) 执行菜单【数据】—【关键字】—【设置】。

(5) 在弹出的设置关键字窗口,选中“单位名称”,单击【确定】按钮。

(6) 单击主界面左下角【数据/格式】,使之切换成“数字”状态,系统提示“是否确定全表重算?”,选择【是】。之后,报表为空。

(7) 单击菜单【数据】—【关键字】—【录入】,录入单位名称“上海小米电脑公司”、年度“2015 年”、月份“12 月”。单击【确定】完成录入。系统提示:“是否重算第 1 页?”选择【是】。

(8) 最终生成的利润表如图 12-12 所示。

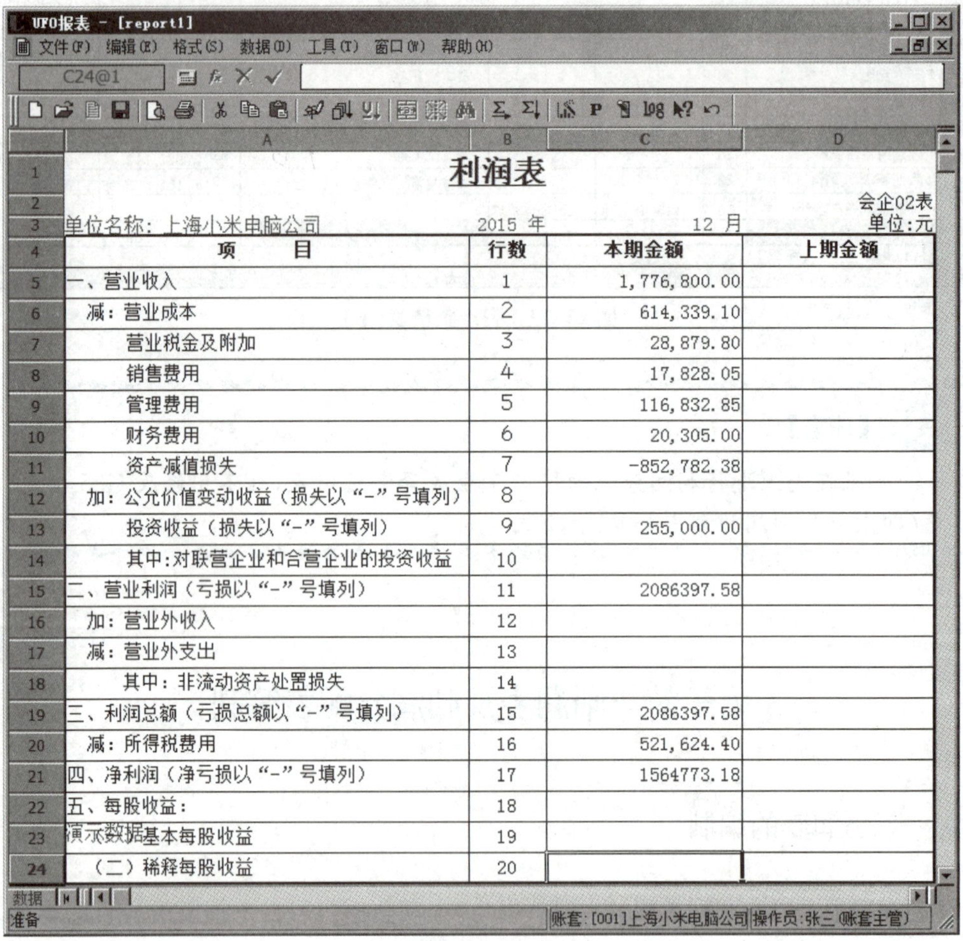

项　　目	行数	本期金额	上期金额
一、营业收入	1	1,776,800.00	
减:营业成本	2	614,339.10	
营业税金及附加	3	28,879.80	
销售费用	4	17,828.05	
管理费用	5	116,832.85	
财务费用	6	20,305.00	
资产减值损失	7	-852,782.38	
加:公允价值变动收益(损失以“-”号填列)	8		
投资收益(损失以“-”号填列)	9	255,000.00	
其中:对联营企业和合营企业的投资收益	10		
二、营业利润(亏损以“-”号填列)	11	2086397.58	
加:营业外收入	12		
减:营业外支出	13		
其中:非流动资产处置损失	14		
三、利润总额(亏损总额以“-”号填列)	15	2086397.58	
减:所得税费用	16	521,624.40	
四、净利润(净亏损以“-”号填列)	17	1564773.18	
五、每股收益:	18		
基本每股收益	19		
(二)稀释每股收益	20		

图 12-12　利润表

二、利润分配表的编制

利润分配表的编制是在利润表已生成的基础上完成的,相关项目数据来源于利润表或资产负债表。

业务 12-3：编制上海小米电脑公司 2015 年的利润分配表。

操作路径：【业务工作】—【财务会计】—【UFO 报表】

（1）执行菜单【文件】—【新建】。

（2）执行菜单【格式】—【报表模板】。选择所在行业为"新会计制度科目"和财务报表"利润表分配"，如图 12-13 所示。

（3）删除"编制单位"，即单击 A3 单元格，按 Delete 键将其删除。

（4）执行菜单【数据】—【关键字】—【设置】。

（5）在弹出的设置关键字窗口，选中"单位名称"，单击【确定】按钮。

（6）设置净利润本年实际数的公式。单击 C5 单元格，按键盘中的"＝"号，弹出定义公式向导，如图 12-14 所示，单击【函数向导】按钮。

图 12-13　报表模板选择

图 12-14　定义公式 1

（7）在图中，函数分类选择"用友账务函数"，函数名选择"发生（FS）"，如图 12-15 所示，单击【下一步】按钮。

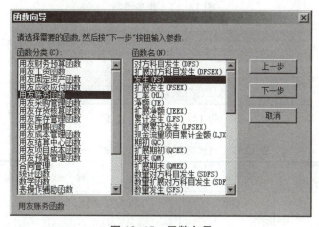

图 12-15　函数向导

（8）在弹出的用友账务函数窗口中，点击【参照】按钮，如图 12-16 所示。

（9）在弹出的账务函数窗口中，设置为未分配利润(410404)的 2015 年全年贷方发生额，结果如图 12-17 所示，点击【确定】按钮，在返回的窗口中再次单击【确定】按钮，返回定义公式窗口，如图 12-18 所示。利润分配表其他相关项目的取数公式如表 12-2 所示。

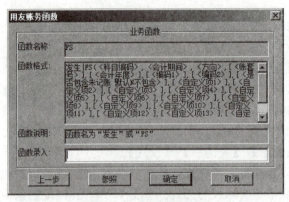

图 12-16 用友账务函数

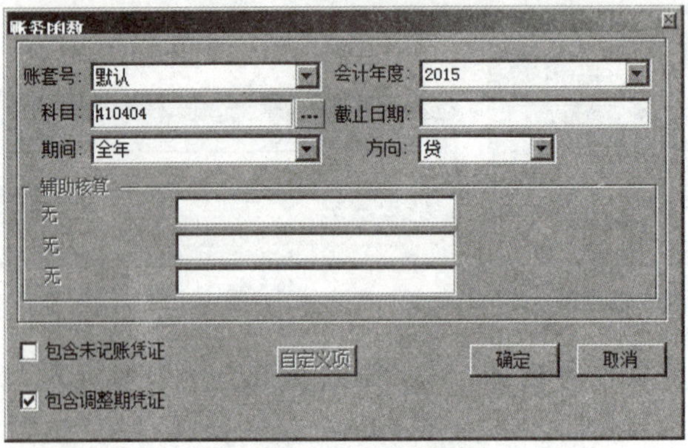

图 12-17 账务函数

图 12-18 定义公式 2

表 12-2 利润分配表取数公式设置一览表

项 目	单 元 格	取 数 公 式
净利润	C5	FS("410404",全年,"贷",,2015,,,)
年初未分配利润	C6	QC("410404",全年,,,2015,,,,,,)
提取法定盈余公积	C9	FS("410401",全年,"借",,2015,,,)
提取企业发展基金	C13	FS("410402",全年,"借",,2015,,,)
应付普通股股利	C18	FS("410403",全年,"借",,2015,,,)

(10) 设置相关项目的公式后,单击主界面左下角【数据/格式】,使之切换成"数字"状态,系统提示:"是否确定全表重算?"选择【是】。之后,报表为空。

（11）单击菜单【数据】—【关键字】—【录入】，录入单位名称“上海小米电脑公司”和年度“2015 年”。单击【确定】完成录入。系统提示：“是否重算第 1 页？”选择【是】。

（12）最终生成的利润分配表如图 12-19 所示。

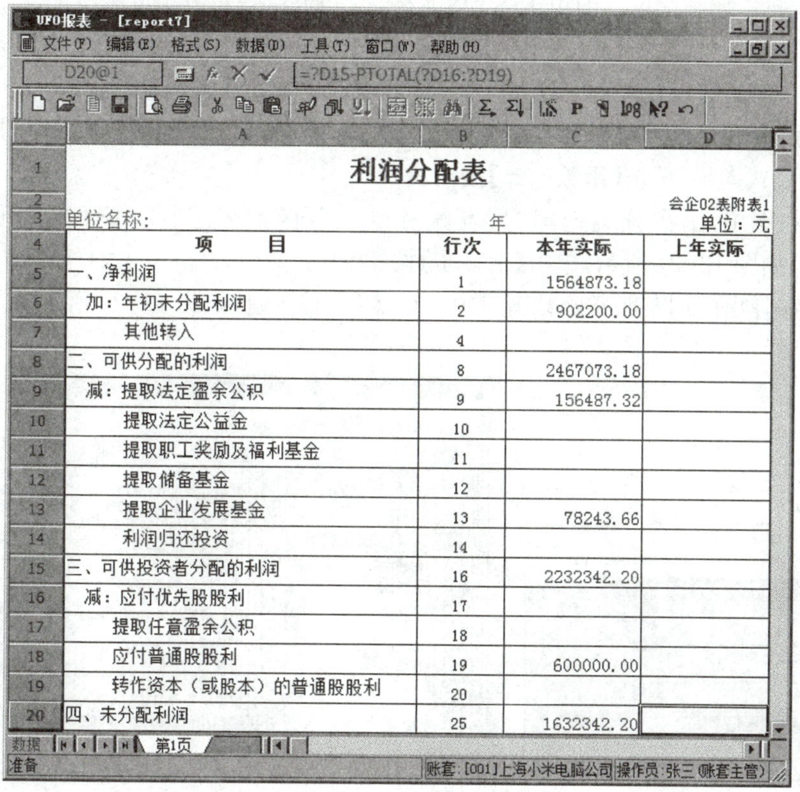

利润分配表

会企02表附表1

单位名称：　　　年　　　单位：元

项　　目	行次	本年实际	上年实际
一、净利润	1	1564873.18	
加：年初未分配利润	2	902200.00	
其他转入	4		
二、可供分配的利润	8	2467073.18	
减：提取法定盈余公积	9	156487.32	
提取法定公益金	10		
提取职工奖励及福利基金	11		
提取储备基金	12		
提取企业发展基金	13	78243.66	
利润归还投资	14		
三、可供投资者分配的利润	16	2232342.20	
减：应付优先股股利	17		
提取任意盈余公积	18		
应付普通股股利	19	600000.00	
转作资本（或股本）的普通股股利	20		
四、未分配利润	25	1632342.20	

图 12-19　利润分配表

第四节　现金流量表及其附表编制

利用总账与 UFO 报表系统编制现金流量表及其附表必须具备以下条件：（1）系统在项目目录中已建立了“现金流量项目”项目大类；（2）在会计科目中已指定现金流量科目；（3）在总账管理系统中已执行相关设置，如从银行提取现金不必录入现金流量项目，因此应在设置中取消“现金流量必录现金流量项目”选项；（4）在日常业务处理过程中，对涉及现金流量项目科目已指定具体的项目类型。

一、现金流量表的编制

业务 12-4：编制上海小米电脑公司 2015 年 12 月的现金流量表。

操作路径：【业务工作】—【财务会计】—【UFO 报表】

(1) 执行菜单【文件】—【新建】。

(2) 执行菜单【格式】—【报表模板】。选择所在行业为"2007年新会计制度科目"和财务报表"现金流量表",如图12-20所示。

(3) 删除"编制单位",即单击A3单元格,按Delete键将其删除。

(4) 执行菜单【数据】—【关键字】—【设置】。

(5) 在弹出的设置关键字窗口,选中"单位名称",单击【确定】按钮。

(6) 设置现金流量表项目本期金额的公式。单击C6单元格,按键盘中的"="号,弹出定义公式向导,单击【函数向导】按钮。

(7) 在图中,函数分类选择"用友账务函数",函数名选择"现金流量项目金额(XJLL)",如图12-21所示,单击【下一步】按钮。

(8) 在弹出的用友账务函数窗口中,点击【参照】按钮,如图12-22所示。

图12-20 报表模板选择

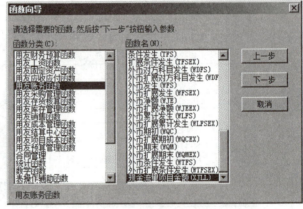

图12-21 函数向导

(9) 在弹出的账务函数窗口中,点击"现金流量项目编码"后面的扩展按钮,如图12-23所示。

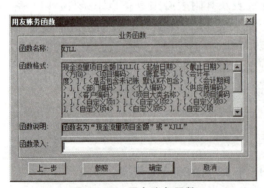

图12-22 用友账务函数

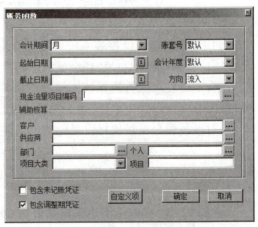

图12-23 账务函数

(10) 在弹出的参照窗口中,双击选择项目编号为"01"的"销售商品、提供劳务收到的现金",如图 12-24 所示,单击【确定】按钮,最终返回现金流量表取得数据。现金流量表其他相关项目的取数公式,如表 12-3 所示。

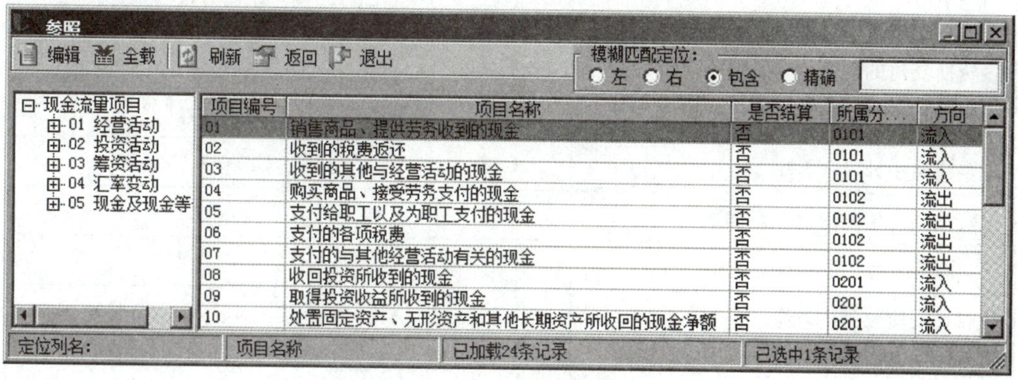

图 12-24 参照选择

表 12-3 现金流量表取数公式设置一览表

项　　　目	单元格	取　数　公　式
一、经营活动产生的现金流量		
销售商品、提供劳务收到的现金	C6	XJLL(,,"借","01",,,"y",月)
收到的税费返还	C7	XJLL(,,"借","02",,,"y",月)
收到的其他与经营活动有关的现金	C8	XJLL(,,"借","03",,,"y",月)
现金流入小计	C9	PTOTAL(？C6：？C8)
购买商品、接受劳务支付的现金	C10	XJLL(,,"贷","04",,,"y",月)
支付给职工以及为职工支付的现金	C11	XJLL(,,"贷","05",,,"y",月)
支付的各项税费	C12	XJLL(,,"贷","06",,,"y",月)
支付的其他与经营活动有关的现金	C13	XJLL(,,"贷","07",,,"y",月)
现金流出小计	C14	PTOTAL(？C10：？C13)
经营活动产生的现金流量净额	C15	？C9－？C14
二、投资活动产生的现金流量		
收回投资所收到的现金	C17	XJLL(,,"借","08",,,"y",月)
取得投资收益所收到的现金	C18	XJLL(,,"借","09",,,"y",月)
处置固定资产、无形资产和其他长期资产所收回的现金净额	C19	XJLL(,,"借","10",,,"y",月)
收到的其他与投资活动有关的现金	C21	XJLL(,,"借","11",,,"y",月)
现金流入小计	C22	PTOTAL(？C17：？C20)

(续表)

项　目	单元格	取　数　公　式
购建固定资产、无形资产和其他长期资产所支付的现金	C23	XJLL(,,"贷","13",,,"y",月)
投资所支付的现金	C24	XJLL(,,"贷","14",,,"y",月)
支付的其他与投资活动有关的现金	C26	XJLL(,,"贷","16",,,"y",月)
现金流出小计	C27	PTOTAL(？C21－？C26)
投资活动产生的现金流量净额	C28	？C21－？C25
三、筹资活动产生的现金流量		
吸收投资所收到的现金	C30	XJLL(,,"借","15",,,"y",月)
借款所收到的现金	C31	XJLL(,,"借","16",,,"y",月)
收到的其他与筹资活动有关的现金	C32	XJLL(,,"借","17",,,"y",月)
现金流入小计	C33	PTOTAL(？C30：？C32)
偿还债务所支付的现金	C34	XJLL(,,"贷","18",,,"y",月)
分配股利、利润或偿付利息所支付的现金	C35	XJLL(,,"贷","19",,,"y",月)
支付的其他与筹资活动有关的现金	C36	XJLL(,,"贷","20",,,"y",月)
现金流出小计	C37	PTOTAL(？C34：？C36)
筹资活动产生的现金流量净额	C38	？C33－？C37
四、汇率变动对现金的影响额	C39	XJLL(,,"借","23",,,"y",月)
五、现金及现金等价物净增加额	C40	？C15+？C28+？C38+？C39
加：期初现金及现金等价物余额	C41	QC("1001",月,,,,,,,,)+QC("1002",月,,,,,,,,)

(11) 设置所有相关项目的公式后，单击主界面左下角【数据/格式】，使之切换成"数字"状态，系统提示："是否确定全表重算？"选择【是】。之后，报表为空。

(12) 执行菜单【数据】—【关键字】—【录入】，录入单位名称"上海小米电脑公司"和年度"2015 年"。单击【确定】按钮完成录入。系统提示："是否重算第 1 页？"选择【是】。

(13) 最终生成的现金流量表如图 12-25 和图 12-26 所示。

业务 12-5：检验现金流量表中现金及现金等价物增加额金额的正确性。

操作路径：【业务工作】—【财务会计】—【总账】—【账表】—【科目账】—【余额表】

从图 12-27 发生额及余额表来看，现金及现金等价物增加额的计算结果与现金流量表中的一致，表明现金流量表的金额是正确的。

库存现金净增加额＝3 000.00－1 804.00＝1 196.00(元)。

银行存款净增加额＝2 511 887.00－619 331.20＝1 892 555.80(元)。

现金及现金等价物增加额＝1 196.00＋1 892 555.80＝1 893 751.80(元)。

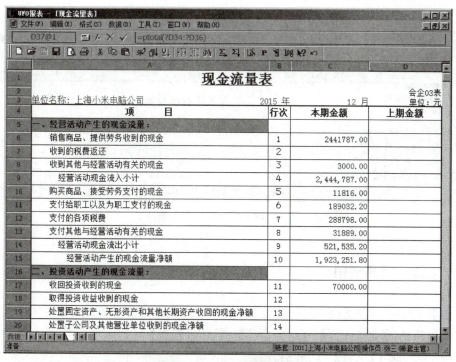

图 12-25　现金流量表（上）

图 12-26　现金流量表（下）

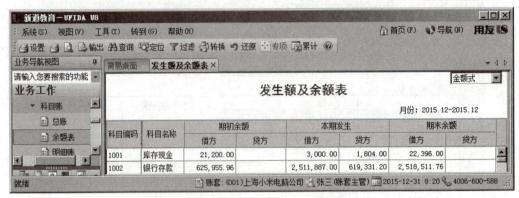

图 12-27 发生额及余额表

二、现金流量表附表的编制

业务 12-6：编制上海小米电脑公司 2015 年 12 月的现金流量表附表。

操作路径：【业务工作】—【财务会计】—【UFO 报表】

(1) 执行菜单【文件】—【新建】。

(2) 执行菜单【格式】—【报表模板】。选择所在行业为"2007 年新会计制度科目"和财务报表"现金流量表附表"，如图 12-28 所示。

(3) 删除"编制单位"，即单击 A3 单元格，按 Delete 键将其删除。

(4) 执行菜单【数据】—【关键字】—【设置】。

(5) 在弹出的设置关键字窗口，选中"单位名称"，单击【确定】按钮。

(6) 设置现金流量表项目本期金额的公式。单击 C6 单元格，按键盘中的"＝"号，在弹出定义公式窗口中，录入表间取数公式，如图 12-29 所示。

图 12-28 报表模板选择

图 12-29 定义公式 1

(7) 单击 C7 单元格，按键盘中的"＝"号，在弹出定义公式窗口中，单击【函数向导】按钮。在函数向导窗口中，函数分类选择"用友账务函数"，函数名选择"净额(JE)"，如图 12-30 所示，单击【下一步】按钮。

(8) 在弹出的用友账务函数窗口中，点击【参照】按钮，如图 12-31 所示。

(9) 在弹出的账务函数窗口中，选择科目"1231"(坏账准备)，如图 12-32 所示，单击【确定】按钮。在返回的用友账务函数中，再次单击【确定】按钮，如图 12-33 所示。

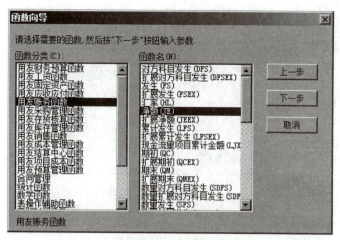

图 12-30 函数向导

图 12-31 用友账务函数 1

图 12-32 账务函数

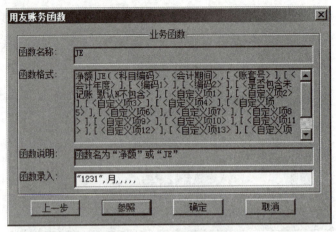

图 12-33 用友账务函数 2

（10）在返回的定义公式窗口中，输入"+"，如图 12-34 所示，再重复上述步骤，增加科目"1603"（固定资产减值准备），结果如图 12-35 所示。现金流量表附表其他部分项目公式如表 12-4 所示。

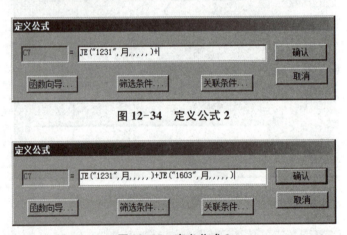

图 12-34 定义公式 2

图 12-35 定义公式 3

表 12-4 现金流量表附表部分项目公式

项 目	公 式	对应科目编号及说明
净利润	"D：\会计信息系统应用\2015 年 12 月利润表.rep"->C21	表间取数
加：资产减值准备	JE("1231",月,,,,,)+JE("1603",月,,,,,)	1231 坏账准备 1603 固定资产减值准备
固定资产折旧	JE("1602",月,,,,,)	1602 累计折旧
财务费用（收益以"-"号填列）	FS("660301",月,"借",,,,,)	660301 财务费用—利息支出

(续表)

项　　目	公　　式	对应科目编号及说明
投资损失（收益以"－"号填列）	－"D：\会计信息系统应用\2015年12月利润表.rep"－＞C13	表间取数
存货的减少（增加以"－"号填列）	"D：\会计信息系统应用\2015年12月31日资产负债表.rep"－＞D15－"G：\会计信息系统应用\2015年12月31日资产负债表.rep"－＞C15－10530	在本例中，应扣除公司领用自产产品作为固定资产（入账价值10 530元）
经营性应收项目的减少（增加以"－"号填列）	QC("1121",月,,,,,,,,,)－QM("1121",月,,,,,,,,,)＋QC("1122",月,,,,,,,,,)－QM("1122",月,,,,,,,,,)＋QC("1123",月,,,,,,,,,)－QM("1123",月,,,,,,,,,)＋QC("1221",月,,,,,,,,,)－QM("1221",月,,,,,,,,,)	1121 应收票据 1122 应收账款 1221 其他应收款 1123 预付账款
经营性应付项目的增加（减少以"－"号填列）	QM("2201",月,,,,,,,,,)－QC("2201",月,,,,,,,,,)＋QM("2202",月,,,,,,,,,)－QC("2202",月,,,,,,,,,)＋QM("2203",月,,,,,,,,,)－QC("2203",月,,,,,,,,,)＋QM("2241",月,,,,,,,,,)－QC("2241",月,,,,,,,,,)＋QM("2211",月,,,,,,,,,)－QC("2211",月,,,,,,,,,)＋QM("2221",月,,,,,,,,,)－QC("2221",月,,,,,,,,,)	2201 应付票据 2202 应付账款 2203 预收款 2211 应付职工薪酬 2221 应交税费 2241 其他应付款
经营活动产生的现金流量净额	ptotal(？C6：？C21)	系统已预置
现金的期末余额	QM("1001",月,,,,,,,,,)	1001 库存现金
减：现金的期初余额	QC("1001",月,,,,,,,,,)	1001 库存现金
加：现金等价物的期末余额	QM("1002",月,,,,,,,,,)	1002 银行存款
减：现金等价物的期初余额	QC("1002",月,,,,,,,,,)	1002 银行存款
现金及现金等价物净增加额	？C28－？C29＋？C30－？C31	系统已预置

注：假设已生成的资产负债表和利润表存放于"D：\会计信息系统应用\"目录下。

（11）设置所有相关项目的公式后，单击窗口左下角【格式】，使之切换成"数字"形式，系统提示"是否确定全表重算？"，选择【是】。之后，报表为空。

（12）执行菜单【数据】—【关键字】—【录入】，录入单位名称"上海小米电脑公司"、年度"2015年"、月份"12月"。单击【确定】完成录入。系统提示"是否重算第1页？"，选择【是】。

（13）最终生成的现金流量表附表如图12-36所示。

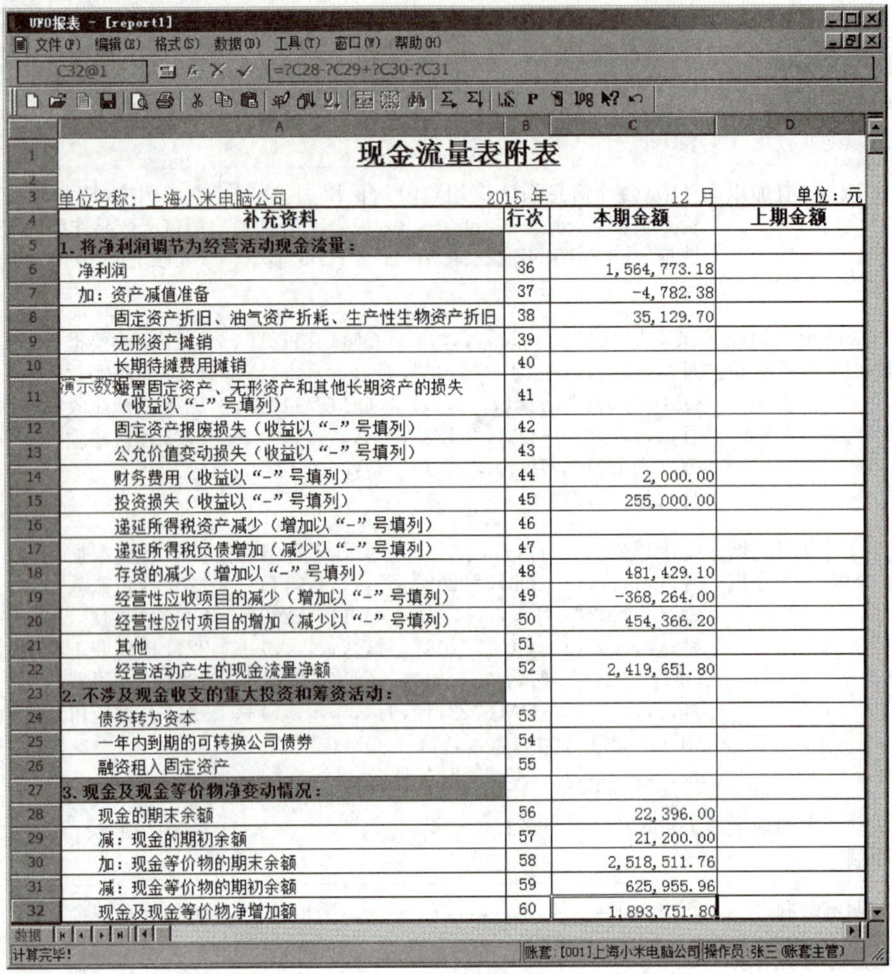

会计信息系统应用

图 12-36 现金流量表附表

【说明】

支付借款利息时,记账凭证的现金流量项目为"偿还债务所支付的现金",属于筹资活动产生的现金流量,而非经营活动产生的现金流量。在计算净利润时,借款利息产生的财务费用作为利润的减项而扣除,因此,在将净利润还原为经营活动产生的现金流量时,应将"财务费用—利息支出"加上。

复习思考题

1. 什么是关键字?UFO报表系统提供了哪些关键字?
2. 根据"2007年新会计制度科目"编制资产负债表,需要对公式做哪些修改?
3. 简述在UFO报表系统中编制现金流量表及其附表的基本流程。

附录：常见操作问题及其解决

1. 初始化数据库时，数据库实例和 SA 应该如何填写？

解决：初始化数据库是对数据库中的信息进行重置。数据库实例名通常是计算机的名字。SA 是数据库超级管理员，安装数据库时为其设置过一个密码，初始化数据库时需要输入 SA 的密码。

2. 总账模块已经使用，如何修改该模块的启用时间？

解决：一般来说，系统一旦使用，系统启用时间不允许修改。如果的确需要修改，进入总账系统，执行"设置"—"账簿清理"命令，再重新设置总账模块的启用时间。值得注意的是，该操作会清除本年录入的所有发生额和余额，账簿清理前应做好数据备份。

3. 填制凭证后保存时，系统提示"日期不能滞后系统日期"。

原因：在当前凭证中填制的日期超过了计算机中的 CMOS 时钟日期，凭证代表业务发生，系统日期一般为当前日期，系统不允许超前进行业务处理。

解决：或调整凭证上的业务日期，或重新设置系统日期后再填制凭证。

4. 在应收款管理模块中，录入销售专用发票中的货物编码时提示"存货录入不正确或已停用"。

原因：创建存货档案时，对于特定存货没有勾选"销售"（含内销和外销）、"自制"等选项。

5. 在应收款管理初始化时，提示找不到"坏账准备设置"项目。

解决：在完成设置应收账款"坏账处理方式"等操作后，重新注册即可。

6. 在总账的期初余额中，无法引入往来款项的数据。

原因：引入往来款项的数据必须具备四个条件，一是新建账套或年度账未记账状态，二是期初数据可以修改，三是应收应付系统与总账系统启用日期相同，四是辅助往来核算科目的属性在使用中未发生变更。

7. 在录入采购订单时，因删除订单后，新增订单的单据号不连续，且无法修改。

解决：进入"基础设置"—"单据设置"—"单据编号设置"，在弹出的窗口中选择"查看流水号"选项卡，找到"采购订单"，修改当前流水号。

8. 在录入销售发票或收款单时,无法选择业务员。

原因:在填写员工档案时,对于特定员工,只填写了"所在行政部门",而没有复选"业务员"项目及所在部门。

9. 填制凭证时,当使用应收账款、应收票据或预收账款科目时,系统提示"不能使用[应收系统]的受控科目"。

原因:在设置会计科目时,当设置应收账款科目为"客户往来"辅助核算时,系统自动将该科目设置为应收账款系统的受控科目,即该科目只能在应收款系统中使用。

解决:或修改"应收账款"会计科目,将其受控系统设置为"空";或执行"总账"—"设置"—"选项"命令,在"凭证"选项卡中选中"可以使用应收受控科目"选项。

10. 填制凭证时,使用"其他应收款"(个人核算)无法选择或不能显示某个人。

解决:在"人员档案"修改某个人为所在部门的业务员。

11. 如何反记账(取消记账)?

解决:首先,执行"总账"—"期末"—"对账"命令,进入"对账"窗口,按键盘中Ctrl+H组合键,弹出"恢复记账前状态功能已被激活"信息提示框,单击"确定"按钮,再单击"退出"按钮。其次,执行"总账"—"凭证"—"恢复记账前状态"命令,打开"恢复记账前状态"对话框。最后,对拟恢复状态进行选择,并输入账套主管口令,单击"确定"按钮完成。

12. 如何反结账(取消结账)?

解决:进入"结账"窗口,同时按键盘中Ctrl+Shift+F6组合键,并输入账套主管口令(本实验为空)。

13. 如何在结账后彻底删除或修改记账凭证?

解决思路:反结账—反过账—取消审核—作废或修改凭证—整理凭证—审核凭证—过账—结账。

14. 审核后,发现应收或应付等单据录入有误。

解决思路:弃审单据—删除单据—作废凭证(总账系统)—整理凭证。

15. 增加产品结构后,再次登录无法看到具体内容。

解决:点击"查询"按钮,输入条件即可查询到,若要修改内容,先点击"弃审"后"修改"。

16. 录入产品结构后,在成本管理系统中刷新"定义产品属性"没有内容。

原因:在录入产品结构时,没有填写"领料部门"。

17. 在应收管理系统以销售专用票录入期初余额数据后,在"发票查询"中无法修改。
解决:仍然在期初余额中直接修改。

18. 设置工资项目后,选择"公式设置"系统没有反应。
原因:先增加人员档案中的内容,"公式设置"才可用。

19. 在总账中删除计提工资的凭证时,提示"外部凭证在总账中不能修改"。
原因及解决:该凭证是在薪资管理模块生成的,不能在总账中修改或删除。进入薪资管理模块,在"统计分析"—"凭证查询"中修改或删除。

20. 期初库存原材料无法弃审或修改。
原因:期初库存中的原材料已被领用,修改或弃审可能引起零库存。
解决:将"库存管理"下"选项"中的"允许超额领料"和"允许超预计可用量出库"选中。

21. 修改了库存管理系统的期初库存,但存货核算模块无法修改(恢复或取数)。
解决:先将存货核算管理系统恢复记账,然后单击"恢复"和"取数"按钮,最后点击"记账"按钮。

22. 存货核算系统无法恢复记账。
解决:先将已生成的凭证删除(先在存货核算系统删除凭证,再在总账系统整理凭证),再单个选中要恢复的记录进行恢复记账。

23. 无法在采购管理系统中新增采购入库单。
解决:如果同时启用了采购管理系统、库存管理系统,采购入库单应在库存管理系统中增加。

24. 产成品入库后,在存货核算系统中,进行"产成品成本分配"时,提示"没有找到满足条件的记录"。
原因及解决:填写"产成品入库单"后进行审核,暂时不进行"正常单据记账"。

25. 在核销应付账款时,提示"有效凭证分录数为 0,不能生成凭证"。
原因及解决:应收(应付)选项中,受控科目制单方式选择的是明细到客户,应该选择为明细到单据才可以生成核销凭证。在"业务工作"—"财务会计"—"应付款管理"—"设置"—"选项"—"凭证"—"受控科目制单方式"中选择"明细到单据"即可。

26. 收到已确认为坏账的款项,填写了收款单,在进行"坏账收回"、选择结算单号时,提示"没有合适的收款单"。
原因及解决:在填写收款单时,进行了审核。弃审收款单即可。

27. 在新增销售发票时,没有可参照的单据。

原因及解决:可能因为已参照订单生成销售单,系统又默认参照订单生成销售发票。修改销售选项,在"其他控制"中将"新增发票默认"修改为"参照发货"即可。

28. 在应收管理系统中,针对含有现金折扣的收款,进行"选择收款"时,没有可供选择的收款列表。

原因及解决:在应收管理系统初期设置的"选项"中,选中"自动计算现金折扣"即可。

29. 删除已计提折旧的记账凭证后,重新计提折旧无法生成记账凭证。

解决:计提折旧后,打开"固定资产"—"处理"—"折旧分配表",在工具栏中单击"凭证",生成记账凭证,并保存。

30. 在输入所得税计算公式"(FS(4103,月,贷)−FS(4103,月,借))∗0.25"时,提示语法错误。

解决:须在英文输入法状态下录入公式或输入括号。

31. 无法删除应付单据。

解决:如果已审核,先依次单击"应付款管理"系统中的"应付单据处理"—"应付单据审核"进行弃审,在该界面再单击"删除"按钮。

32. 设置工资分摊公式后,在工资分摊窗口只有金额,没有科目,无法制单(生成凭证)。

解决:在工资分摊窗口中,勾选"明细到工资项目"即可。

33. 在成本核算系统的凭证处理模块中,设置科目后,定义凭证无内容。

原因:固定资产和薪酬管理系统没有结账。

解决:将固定资产和薪酬管理系统结账后,再重新进行数据录入(取数)和成本计算。

34. 在固定资产系统结账时,系统提示固定资产系统与总账系统对账不平衡。

原因:在固定资产系统生成的凭证,没有在总账系统审核和记账。

35. 计提折旧后,能否修改本月折旧和累计折旧?

解决:计提折旧后在折旧清单中按键盘中 Ctrl+Alt+G 组合键,恢复隐藏的修改按钮,折旧清单中不能修改累计折旧,只能修改本月折旧金额,修改累计折旧要通过变动单实现。

36. 固定资产和总账进行对账时，提示对账不平。

原因：本月已经计提了折旧，但是没有生成凭证或者生成的凭证没有在总账中记账。

解决：生成凭证且在总账中进行审核记账即可。

37. 在库存管理中生成固定资产采购入库单时，无法选择仓库类型。

原因：在创建仓库档案时，增加固定资产仓库没有将其指定为"资产仓"。

解决：修改仓库档案中的固定资产仓库，将其指定为"资产仓"。

38. 如何取消已结算的采购专用发票？

解决：进入采购结算，打开结算单列表，删除已结算的单据即可。

39. 采购入库生成凭证时，系统制单列表中提示的科目为"应暂付"，而不是"对方"。

原因：直接根据入库单生成采购入库凭证所致。

解决：先根据入库单生成采购发票，再生成采购入库凭证。

40. 采购管理结账时提示与采购订单查询功能互斥，退出 U8 后仍然如此。

解决：在"系统管理"中选择"采购管理"，然后点击"视图"菜单，选择"清除异常任务"或"清除所选任务"。

41. 如何在成本管理系统重新计算成本？

解决：先删除（成本管理系统）和整理（总账系统）已自动生成的凭证，再"恢复"。

42. 在成本管理系统计算成本时，提示"成本中心的共同材料有发生但无耗用"。

原因：在成本管理系统没有设置"定额分配标准"。

43. 如何删除已生成记账凭证的出库调整单？

解决：先在存货核算系统（"财务核算"—"凭证列表"）删除已生成的记账凭证，并在总账系统整理凭证，再在存货核算系统恢复记账（"业务核算"—"恢复记账"），最后在存货核算系统删除该出库调整单（"日常业务"—"出库调整单"）。

44. 资产负债表左右不平衡，一般有哪些原因？如何检查？

原因：资产负债表左右不平衡的原因可能有多个，可以从 4 个方面检查。(1) 检查凭证是否已全部记账；(2) 检查余额表中所有损益类科目是否已经结转为空；(3) 一级科目特别是新增一级科目是否包含在资产负债表的相关项目中；(4) 未分配利润是否取数正确，如果未分配利润是从利润表中取数，检查利润表取数是否正确。

解决：按以上内容逐项检查。

45. 现金流量表为什么取不到数据？

原因：一是系统提供的现金流量表上没有设置关键字，二是因为业务发生时没有指定现金流量项目。

解决：(1) 确定在现金流量表上设置关键字；(2) 如果在业务发生时没有及时确认现金流量项目，那么需要执行"总账"—"现金流量表"—"现金流量凭证查询"命令，在现金流量凭证查询中补录现金流量；(3) 在UFO中设置现金流量取数公式。

参考文献

[1] 陈福军、刘景忠：会计电算化(第二版)，大连：东北财经大学出版社，2013年。
[2] 陈福军、孙芳：会计信息系统实务教程(第二版)，北京：清华大学出版社，2013年。
[3] 李吉梅、杜美杰：场景式企业财务业务综合实验教程(用友ERP-U8 V10.1版)，北京：清华大学出版社，2016年。
[4] 毛华扬、邹淑：会计业务一体化实验教程，北京：清华大学出版社，2014年。
[5] 汪刚、王新玲、牛海霞：会计信息系统，北京：清华大学出版社，2016年。
[6] 王新玲：财务业务一体化实战演练(用友ERP-U8 V8.72版)，北京：清华大学出版社，2013年。
[7] 王新玲、汪刚：会计信息系统实验教程(用友ERP-U8 V10.1版)，北京：清华大学出版社，2013年。
[8] 杨宝刚、王新玲：会计信息系统(第三版)，北京：高等教育出版社，2011年。
[9] 张莉莉：企业财务业务一体化实训教程，北京：清华大学出版社，2014年。
[10] 张瑞君、蒋砚章：会计信息系统(第四版)，北京：中国人民大学出版社，2006年。

图书在版编目(CIP)数据

会计信息系统应用——基于用友 ERP-U8 V10.1 版/杨书怀主编. —上海:复旦大学出版社,2018.6
(信毅教材大系)
ISBN 978-7-309-13631-9

Ⅰ.会… Ⅱ.杨… Ⅲ.会计信息-财务管理系统 Ⅳ.F232

中国版本图书馆 CIP 数据核字(2018)第 076718 号

会计信息系统应用——基于用友 ERP-U8 V10.1 版
杨书怀　主编
责任编辑/张美芳

复旦大学出版社有限公司出版发行
上海市国权路 579 号　邮编:200433
网址: fupnet@fudanpress.com　http://www.fudanpress.com
门市零售: 86-21-65642857　团体订购: 86-21-65118853
外埠邮购: 86-21-65109143　出版部电话: 86-21-65642845
上海华业装潢印刷厂有限公司

开本 787×1092　1/16　印张 23.5　字数 502 千
2018 年 6 月第 1 版第 1 次印刷

ISBN 978-7-309-13631-9/F·2455
定价: 60.00 元

如有印装质量问题,请向复旦大学出版社有限公司出版部调换。
版权所有　侵权必究